除了野蛮国家，整个世界都被书统治着。

后读工作室
诚挚出品

美国文明经典译丛 07 丛书主编 钱满素

The Age of Reform:
From Bryan to F.D.R.

改革年代
从布赖恩到罗斯福

[美] 理查德 · 霍夫施塔特 著
Richard Hofstadter
俞敏洪 包凡一 译
杨靖 校订

人民东方出版传媒
People's Oriental Publishing & Media
東方出版社
The Oriental Press

图书在版编目（CIP）数据

改革年代：从布赖恩到罗斯福 /（美）理查德・霍夫施塔特 著；俞敏洪，包凡一译．
北京：东方出版社，2025.9
（美国文明经典译丛）
书名原文：The Age of Reform: From Bryan to F.D.R.
ISBN 978-7-5207-3720-3

Ⅰ.①改…　Ⅱ.①理…②俞…③包…　Ⅲ.①社会变迁—研究—美国—20 世纪

Ⅳ.①K712.07

中国国家版本馆 CIP 数据核字（2023）第 248683 号

改革年代：从布赖恩到罗斯福
（GAIGE NIANDAI: CONG BULAI'EN DAO LUOSIFU）

作　　者：［美］理查德・霍夫施塔特
译　　者：俞敏洪　包凡一
策　　划：姚　恋
责任编辑：杨　磊
装帧设计：张　军
出　　版：东方出版社
发　　行：人民东方出版传媒有限公司
地　　址：北京市东城区朝阳门内大街 166 号
邮　　编：100010
印　　刷：北京联兴盛业印刷股份有限公司
版　　次：2025 年 9 月第 1 版
印　　次：2025 年 9 月第 1 次印刷
开　　本：660 毫米 ×960 毫米　1/16
印　　张：20.75
字　　数：240 千字
书　　号：ISBN 978-7-5207-3720-3
定　　价：68.00 元
发行电话：（010）85924663　85924644　85924641

走进美国学

——《美国文明经典译丛》总序

美国学是一门不过百年之久的新学科，顾名思义它以“美国”为研究对象。美国是个年轻的国家，立国不足 250 年，加上殖民时期也才 400 多年，对一个新兴民族的观察和反思是需要时间的。

早期殖民地的领袖们就很有历史感，弗吉尼亚的约翰·史密斯、普利茅斯的威廉·布拉德福德，还有马萨诸塞的约翰·温斯罗普等，都留下了定居点开创时的详细记录，更有大批殖民者留下了书信日记，它们都是弥足珍贵的一手资料。当时有一种观念在移民中很是普遍：在完成从英国到新大陆地理迁徙的同时，他们也摆脱了旧大陆的束缚，他们要在北美处女地上开拓新体制——一种符合上帝旨意，也符合自身愿望的新生活。

美国革命的领袖们也保留了各种历史文献和原始记录，他们更是清楚自己在开创历史：在创立现代共和国。他们知道这是一项史无前例的事业，因而也是一场有风险的试验。人类有史以来，权力一向集中在极少数人手中，帝王将相们通过国家机器对人民实行强制统治，现在他们要推翻并彻底埋葬这种机制。他们宣称，人人生而平等乃是不需自证的真理，每个人拥有不可剥夺的天赋人权，人民是为了保护自己的权利才组建的政府。

自治这一新的政治原则在殖民地150年的历史中有过不同程度的实施，但都只是部分的，殖民地毕竟属于英王管辖。现在要将自治原则推广到13州联合起来的美利坚合众国，而且彻底到民选政府之上再无权威，这仍是一个疑问，尚未经过历史的检验。长期处于服从地位的普通人能不能自己治理自己？能不能理性地依据自己的长远利益去决定公共事务？对人性并不乐观的革命领袖们其实并不清楚这种主权在民的伟大理想是否真能成功，宪法制定中最大的困难正源于此，连华盛顿也很怀疑刚刚制定出来的新宪法能否维持20年。新生的共和国到底走哪条路？意见相左的双方在18世纪90年代的第一届华盛顿内阁中便斗得势不两立，形同水火，他们各自声称是为了国家和人民的最高利益，是为了实现美国革命的理想。最终，杰斐逊的共和党在大选中击败了汉密尔顿的联邦党，杰斐逊自豪地将这次胜利称为“1800年革命”，自认为率领人民击垮了保皇党，保住了革命成果。

就这样，共和国的试验一路蹒跚地进行着，时而让人振奋，时而让人丧气，好不容易度过了建国初期的危机后，被一再推迟的奴隶制危机便接踵而至。林肯没有忘记合众国是一场试验，他说：八十七年前，我们的祖先在新大陆建立了一个新国家，它孕育于自由，献身于人生而平等的理念；内战就是在考验以这种信念建立的国家能否长久存在。在牺牲了60万条生命后，美国这个民有、民治、民享的政府终于没有从地球上消失。虽说联邦是保住了，但绝不是完胜，矛盾又一次被掩盖了，就像宪法掩盖了奴隶制一样，种族冲突埋下了下一次危机的种子。它一直在发酵，在酝酿，在爆发，可以说直至今天。当然，随着时代的发展，还有许许多多其他类型的对抗和冲突需要应对，美利坚这个试验还远无定论。但无论千变万化，一切变革的背景都是政治演化。民主制下的众声喧哗难以达成共识，当彼此差距大到不再相容时，当两大党追求着完全不同的纲领时，试问开国以来的政党政治还能继续吗？当一党上台后便忙于推翻另一党的遗产，国家该如何承受这样的反复折腾？往深里说，人类内心对自由的追求是否真能战胜其他的恐惧？美国的历史就是在试图兑现《独立宣言》所允诺的自由、平等、共和、民主，但这些立国原则——或曰美国理想——该怎么理解？怎么兑现？甚至说——真能兑现吗？

有一点不可忘记：当清教徒移民踏上新英格兰这片土地时，他们不过是几百几千几万人的小群体，宗教信仰一致，政治目标相似。当合众国创建时，美国也不过是个四百万人口的小国，虽然多元，但仍然是一个相对同质、拥有共识的民族，至少在国民精神上如此。现在美国人口已经膨胀到了三亿多，容纳了全世界所有不同种族和信仰的人群，并且不再强调移民的美国化，那么，当初建国者那代人设计的体制是否还能适合和满足如今所有不同的人群？建国者们的理想是否还是如今普选制下全体选民的理想？

从一开始，美国人就在研究自己。1702 年，科顿·马瑟发表了《基督在北美的辉煌》，为新英格兰教会建史。立国半世纪后的

1834年，乔治·班克罗夫特开始出版10卷本的《自美洲大陆发现以来的合众国史》。人物传记、史学著作以及各种体裁的文字记载一直延续着，很多是亲历者的观察和记录。

欧洲人也在观察这个新世界，从这个国家发出的消息总是让他们感到好奇，他们很想看看这个新大陆的共和国到底新在哪里，这个民主制度又与他们会有什么样的关系。怀揣这个目的，法国贵族托克维尔对美国进行了一番开拓性的考察，历时9个多月，美国的民主令他印象深刻。1835年他出版《论美国民主》这本重要的美国学经典，全面深刻地评说了19世纪初的美国体制与民情，对“身在庐山之中”的美国人也是一次自我认识和意识觉醒。

这样零星分散的对美国的记录和研究从来没有间断过，然而要汇聚成一门有体系有前途的严肃学科还需要积累和时机。当美国的发展达到成熟，美国的影响和地位被世界公认，整理和探究美国经验便成为一门应运而生的学问：美国的特质到底是什么？美国的试验是否获得了成功？它能否成为一个示范？它的前景又将如何？于是乎，美国学诞生了，它首发于美国，但不限于美国，因为美国的影响遍及全球。我们很难锁定美国学诞生的确切日期，但大致是在20世纪初，首批专注于美国学的学者和他们的奠基之作出现了：弗雷德里克·杰克逊·特纳的《边疆在美国历史中的意义》（1893）、查尔斯·比尔德的《美国宪法的经济解释》（1913）、弗农·路·帕林顿的《美国思想的主要流派》（1927）、佩里·米勒的《新英格兰思想》（1939）、F.O. 马西森的《美国的文艺复兴》（1941）、亨利·纳什·史密斯的《处女地：作为象征与神话的美国西部》（1950），以及随之而来绵绵不绝的新学者和新著作。美国学学会成立了，学术刊物面世了，大学纷纷开设美国学课程，设立美国学专业。研究从表面到深层，横跨了更多的学科——政治、经济、历史、社会、文学文化等多方面多视角地深入考察，虽然各学派观点不同，方法有别，但探讨的都是美国的经历和成败、美国的体制和精神、美国的国民性格和文化意识，还有美国的区域特征，以及一切使美国成为美国的特质。

中国人研究美国首先立足于整体认识与把握，东方出版社策划这套译丛，并非完全出于学术兴趣，主要还是想协助国人了解美国这个不可忽略的存在——人类文明的一个重要组成部分，所以我们不会纠缠于定义和概念。中国的美国研究其实已经有些时日，不少美国学经典也早有了中译本，故而本译丛不会求大求全，只求在可能的条件下进行充实扩展，并首先挑选更适合中国读者阅读需要和兴趣的著作。我们相信，对美国的关注将会长期继续，这套译丛也因此是开放性的，我们将不拘泥于原著的发表年限，在条件成熟的情况下，三三两两地陆续推出首译作品，以飨读者。

2021 年 2 月 8 日

钱满素

CONTENTS

目录

导 论

如果从南北战争到19世纪90年代这段美国历史可以被看作是一个工业化、大陆扩张和政治保守的时期，那么，自19世纪90年代以后到第二次世界大战结束这一段历史，则可以被看作是改革的时代。改革的浪潮虽然在19世纪90年代遭受严重挫折，20世纪20年代甚至一度走向其反面，却决定了20世纪大部分时间美国政治的基调。过去65年的改革运动大致可以分为三个阶段，其中前两个阶段几乎是前后接续的：第一个阶段是农场主抗议表现最强烈的19世纪90年代的平民主义运动和1896年布赖恩[①]竞选活动，第二个阶段是1900—1914年的进步主义运动，第三个阶段是20世纪30年代的几年中集中迸发出活力的“新政”运动。

这本书并不是为了把大家熟悉的自1890年以后的美国主要改革运动重述一遍，而是希望以我们当下的观点对这段历史作出新的分析。起先，我的兴趣集中于从1890年到第一次世界大战这

① 威廉·詹宁斯·布赖恩（William Jennings Bryan，1860—1925），美国政治家、演说家、律师。曾三次被提名为民主党总统候选人，均落选。1913—1915年任国务卿。——译注

段时期，但在研究中我越来越感觉到，要更好地理解这一段历史的特点，就应该把它与“新政”进行比较。为此，我增加了最后一章，但它不能被理解为对这两个历史时期之间的关系作出的最后结论。现在，我们距离富兰克林·罗斯福于 1933 年 3 月 4 日第一次发表就职演说的时间，比他距离伍德罗·威尔逊（Woodrow Wilson）第一次发表就职演说的时间更长，因而，我们可以用更成熟的眼光来看待“新政”，甚至“新政”以前的改革在我们看来也有了新的意义。我们站在了从未有过的高度看问题，也能发现那些原来看似无关紧要的事件的重要意义。

事实上，我们对于平民主义和进步主义的理解与我们在“新政”时期的经验紧密相关。“平民主义—进步主义”的时代因为第一次世界大战而猝然告终。当我们准备为这一时期作出严肃的历史评价时，却又陷身于大萧条催生的新的改革时期之中。因此，在“新政”时期或“新政”后不久出版的论述这一段历史的著作中，都不免带有第二次改革浪潮的印记。这并不是说这些观点通常带有同情的意味，而是说这些观点都持有这样一种假设，即“新政”是“平民主义—进步主义”传统的延续和再生。这个观念并非完全错误，但它转移了我们的视线，使我们无视两者之间的本质区别，从而歪曲了我们的历史特点。其实过去我已经费了不少功夫来强调这些区别了。

也许我得解释下我在广泛的意义上使用的术语——“平民主义”和“进步主义”。我说的“平民主义”并不仅仅指涉 19 世纪 90 年代的“人民党”（或称“平民党”），因为我认为平民党只是美国政治文化独具的大众化冲动，是在特定时期的夸张表现形式。

我们可以观察到，远在19世纪90年代抗议之前，就存在一股强大的趋势，这种趋势始于安德鲁·杰克逊时代，并导致了南北战争以后的绿票子运动[①]、格兰其运动[②]及反垄断运动。这些运动是广大的农民、商人对19世纪后期的经济变革不满的反映。平民主义精神在1896年指导了民主党，并继续在以后的进步主义时期发挥重要的作用。虽然平民主义的思想与农业改革的特殊关联现在已经有所减弱，但我相信它在我们的时代依然存在，部分地表现为人们暗藏着的地方感情[③]，大众的和“民主的”反叛精神以及怀疑主义和排外主义。

同样，我说的“进步主义”也不是指在1912年总统竞选中支持西奥多·罗斯福的共和党激进分子组成的进步党（Bull Moose[④]）。我用这个术语实际是指1900年后兴起的广泛的批判精神和改革精神。1900年后，原已十分壮阔的农场主抗议运动因中产阶级对社会和经济改革的热情而有了新的方向和新的发展。所有同时代的观察者都意识到，在广阔的意义上，进步主义运动不能仅仅被说成是进步党的运动。它强烈地影响了大大小小许多政党，改变了美国政治生活的基调。当然，这次运动的许多方面是

① 美国农村利益集团发起的旨在增加或维持纸币流通的运动，约发生于1868—1888年。1862—1865年，美国联邦政府为准备南北战争发行了4.5亿以上的美元（即绿票子），没有黄金储备。战后财政上的保守派要求收回绿票子，引起希望保持高物价的农村利益集团的反对（大多来自中西部）。他们在1874年组成绿票子党，经过他们的努力，1878年美国国会达成妥协方案，其中包括：保留恢复硬币支付法案，扩大可以兑换成黄金的纸币流通量，制定有限制地恢复铸造银币的布兰德·艾利森法案。——译注

② 格兰其（Grange），1867年成立的美国全国性保护农民利益的田庄农民秘密组织，正式名称为“保护农业社”。格兰其也意为该社成员。——译注

③ 指对城市的不满。——译注

④ Bull Moose，进步党的别称，也译为公麋党，因老罗斯福自比为公麋而得名。——译注

模糊且不完全具有凝聚力和一致性的，但这或许正是它取得了可观的成功也遭遇了失败所隐藏着的原因。虽然可以说，如果没有对社会的不满情绪为动力，进步主义运动就不会产生，但这次运动并非所有的社会阶层或各社会阶层联合的集团对某一特定阶层或群体的斗争。它实际上是一个波及广泛的、社会上大多数人参与的、意愿非常良好但目标并不十分明确的自我改造运动。这个运动的主要目的是恢复经济上的个人主义和政治上的民主。人们普遍相信这些制度在早期美国曾经存在过，而后被庞大的企业集团和腐败的政治机器摧毁了，进步主义运动所带来的恢复能够复兴失去了的道德和公民的纯洁。

我在本书中主要关注的既不是政治竞选活动、立法机构的立法行为、法庭的判决，也不是监管委员会的工作，而是运动的参与者的思想——他们的是非观念，他们期望的变革以及在他们看来是可行的手段。因此，我的工作就是探讨参与者们对自己所从事的事业的思考以及这些思考在美国历史中所起的作用。在这个意义上，这本书主要探讨的是政治思想和政治情绪，但它研究的不是高层文化，而是具有普通政治意识的美国公民的思想。莫顿·G. 怀特（Morton G. White）在他的《美国的社会思想》一书中分析了进步主义运动对高层文化领域，如哲学、政治理论、社会学和历史学的影响。我做的不是这样的工作。我关心的不是最深刻的思想而是最有代表性的思想，是那些中产阶级作家在大众读物上对问题的讨论、幕后新闻、竞选演讲以及有代表性的新闻记者和有影响的时事评论家的文章。当然，高层文化和普通文化经常是重叠、交融的，有些人对这两种文化都能运用自如。有时，那些对进步主义有更深度思考的思想家对我称之为进步主义的重要思想会持批评态度。我没有忘记，当我评论大多数进步主义者的核心目标是个人主义时，论述这个时代的政治学、心理学和哲学的最重要的学术文章对同样的事件和问题却得出了相反的结论。我也不会忽略这样一个事实，即某些进步主义的思想家，像赫伯特·克罗利[①]，甚至还有一些进步主义的政治领袖，如西奥多·罗斯福对众口一声地呼吁个人主义表示了辛辣的讽刺。知识分子——甚至常常还有那些深谋远虑的政治家——通常与他们同情的政治和社会运动保持一定的距离。他们对这些运动和这些运动所反对的事物同样持批评态度。困扰着世纪之交的改革者的一个颇有讽刺意味的问题是，他们为保卫或恢复他们崇尚的个人主义价值而采取的行动，使他们更接近了他们害怕的组织手段。对这个时代有更深刻认识的思想家们要比一般人的理解更深刻一些。

平民主义运动和进步主义运动发生在由农业社会向现代城市社会迅速过渡且颇为动荡的年代。现在我们处于这一过渡近乎完成的时刻，因而可以对它的意义有更明确的认识，但容易忽视上几代人某种强烈的情感。美国的民主传统是在农场和小村庄里建立起来的，它的基本观念浸透着乡村感情并且是用乡村语言表达的（我们至今还有“草根民主”这个说法）。出于一些我将要探讨的原因，在整个 19 世纪乃至 20 世纪，美国人民都被教导：农村生活和务农的职业是神圣的。由于美国早期人口中的大多数从事农业，“民主”这个本来就意义十分宽泛的抽象观念自然也变得神

① 赫伯特·克罗利（Herbert Croly，1869—1930），美国编辑和政治理论家。重要作品有《美国生活的希望》。该书曾影响了进步党领导人西奥多·罗斯福的观点。——译注

圣了。于是，乡村思想中开始滋生了某种自满和自以为正确的意识。这种自满受到工业扩张的猛烈震动。平民主义运动中浓重的紧张和焦虑感就是美国乡村的迅速崩溃所致。

然而，我们很少注意到，相互竞争但未组织起来的众多农民，作为一种社会势力是软弱的，但当他们的人数相对减少、彼此间关系更和谐、团结得更紧密时，他们反而变得更强了。平民主义的一个陈词滥调就是，不论其他职业有什么作用，农民都是最重要的，因为他们养活了所有人。尽管近来我们已经较少听到这种论调了，甚至与其针锋相对的城市居民对农民的愤恨情绪也已开始抬头，但是老观念已在美国公民心里深深地扎下了根。对这种观念的否定是有事实依据的——是我们养活了农场主。在情感上和道德上仍以农场家庭为理想的已经完成工业化和城市化的美国，用它可观的剩余财富，支撑了在现代农业技术条件下超过实际需要人数的农民。正是部分地由于农业传统的延续，才使得对农民的让步不像其他受技术发展损害的群体——比如说音乐家、建筑工人——采取人为地保护自己利益的手段那样引起普遍的反对。本书的导论部分正是用来探讨从19世纪早期田园传说式的民主到复杂的现代美国生活的过渡性历史时期。

平民主义和进步主义兴起的环境在现代社会中是较为特殊的。当时，美国的工业化和城市化进程伴随着人口成分的急剧变化。直到大约1880年，美国民主的基本思想仍然是乡村式的，甚至可以说是扬基式[①]和清教式的，此时的移民居住区小而分散，不可能

① 扬基（Yankee），原为美国南方人对北方人的谑称，第一次世界大战后为欧洲人（尤其是英国人）对所有美国人的谑称。此处指美国式的，非欧洲式的。——译注

建立全民统一的生活观念。工业的兴起带来了当时人们所说的“移民入侵”——欧洲移民持续40年的大规模迁移。这些移民主要是农民，他们的宗教、传统、语言或者仅是他们的人数就使简单的统一不可能实现。平民主义运动和进步主义运动染上了极浓厚的本土人口对移民浪潮的反对情绪。国家对移民的需要和本土居民的排斥情绪的摩擦，形成了两种截然不同的政治伦理系统。我已经试图对这两类政治思想的特点和相互作用加以归纳。第一种建立在本土的扬基—清教政治传统和中产阶级生活上，主张公民应长期地、无私地参与政治生活。这种思想还认为，为了与不同于并高于个人需要的普遍准则及抽象法律相适应，政治生活应有更深刻的内容。经济生活应该鼓励与刺激个人发展，而政府应当努力教化所有的个人。第二种政治伦理体系具有欧洲移民的特殊背景：他们熟悉的不是政治上自由的行动，而是等级制度和权威。他们常常需要为基本的生存而奋斗。他们很自然地认为，个人的政治生活产生于家庭需要。政治和公民间的关系建立在个人义务上，个人的忠诚高于对法律道德的遵守。移民、老板和城市化的政治生活主要依靠这一价值体系运转。以高度理想化的清教社会改革领袖为一方，以老板、政客和广大移民为另一方，由此建立起来的两套政治理想之间的冲突在很多方面影响了进步主义时期的斗争。他们不仅在政治上，而且在道德甚至宗教上持不同的观点。因此，这一时期的矛盾尽管在实质上往往并不激烈，却引发了如此激烈的冲突和严重的误解，也就并不让人感到吃惊了。

在扬基地区的乡村里建立起来的政治价值和政府的观念，受到企业家和个人成功理想的深刻影响。美国政治历史上的左派——那些与民众利益相关的社会改革的发动者，相对地没有与封建传统和城堡里的贵族做斗争的必要。它既没有资产阶级性质的革命传统（美国革命本身是合乎宪法的保守的政治事件），也没有类似19世纪后半叶所有西方大国都曾出现过的那种无产阶级理论和社会民主主义。美国政治历史上的反叛都是在政治和经济领域反对垄断和特权，反对社会差别，反对限制信贷，反对阻碍个人成功的运动。因为社会平等和最基本的生存条件总能得到保证，因此反叛的目标既非社会民主亦非社会平等，而是更多的机会。在世纪之交，大多数人，包括改革者在感情上更亲近那种正在消逝的社会生活——中小规模的企业，分散而无严格组织约束的生活。但到了进步主义时期，企业界甚至政府，在某种程度上也越来越脱离个体的形态，而需要工业纪律和管理阶层并呈现官僚主义的倾向了。改革者对此的抗议是要求维持正在消失的机会，而不是加速现有的组织化趋势。大多数来自扬基—清教环境的美国人，不论是改革者还是保守者，都希望经济上的成功与个人品格相关联。他们要求经济机制不仅能够提供充足的产品和服务，而且能够起到有效的刺激作用，成为提供动力的机制。然而，无论是大企业、粗俗的富豪，还是处心积虑的政客，似乎都反对这些要求。大企业的成功与个性及奋斗似乎没有什么联系。人们观察那些富豪的行为时，发现他们的富裕程度和他们的自律及应该承担的公民义务成反比。竞争的意义似乎消失殆尽了。整个社会遭受震荡，不是因为经济的崩溃，而是因为道德和社会的堕落及民主制度的退化。但这并不是说那个时代的人们陷于绝望，他们相信，正如罪人可以赎罪得救，只要人民觉醒并意识到自己的责任，民族就可以被拯救。正是这种期望，激起了进步主义者的热情，一直持续到第一次世界大战。

改革史的下一个阶级——“新政”，本身就是这个社会过分组织化的产物。这个社会曾经困扰过进步主义者。通向管理，通向官僚主义，通向大型化的趋势已很壮大，对之进行改革的努力本身也不得不与之和谐相处。更有甚者，随着“新政”的持续，组织起来的工人阶级越来越多地参与了领导改革。他们的组织规模使他们足以提出强硬的要求并发挥重大的政治作用。城市中的移民群体、政客、工会领导人、知识分子及行政人员的政治和道德信条，与旧的经济道德发生了冲突。某些社会阶层与不同类型的群体曾大力支持进步主义时期的有限改革，此时却发现自己来到了一个光怪陆离的陌生环境——尤其在经过最严酷的经济衰退以后，他们对周围的新事物变得无法容忍了。“新政”的实用主义精神和对结果不顾一切的追求，使这些人距离那种经济生活与个人品格、创业自由及机会紧密相连的社会更加遥远了。

平民主义者和进步主义者坚持符合乡村生活的价值观，挽救个人创业和成功的机会，以及创业和个人成功所需要的品格特征，保持统一的扬基文明。在我看来，他们的许多企图是倒退的、不现实的，也有一些很恶劣，还有不少是滑稽可笑的。我并不是说这些价值观本身没有意义，或者是坏的。贴近自然和土地的生活理想，对乡村生活中纯朴的人际关系的尊重，个体独立并且自给自足的美好形象，甚至希望保持民族血统更为单一的国家的愿望（尽管这种愿望造成了偏见和仇恨）——这些并不是毫无意义和应该蔑视的价值观。理想的崩塌对于认同这些理想的人来说是痛苦的，但是其他不能感同身受的人也应该尊重这些理想。我评论这种对传统农村生活和个人创业的向往，不是为了贬低它们作为终极价值观的意义，而是为了警惕将其滥用于政治行动——这种情况过去有，现在仍然有。我这样做，或许能间接帮助挽救那些价值观中仍然有意义的部分。

我发现，我对平民主义—进步主义传统所持的是批评态度——假若我在 15 年前做此研究，不会持有如此激烈的批评态度。我说的是批评而不是敌视，因为我的批评更多的是基于该传统的内部视角。我是在进步主义的改革传统中长大的，我的政治感情也是建立在这个传统基础上的。这一传统实际就是美国大多数知识分子所遵循的传统。也许是因为美国政治在历史上的大多数时候确实是保守的，因此美国主要的学术传统则恰恰相反，照我们的说法，就是“自由”的——平民主义的、民主的和进步的。就全民族的保守主义来说，我们没有能够建立、健全和丰富直率的保守主义思考方式。正如莱昂内尔·特里林[①]在《自由主义的想象》中所说的那样，除了极个别的人外，我们的保守主义者没有试图用与行动相对的观念来表达自己，他们展现的不过是“那些试图伪装成思想的、愤怒的精神姿态”。一般认为，美国的实业家在政治观点上应该是保守的。保守的美国政治家享有广泛的拥戴，常常可以长期掌权并能为有实效地为公众服务而怀有荣誉感，尽管我们总是最热烈地赞美有改革家风度的保守政治家。一个有足够

① 莱昂内尔·特里林（Lionel Tvilling，1905—1975），美国作家和批评家。——译注

才能的保守政治家——罗斯福是一个最好的例子——既可以享有大企业主和社会关系中的保守势力的尊敬及经济资助，又能利用进步主义的辞藻最大限度地发挥影响，赢得改革者的喝彩。但是，在过去一段时期，保守派的知识分子，以及寻求给行动以理性信仰支持的保守政治家，脱离了他们原本想接近的主流和基本的群众。美国的保守派和自由派之间相互批评的风气似乎消失了，结果是双方的人都对自己的思想立场过分自信。保守派没有猛烈和有辩驳力的批评。自由派出于知识分子的本能，热衷于自我批评，然而这种自我批评不如有力和严峻的对手的批评对他们更有益。

这种局面在我们当今的时代正在发生转变，这也许是自19世纪90年代以来第一次有所改变。一些迹象表明，某些自由派逐渐发现，探究保守主义的优点并采用保守主义的辞藻既是自然的，也是有利的。他们发现，自己对于乐于保持哪些事物比对乐意改革哪些事物有更强的意识。1952年，谨慎且冷静的绅士阿德莱·史蒂文森[①]能够激起美国知识分子的巨大热情就是这种保守主义倾向的明证。史蒂文森在竞选过程中曾断言，自由主义者已经成为我们这个时代真正的保守主义者。他的话之所以正确并非因为自由主义者在意识形态上普遍地倾向于保守主义（实际上，他们的情感和忠诚的对象仍主要倾向于自由主义），而是因为自由主义者感觉到，在我们这个两极分化的世界中寻找出路的同时，应该抓住已经得到和学到的东西，以便在可预见的将来获得更大的利益，这比抛弃过去20年的社会成就和美国传统中优秀的东西，

① 阿德莱·史蒂文森（Adlai Stevenson，1900—1965），曾在1952和1956年两次以美国民主党总统候选人身份参加竞选。——译注

一味沉醉于代价高昂的假象中，否定不应该否定以及事实上不能否定的东西要好得多。

我对平民主义—进步主义传统的批评无疑部分地出于对它的保守主义情绪的回应。我不愿意将这些批评与我们时代的新保守主义联系起来。这个词太时髦，让人不舒服。“新保守主义”这个词在我看来，只表明了美国人依然不能泰然自若地看待无偏见的保守主义思考方式。我们应该明白保守主义中的任何优点都确实是久已有之的了，如果美国最优秀的保守主义者约翰·亚当斯还活着，也会这么说。宣传所谓的“新保守主义”，在我看来更像是粗糙的商业广告，它本身就是对美国社会对变化的不断要求的投降，因而从一开始就背弃了保守主义的初衷。美国人喜爱所有贴上“新”和“大”的标签的东西，然而保守主义最有价值的地方是在对过去，对细腻感情的珍惜以及对管理、方法、意义等事物中“小”的方面的感知。在我看来，“新保守主义”吸引我的地方，仅仅在于它保留了原有的自由主义精神，只是经历了灾难的打击、时间的磨炼和逐渐增长的现实感的调整。因此，我在此发表的对平民主义—进步主义传统的批评，旨在指出这一传统的局限，并帮助它摆脱感伤及自满的情绪——简言之，即执行它的反对者所逃避的、只能由它的支持者担负的任务。

在此，如不充分强调这一事实是不公正的——最引起我们注意的自由主义传统的缺陷也是美国整体政治文化的缺陷，并且这些缺陷通常也存在于美国保守主义者之中。最根本和最长久的缺陷是间发的道德冲突。如果不以超然于感情的方法和常识使之减缓，这种冲突会是致命的。埃里克·戈德曼（Eric Goldman）[1]在《归宿》一书中批评进步主义知识分子宣扬道德相对主义。他们把道德判断都归结为特殊地点和特殊历史环境的结果，因而损害了对这些明确的道德判断的信心。他引用J. 艾伦·史密斯[2]（J. Allen Smith）所说的话："我们改革派的真正问题是，我们把改革变成了一场反对标准的运动。我们摧毁了所有的标准，没有留下任何东西给我们自己和别人。"在我看来，这种谴责对我们这个时代的某些自由主义者也是适用的。比如前几年被称为"极权主义自由派"的人——这些人自诩是自由主义者，却不受要求他人遵守的公民纪律的约束，他们认为属于"历史进步"的运动可以免受所有其他运动都必须接受的道德判断。他们可以坦白地承认并鄙视法西斯国家的野蛮和专制，却否认极权政治中的暴行与专制。现在，这些可悲的错误还没有成为大多数美国现代改革运动的典型错误，当然也不是1890—1917年的平民主义—进步主义思想的普遍特点。我对那个时期的进步主义运动的批评与史密斯相反，我认为进步主义运动没有特别地损害或者摧毁价值标准，而是建立了行不通的标准，简言之，他们是道德绝对主义的牺牲品。有时，道德相对主义和道德绝对主义被混淆是可能的，因为对这两者的过度坚持所导致的结果十分一致，即政治生活中的无情。

我们国家的力量和弱点几乎集中地体现在这样一个事实上：不能默默地容忍生活中的罪恶。我们永不停息地挖掘战壕以抵御它们，不断地要求变化、改进和修正，但是我们对于人类境遇的

① 美国进步主义时期政治批评家。——译注

② 美国进步主义时期政治批评家。——译注

限制最终会不可避免地落在自己头上这一事实缺乏足够的意识。我们无休止地要求变化是非常有价值的，它的成功表现在我们对“物”的处理上，如技术和发明、生产能力和满足需要、提供舒适等，在这个方面我们超过了所有其他民族。但是在处理人、社会习俗和政治道德问题方面，这种永不停息和绝对主义的弊端很快就暴露无遗了。在所谓美国政治的“草根”层面有一种广泛而持久的倾向——我必须赶紧补充，大多数美国人并不是习惯地屈从于这种倾向——认为有一种伟大而本质上又十分简单的斗争正在进行着。斗争的核心隐藏着某种单一的阴谋的力量，可能是“金本位主义者”、天主教会、大企业、堕落的政客、酿酒业和酒馆等等。这种邪恶力量不仅应该被限制、防范或控制，而且应该被根除或尽可能早地被消灭。许多人认为一定可以找到某种方法实现这个目的，尽管对究竟应采取哪一种方法争论不休。在政治界和知识界领袖中盛行这样一种思想：人民对这些事情的判断必定是正确的，因此他们不必去教育人民，也用不着限制那些不切实际的要求，而是要假装认为这些要求是合乎情理的，并且试图找到安抚人民的办法。

我们就这样时时沉醉于一场场打着道德救市旗号的精神狂欢之中：将人民一劳永逸地从金本位主义者手中解放出来，建设绝对的大众民主和真正诚实的商业竞争，让酒馆和酒精从整个民族的生活中永远消失，摧毁政治机器，结束腐败，采取绝对、完全、彻底的防止战争、间谍和国际纠纷的手段。献身于这些绝对目标的并不总是同一群人，但他们确实建立了共同的绝对主义的热情气氛。他们与之战斗的罪恶确实常常以某种形式存在着，对付这些罪恶的手段也是有的，在许多历史时刻也的确曾采取过一些措施。我们的改革传统的优点，就是能够迅速指出经济体制中确实存在的严重缺陷，并准备动手改进。但这一传统的局限在于，它总是不能确定现实和理想的界限。我想，这的确是进步派那一代人的真实状况。那些希望建立民众的直接管理，摧毁政治机器和取消代议制政府的一代人，正是强行颁布了禁酒令，并准备在全世界实行民主的一代人，这洵非偶然。

我相信，大家清楚我的意思不是说平民主义运动和进步主义运动是愚蠢的或破坏性的，而是说它们像生活中许多其他事物一样，具有模糊不清的特点。我不怀疑这两类运动在美国政治经验史上的最终价值。在美国，一直有人反对只顾经济增长不考虑人类付出的代价，反对那些不同情经济发展中的牺牲者的势力。从杰斐逊的民主到杰克逊的民主，经过平民主义运动和进步主义运动，直到"新政"，自由主义在美国政治中的功能，首先是增加了可以从巨大的美国财富中获益的人数，其次是使美国政治更加人性化并弥补它的失误。没有这种持续的反对、抗议和改革，整个美国社会就只能像一片荒芜的丛林——它在某些时候和某些地方是那样的，就不能建立起如今这样可观的生产和分配体系。我们只需选定一个主题来追溯历史，比如就所得税进行仔细研究，很快就可以发现，自由主义传统为使社会经济负担转移到那些最有能力担负的人身上，作出了多么巨大的贡献。五六十年以前，我们的社会制度几乎还未受到悔恨或改革的轻微触动。而今，务实逐利者、企业界和商业界为一方，持不同意见者和改革者为另一方，作为无意的、间断性的，通常是带有敌意的合作结果，现存社会制度已在许多方面被改变或被影响了。由于进步主义传统在这一成就中的地位不容置疑，因而我们能够在进行一些批评的同时不会让人觉得是在否定它的全部价值。

制定理想的改革目标总是相对容易且令人振奋的，但期望历史能够直接前进，去实现目标却是过分的。具有相当理性化的、系统性的政治信仰的自由主义知识分子，往往因为人民群众在某些历史时刻作出符合他们政治信仰的行动而倾向于按逻辑认为群众和他们有同样的信仰。知识分子常常感到孤独，为了消除孤立感，他们有意接近群众，并且易于用带着感情的眼光来看待群众。因此，他们时常夸大群众改革运动和政治自由主义原则的一致性。他们按照自己内心的愿望重新塑造反抗的大众形象。他们故意忽视群众运动中经常存在的非自由主义因素，甚至忽视这一历史过程本身的复杂性。理论上，我们不难区分哪些改革措施是防治社会罪恶与弊病的手段，而哪些变革实际上只是社会弊病的补充剂和催化剂。然而，群众运动并不总是按照这样的区分来运作，我们也常常难以判断，此类运动什么时候已经超出了必要和重大的改革限度，变成了不仅对社会弊病，而且对整个社会——包括对自由主义和人道主义的价值发泄愤恨。我们只要读一读莱因哈德·卢特金（Reinhard Luthin）关于 20 世纪政治煽动的研究著作或是阿尔伯特·D. 柯万（Albert D. Kirwan）研究密西西比河流域各州政治的论文《红脖子的反抗》，就能找到非自由主义和改革并存，并在美国历史上延续的丰富例证。

我相信这些论点同样适用于 20 世纪美国改革运动的历史。比如说，我们试图在许多方面把平民主义运动和进步主义运动看作更有效的“新政”改革运动的先行者。但实际上，正如我在最后一章所讲，进步主义时期的精神与“新政”时期截然不同。尽管我不想否认和看轻平民主义运动和进步主义运动与“新政”运动之间的大量相同之处及其延续性，但更吸引我的是平民主义运动和进步主义运动（尤其是平民主义运动）似乎预示着我们这个时代某些伪保守主义的怪现象。在某一时期，平民主义—进步主义传统不知何时变得陈腐了，成了非自由主义和怪诞的东西。我在本书中主要探讨1917年以前的情况，而这个传统的变质过程基本发生在1917年之后，甚至在1930年之后，因而我没有详细研究这种转变。然而，我认为这或许是任何一部研究第一次世界大战后的美国政治运动著作应该关注的问题。在对美国早期改革运动的论述中，我试图展示这样一个事实：从改革到反动的转变，并非由于美国公众接受了任何全新的政治观念，而是源于早已存在的某些倾向的发展，在中西部和南部地区尤其如此。

美国生活中的这些倾向，如孤立主义以及伴随而来的民族主义，对欧洲和欧洲人的仇恨，种族、宗教和排外主义的病态恐惧，对大企业、劳工联盟、知识分子和东海岸文化的不满，所有这些东西不仅可以在改革的反面发现，而且时常奇怪地和改革运动联系在一起。美国生活中一个鲜有研究却极为有趣的现象是，不断涌现的改革呼声，不仅是为了纠正弊病，还夹杂着强烈的道德信念，并以仇恨作为信条。从未有人从大众角度研究过美国政治历史中的这一特点。然而这一点已经反映在领导人物的身上了。比如有人发现，在两代查尔斯·A. 林德伯格（Charles A. Lindberghs）和两代马丁·戴西斯（Martin Dieses）的家庭中，父亲都是平民主义或进步主义的孤立主义者，而儿子却成为极右分子。我们还可以在西部和中西部的议员如伯顿·K. 惠勒（Burton K. Wheeler）、杰拉德·P. 奈（Gerald P. Nye）、林恩·弗雷泽（Lynn Frazier）和威廉·莱姆克（William Lemke），以及南方议员汤姆·沃森（Tom Watson）、皮奇福克·本·蒂尔曼（Pitchfork Ben Tillman）、科尔·布里斯（Cole Blease）、詹姆斯·K. 瓦达曼（James K. Vardaman）和休伊·朗（Huey Long）身上发现这种现象。这种情况不仅仅局限于政治人物，在文学界也有代表人物，如杰克·伦敦，还有新闻界的威廉·伦道夫·赫斯特（William Randolph Hearst）。

我们已经习惯于把年轻反对者随年龄增长而成为保守派看作一件“自然”的事，但我所关注的现象却并非如此，因为它涉及的与其说是从一种政治立场到另一种政治立场的转移，不如说是改革和反动的持续共存。当这种转移发生时，转移者的个性并未发生变化。无疑，要准确区分对社会有益而正当的批评和对基本价值的破坏是很难的。某些人，甚至包括某些政治运动，似乎离这条分界线很近，他们在其一生中有时不止一次地左右徘徊。昨日的改革动机，或许能为今日改革服务，但也可为反对改革服务。

我完全明白，过分强调今日困扰自由派的政治感情与他们的先驱在早期改革运动中的政治感情之间的相似和延续是危险的。这样做容易使思想囿于当下而不能对历史有真实正确的感知，容易让观点超出适用的范围。平民主义运动的许多荒唐的枝节现象并非现代威权主义运动的先兆，进步主义运动的也不是我们这代人的糟糕幻觉的先兆，尽管它有时提倡的大众民主是有缺陷的。当我们考虑 1890—1917 年这一历史阶段时，应该记住，那个时期的人们具有后人不再拥有的天真和放松，因为当时极权主义还未出现。杜利先生（Mr. Dooley）[①] 是那个时代最精明的评论家之一，他远在进步主义运动最高涨的时期就清楚地看到了这个特点。他说："你听见的吵闹声可不是什么革命的礼炮，那只是美国人在敲打地毯。"

但是，我们的传统并没有完全呈现历史的全部复杂之处。我们这一代人要为更早的改革者画像，必须首先对自身的政治传统有更深入的了解。为此，我希望人们把我的观点当作一个引子或是一种推力，来激发对美国改革运动更进一步的研究，而不是作为最后的定论。

① 杜利先生是芬利·彼得·邓恩（Finley Peter Dunne，1867—1936）创作的虚构人物，邓恩是美国著名的政治讽刺作家。——译注

第一章

土地神话和商业现实

一、自耕农和神话

美国诞生于农村，然后走向城市。它起初的观念和政治价值是以农村生活为模型。早期美国政治家和乡村报纸的编辑，在向普通百姓宣传他们的见解时，必须使用足以打动土地耕作者的辞藻，即使是城市居民的代言人也知道自己的听众中有很大一部分来自农村。但是，在口头或笔头上谈论农民和农庄的文化人——牧师、诗人、哲学家、作家以及政治家，他们喜爱的美国乡村生活，与农场主实际喜欢的东西并不相同。有文化的人不可避免地为乡村生活中的非商业化、无世俗气的自给自足特点所吸引，对他们来说，那是一种理想的生活。托马斯·杰斐逊和赫克特·圣约翰·德·克雷夫科尔[1]羡慕农民，并不是因为他们追求机遇或赚钱的能力，而是因为他们的勤勉诚实、独立、对平等的质朴理

① 克雷夫科尔（Crevecoeur，1735—1813），出生于法国的美国作家。——译注

解，以及生产简单然而充足的生活物品并满足于此的能力。然而对农场主来说，他们通常是乐于去赚钱的，他们的自给自足或是由于交通不便、市场缺乏造成的，或是为了积蓄以扩大自己的经营。美国早期社会只是短暂的农业社会，很快就转变成商业社会了。商业经营在农村同在其他地方发展一样迅猛。但是，这个社会越商业化，它就越依恋非商业化的农业道德标准。自给自足的经济形式被放弃得越多，人们就越发现这种经济形式的可爱。农场主的孩子进入城市越迅速，整个文化就越显出怀旧色彩。美国人在意识中同乡村生活有着根深蒂固的一系列观念和感情上的联系，我将其称为土地神话[①]，这种土地神话代表了美国人对自己想象中天真无邪的渊源的愚忠。

土地神话和一切复杂观念一样，不能简单地加以概括。但这个神话各个组成部分却有着清楚的格式。神话的主人翁是拥有土地的自耕农，而且是一位完美的人，一位完美的公民。在对农场主的特殊品质和农村生活独到之处无限赞扬的同时，人们以为对于社会至关重要的这一行业，理应得到政府的照顾和保护；在家人帮助下耕种自己土地的自耕农，是简单、诚实、独立和健康的人类楷模。他接近仁慈的自然，他的生活被认定是堕落的城市居民不可能过上的健康生活。他的优越生活不仅表现在物质上，还表现在道德上，不仅是个人的，还是公民美德的核心来源，不仅是世俗的，还是宗教的，因为上帝创造了土地，让人来耕种。自

① 我在此使用“神话”一词，不是说它是虚假的。它有力地表达了人们的价值观念，极大地影响了人们对现实的看法和他们的行为。在这个意义上，各种神话的虚假性或真实性的程度是不同的。土地神话的虚假性随着时代的前进日益严重。

耕农被认为是幸福和诚实的人，靠自己劳动而成为社会不可缺少的支柱，自然也就被公认为最优秀和最可信赖的公民。杰斐逊曾经这样表达他的信念："小块土地拥有者是联邦最宝贵的财富。"[①]

从本质上说，土地神话不是大众观念，而是文学观念，是高等阶级的精神享受。他们受过古典教育，阅读田园诗，试验新种牲畜，拥有农场或其他产业。18世纪后半叶，这一神话被清晰地勾画出来并被普遍接受。由于它是在欧洲和美国两处形成的，它的传播者在很大程度上借用了经典作家的权威，如赫西俄德、色诺芬、加图、西塞罗、维吉尔、贺拉斯等。这些人的作品是他们受到良好教育的结果。有学问的农村绅士，在与工业阶级的冲突中，十分赞赏富裕的名门望族在赞扬耕作时表现出的道德力量。在法国，重农主义者布道说，农业是唯一的、真正的财富源泉。英国农业耕作者已经开始对农业和蓄养技术的改进感兴趣，他们也支持对农业的赞赏态度，十分欣赏詹姆斯·汤姆逊的四季歌或是德莱顿（Dryden）翻译的贺拉斯的作品：

> 他地位卑贱却是多么快乐；
> 他贫困却是多么富有，
> 平静的生活，不需劳种，没有杂务，
> 不欠钱一身轻快！
>
> 在罪恶的种子播下之前，

① *Writings*, ed. by Paul L. Ford (New York, 1892–1899), Vol. VII, p. 36. 杰斐逊的土地神话的完整言论，见 A. Whitney Griswold: *Farming and Democracy* (New York, 1948), chapter ii。

是人类的黄金时代，
他们用自己的斧子，
耕耘小块的谷物。

塞缪尔·约翰逊（Samuel Johnson）1751 年总结说："几乎没有一个作家不赞扬快乐的农村生活。"[1]

每当农民受工业或商品农业的压迫时（特别在英国农村由于圈地而民生凋敝的时候），文学往往为之哀鸣。奥利弗·哥德史密斯（Oliver Goldsmith）的"荒凉村庄"成为一百多年后美国平民主义作家和演说家最喜爱的题目。土地神话主要是通过英国的经验和古典作家的作品传到美国来的。它像一切文化舶来品一样，最后在新的环境中换上新的外衣。在美国，诸如杰斐逊、克雷夫

① Quoted by Paul H. Johnstone: "Turnips and Romanticism," *Agricultural History*, Vol. XII (July 1938), p. 239. 这篇文章与该作者的"In Praise of Husbandry," ibid., Vol. XI (April 1937), pp. 80–95，为整个土地传统提供了一段极好的简史。

可比较本杰明·富兰克林的农历诗与德莱顿翻译的贺拉斯的诗，见 Chester E. Eisinger: "The Farmer in the Eighteenth Century Almanac," ibid., Vol. XXVIII (July 1954), p. 112:

啊，他是多么幸福，人类的骄子！
他不受奴役，不受欺压，
不害怕任何阔人，也不向权贵
屈膝弯腰；

不受荣华，不羡权势，
没有野心，绝不贪婪，丝毫不理睬
有毒的禁果。
没有奢华，他的双足
坚定地站立在祖传的土地上，
毫不动摇。

科尔、托马斯·潘恩、菲利普·弗莱诺（Philip Freneau）、休·亨利·布雷肯里奇（Hugh Henry Brackenridge）、乔治·洛根（George Logan）等作家宣传了神话。在他们之后，一大批活到19世纪的作家们蜂拥而上[①]，这个神话是如此吸引人，以至于农村阶级的大敌汉密尔顿也不得不出于策略，在《关于工业的报告》中说："耕耘作为全民财富最基本和最稳固的来源，……比起其他任何工业，本质上更具重要性。"[②]本杰明·富兰克林尽管是无派别的城市利益代言人，也曾说农业是一个国家获得财富的"唯一诚实的方式"。"播出的种子带来收获，这是上帝亲手安排的连续的奇迹，以奖励过着清白无邪生活的辛勤的耕耘者。"[③]

土地神话对18世纪的知识分子阶层有着普遍的吸引力，这一神话的影响无处不在。不管是在关于农业改良的小册子和经济学著作里，还是在田园诗和政治哲学中，到处可以看到这种影响；不论是在原始主义者那里还是理性主义者那里，这一神话处处逢源。某些著者用它来表达对生活和自然的直接而单纯的感情；另一些人把土地神话与自然人权思想联系在一起。把自然人权的哲学思想与对土地的占有联系起来在美国十分流行。自洛克以后，这些观念已成定论：土地是社会的共有财产，每个人都有权享用——杰斐逊称之为"耕耘土地的基本权利"；既然占有土地并使用土地是衡量一个人真正所有权的标准，那么耕耘土地的劳动

① 这一神话在18世纪美国的盛行情况，见 Chester E. Eisinger: "The Freehold Concept in Eighteenth-Century American Letters," *William and Mary Quarterly*, third series, Vol. IV (January 1947), pp. 42-59。

② Alexander Hamilton: *Works*, Vol. III, pp. 215-216.

③ *Writings*, ed. by Albert H. Smyth (New York, 1906), Vol. V, pp. 200-202.

者对土地就拥有所有权；既然政府是为了保护财产而创立的，那么土地拥有者的财产就更有理由被保护和照顾[①]。

我说过，土地神话最初是知识阶层的观念。到19世纪初期，这个神话逐渐成为大众的信念[②]，成为全民族政治观念和意识形态的一部分。这一变化的根源可以上溯到独立战争时期。美国人把独立战争的胜利看作是武装农场主对一个帝国的胜利。这个胜利巩固了自耕农在道德上和公共关系中的地位，使农场主成为一个新的民族的象征，并且将土地神话编进爱国热情和共和国的理想中。更为重要的是，土地神话在宪法下第一次两党斗争中起过重要作用。杰斐逊主义者一次又一次利用自耕农道德旗帜反击联邦主义者。家庭农场和美国式民主在杰斐逊主义的思想中，是紧密

---

① Chester E, Eisinger: "The Influence of Natural Rights and Physiocratic Doctrines on American Agrarian Thought during the Revolutionary Period," *Agricultural History*, Vol. XXI (January 1947), pp. 12–23. Cf. Griswold, op. cit., pp. 36–45.

② 的确，说劳动农民的真实想法，与政治家和其他舆论制造者告诉他们的不同，也只是一个似是而非的猜测。艾辛格（Eisinger）注意到18世纪的年鉴编纂者忽略了与耕种实务有关的内容，却发表了大量宣传土地神话观念的田园诗（The Farmer in the Eighteenth Century Almanac, p. 108）。很明显，编纂者觉得向农场主们担保他们的社会作用和价值比提出耕作上的建议要更省事，更重要。如果这一神话不吸引农场主，那就证明为他们说话和向他们说话的人彻底误解了他们。若想了解一位颇具影响力的编辑在19世纪对农业神话的接受情况这一绝佳例证，可参阅罗兰·范·赞特（Roland Van Zandt）所著的《霍勒斯·格里利：美国理想主义的农业代言人》（Horace Greeley: Agrarian Exponent of American Idealism），发表于《乡村社会学》（*Rural Sociology*）第13卷（1948年12月，pp. 411–419）。若要探究该神话在爱默生思想中的地位，可参阅道格拉斯·C·斯特纳森（Douglas C. Stenerson）所著的《爱默生与农业传统》（Emerson and the Agrarian Tradition），发表于《思想史杂志》（*Journal of the History of Ideas*）第14卷（1953年1月，pp. 95–115）。

相连的一对概念[1]。杰克逊时代的平民主义代言人继承了这一衣钵。到 1840 年，更加保守的政党，接收了向普通人宣传的辞藻，并在很大程度上靠虚构的某人住在小木棚的故事选他做了总统。

杰斐逊主义者更进一步把土地神话作为大陆扩张战略的基础[2]，他们中许多人希望广阔的土地将来可以无限保证自耕农的力量，进而也就保证了杰斐逊主义的统治和国家的健康发展。杰斐逊在第一次就职演讲时把美国比作“上帝的选地”，说它有足够的土地供给我们几千代的子息。阿勒格尼河（trans-Allegheny）流域的开放、解放黑奴、买下路易斯安那，是缔造由小块农场组成的封闭式帝国战略的决定性步骤。之后的《宅地法》（Homestead Act）[3]，则是旨在安排小土地拥有者的定居来完成大陆扩展计划，虽然南部各州反对这一议案（南方是全国唯一的激烈反对自由占有土地的地区）。正如我们看见的那样，《宅地法》“通过立法形式建立无条件继承土地帝国”[4]的计划的失败，是平民主义者不满情绪的主要原因之一，也是土地神话被商业现实击溃的中心点。

然而这一神话之所以有如此大的影响力，最主要的原因，是

① 参见格里斯沃尔德（Griswold）的观点。他说，杰斐逊所谓“小农场主是美国最宝贵的财富”的说法是美国传统的政治观点……杰斐逊把家庭农场作为民主政治的理想影响了当代的立法者和选民。Griswold, Op. cit., pp. 45–46.

② Henry Nash Smith: *Virgin Land* (Cambridge, 1950), Book Three, “The Garden of the World”，该书揭示了土地神话被利用为政治策略和手段的大量例证。

③ 从美国建国开始，联邦政府的基本观点是以出售公共土地来增加财政收入。迁移到西部的移民要求国家将版图内的土地无偿给予愿在这些土地上耕耘的人。1860 年执政的共和党在总统竞选中表示支持宅地议案。1862 年 5 月 20 日，亚伯拉罕·林肯总统签署了《宅地法》，除收一点证件费外，免费提供 65 公顷公共土地给在当地定居并耕种至少 5 年的年满 21 岁的人或一家之人，公民或已申请公民资格的人。——译注

④ Smith, Op. cit., p. 170.

19 世纪上半叶的美国人口，主要由有文化的人和在政治上有权利的农民组成。在对这个数量庞大的阶级进行似乎是无害的奉承时，乡村报纸的编辑、政治家发现神话为他们提供了最动听的辞藻。[①]也许农民不会为那些赞美他们的非商业化生活的语调所打动，但他们会乐于听到关于他们特殊美德和对国家的贡献的言辞，也乐意听到别人说他们的生活比城里那些富裕人的生活更道德、更接近上帝。那些吹捧他们的编辑和政客在大多数时候并不总是在说违心的话。他们自己常是出生于小村庄，因而乐意说那些最能打动他们自己感情的话[②]。而这些话又确实能打动城里人，唤起他们的乡情和残存的抛弃祖辈家园及生养地的负疚感。他们在早期带着满意的心情看到，建立在基本上能够自给自足的自耕农生活基础上的土地神话既是现实的写照，也是一种对理想的维护。

奇怪的是，土地神话的虚幻成分增多的同时，却赢得了更广泛、更坚定的信仰。起先宣传这个神话的人是亲切而坦率的，但后来，宣传它的声音变得越来越不真诚。从杰克逊时代保存下来的一幅平板照片，显示宾夕法尼亚州州长约瑟夫·里特纳（Joseph Ritner）站在新翻的土地边上一架老式耕犁旁。州长亲自耕田不

---

① 农业利益的代言人历来分为两种类型。一类是吹捧者，大多是政客和新闻工作者。他们为了政治目的，向农场主保证他们的社会角色的重要性和崇高性。另一类是自我批判者，他们一般是乡村报纸的编辑和一些乡村的专职人员。他们不是土地主义者，而是农业从业者。他们的目标不是政治性的，而是经济和技术性的。这些人认为农场主是无知和粗心的，他们的不幸很大程度上是他们自己造成的，他们拯救自己的出路应该是学习科学，改进方法。

② 这种怀旧情绪是美国最出名的乡村诗人詹姆斯·惠特科姆·赖利（James W. Riley）的作品中的主要情调。哈姆林·加兰（Hamlin Garland）在《旅途》（*Main-Traveled Roads*, Boston, 1891）中的一些短篇小说也描写了有些人从乡村迁移到城市后的负疚感。

假——他穿着黑色毛织裤子、丝绸背心，高高的原呢礼帽精心安置在身旁草上——但这幅照片意在说明他的农村出身和现在在生活中的地位。卡尔文·柯立芝[①]在一个世纪后拍了一组表示他在佛蒙特州翻草的照片，与前一张照片形成鲜明对比。在其中一张照片上，总统坐在草堆边，白衬衣的领子敞开着，穿着崭新的工装裤和擦得锃亮的皮鞋；后面停着他的“利箭”牌轿车，一位特工人员站在踏板上，显然是等着将总统从这伪装的布景中一溜烟地送走[②]。这张照片比前一张要造作和虚伪得多，反映出土地神话距离农业的实际状况越来越远，因而也越来越空洞。直到20世纪，美国的显要人物对某位作家曾说的“农本主义”继续进行形式上的敬奉[③]。柯立芝对农场主在20世纪20年代的真正困难漠不关心已经是路人皆知，却仍然要说这样的话：“所有的经验都证明，一旦国家把兴趣放在制造业和商业上，农业就会不景气，就会衰退。”[④]另一位城市里的银行家伯纳德·巴鲁克的表现与此如出一辙，他与农村的唯一联系是一处他从未亲眼见过的乡村产业，却声称：“农业是美国最伟大也是最重要的产业。城市只是国家的生命之树的枝条，它的根却深深地埋于土地。我们所有的人都与农民一起兴衰。”[⑤]

---

① 卡尔文·柯立芝（Calvin Coolidge，1872—1933），美国第30任总统。——译注

② 关于政治现象中土地神话的影响，见 Roger Butterfield's amusing essay "The Folklore of Politics," *Pennsylvania Magazine of History and Biography*, Vol. LXXIV (April 1950), pp. 165–170; 照片见 pp.166–167。

③ Joseph S. Davis: "Agricultural Fundamentalism" in *On Agricultural Policy* (Stanford, 1939), pp. 24–43，该文讨论了土地神话的残存影响。

④ Ibid., p. 38.

⑤ Ibid., p. 25.

在整个 19 世纪，成千上万的年轻人都做着柯立芝和巴鲁克后来效仿的事情：他们对农村唱着赞美的歌曲，却逃避当农民，跑到城里去寻找职业。因为一切赞美农村传统的漂亮辞藻都不能把男孩子们留在农场，都不能阻止农业人口不断迁移——不仅是去更遥远的西部建立农场，而且还向东西流向城市。特别是在 1840 年以后——此时是大规模农村人口流向城市的开始，大批农村青年抛弃了父辈的生活方式，向城市进发了。根据土地神话的说法，他们是投身于罪恶的贫困，事实也往往如此。农村的期刊上大量的评论文章、小说、诗歌反复地重申一个简单的要求："孩子，留在农场吧！"还有规劝农民怎样教养孩子，让他们觉得种田是很有吸引力的生活方式[①]。下面这首诗是这些论调中典型的一例：

繁忙的大西部的确诱人，
还有那繁忙的城市，
可是富裕的生活不能一天成就，孩子，
启程不要太匆匆。

开银行的，当掮客的都是阔佬，
他们大把大把地捞；
啊！想想他们的行骗和罪恶——
不要匆匆忙忙地走。

---

① Albert J. Demaree: *The American Agricultural Press, 1819-1860* (New York, 1941), pp. 86–88, 183 ff. ; Richard Bardolph: *Agricultural Literature and the Early Illinois Farmer* (Urbana, 1948), pp. 162–164.

只有农场最安全可靠；
果树上已果实累累，
你像山上的清风一样自由，
你是你土地上的君主。

最好是留在土地上，
尽管收获来得很慢；
记住你在这里无须冒险，孩子，
不要匆匆忙忙地走。①

在这些论调中，土地常常被说成是母亲，而商业则像妓女，抛弃祖宗的生活方式更是背叛，是会招致神灵惩罚的变节行为。1849年《草原农场主》的一个记者触犯了禁忌。他赞扬了享受、"优雅阶级"以及城市里在经济上的机会。他被指责忽视了"城市生活奴役和毁灭了我们成千上万年轻人"的事实。他们不知不觉地成为"放荡、追逐财富和罪恶"的牺牲品②。这些警告当然是徒劳的。纽约的农学家杰西·比尔（Jesse Buel）写道："每年有数以千计的年轻人放弃耕犁和父辈诚实的职业。他们这样做至少是因为这样一种被父母们错误灌输的观念：务农不是获得财富、荣誉

① Quoted by Bardolph, op. cit., p. 164 n.

② Paul H. Johnstone: "Old Ideals versus New Ideas in Farm Life," in *Farmers in a Changing World*, U.S. Department of Agriculture Year-book (Washington, 1940), p. 119. 其中对农场主角色变化的研究使我受益颇大。

和幸福的道路。如果务农的人不获得与他们的事业、人数相符的，以他们的智慧和自尊应享有的社会地位，这种情况不会改变。”[①]

社会地位！这下才接近了问题的实质。农场主逐渐看清了这个事实：世界上大多数好东西都在城里——城市里的中、上层阶级对这些东西的占有比他们要多得多，而他们自己正在逐渐丧失地位和别人的尊敬。他们意识到官方对他们尊重的表示，是遭到许多城市人的鄙夷的。期刊上时而出现的对农村生活的赞扬，语调不那么愉快、满足了，渐渐带有“防卫想象中和真实存在的轻蔑”[②]的紧张色彩。一位农村作者在1835年抱怨说：“有一些人在我们的土地上成长起来以后，却把土地的耕耘者看成低一等的生物，认为他们只会讨论煮土豆和咸肉片。”城市被比作贷款骗子、花花公子、纨绔子弟以及视农民为草芥的满脑子欧洲旧意识的贵族的乐园。一位作家用精彩的比喻把城里人比作身穿英国毛织衣服，飞舞着吸食农民汗水果实的蝴蝶[③]。

城市市场的发展使这种对峙更加紧张。像新英格兰地区，小城镇和毗邻的乡村联系紧密，城乡界线分开了不同的社区利益甚至职业，农村和城市之间的敌意不如新开发的地区那样强烈。在新开发地区中，城市从未有计划地发展，农会分散于各处。当人们西迁定居，城市市场发展，自给自足的农场主越来越少时，当农场主被卷进他们敌视和不信任的商品生产时，他们明智地认识

① Quoted by P. W. Bidwell and John I. Falconer: History of *Agriculture in the Northern United States* (New York, 1941), p. 205.

② Johnstone: “Old Ideals venus New Ideas,” op. cit., p. 118.

③ Ibid., p. 118, for both quotations.

到他们已经成为一个职业和经济群体，而不再仅仅是彼此的邻居。在平民主义时代，城市对许多农场主来说完全是另一个世界。他们为了维护农业作为财富主要来源的名声，忍受了痛苦。布赖恩在他的“黄金十字架”[①]演讲中声称：“大城市依靠着广阔肥沃的草原。若是烧毁你们的城市，留下我们的农场，城市还会变魔术似的生长起来；但若是毁坏了我们的农场，全国每一座城市的街道上都会蒿莱丛生。”滋生于土地神话的信念认为城市是农村的寄生虫。人们世代相传这样一种观念：农场主是上帝偏爱的特殊种类，在农场主占人口大多数的国家里，他们的声音就是民主的声音，就是道德本身。土地神话使得农场主并不认为自己是整个商业有机体的一部分，是其中一个角色并分担它的风险，而是被一群陌生人合谋算计的无辜受害者。所谓无辜受害者的观念给农场主抗议时期，甚至整个平民主义时期染上了特定色彩。

农场主发现，自己的真实状况和经济地位与别人口头上对他们的歌颂相去甚远，因而感到困惑和愤恨。虽然他们有可能提高自己的经济地位，但他们在这方面的努力总是进行得不是时候。没有谁有能力阻止农村价值体系和宗教信仰的崩溃，以及土地神话顶峰时期道德论调的逐渐被摒弃。我们看到，农场主自己也助长了这种崩溃，这是他们的命运决定的。像所有优秀美国人一样，他一开始就希望事业发达，于是在努力的过程中，反而加速了自己价值信仰的崩溃。其他国家的农民总是缅怀过去，因此成了传统的保卫者和现状维持者。美国农场主眼睛盯着未来，他们不讲

① 布赖恩在演说中有一句名言：“我们不能把人民钉在黄金十字架上！”“黄金十字架”指金本位制。——译注

过去的美国故事而是研究未来。就在美国刚刚诞生的时候，克雷夫科尔曾庆贺这个国家实际上没有封建传统，也没有工业化的弊病，没有王室、贵族和僧侣阶级。他满怀欣喜地得出结论说："我们的社会是目前世界上最完美的社会。"但是讽刺的是，在这个一开始就完美并蓬勃发展的国家里，农场主却比其他人遭受了更多的苦难。

二、农场主和现实

土地神话虚假到什么程度呢？18世纪，当它在美国开始形成时，许多内容的确与美国农村生活的现实相呼应。尽管殖民地农业在一开始就存在商业成分，但一大批自耕农确实在实践着这一神话。他们在相当大程度上保证自给自足，并向后代传递着一种就地取材满足生活需要的倾向以及勤俭持家的传统。在相当长的一段时间里，农业的商品化潜力被严重地遏制了。只有住在河流和城市附近的农场主能享受交通的便利。人数不多的工业人口只能提供一个有限的市场，农场主自己生产大部分食物。因为缺乏雇佣劳动力，除南方以外的地区要想经营比家庭规模更大的农场是不可能的。19世纪初，大多数美国人住在阿巴拉契亚山脉边缘的森林地带，还未开始那持续了半个世纪的向大草原的迁移运动。此时，自耕农的存在绝非虚构。

土地神话的早期歌颂者自然意识到了商业化农场主的存在，但真正使他们着迷的却是这些自耕农。他们倾慕自耕农能够在自己的家庭农场上有丰富的收获。他们认为家庭农场可以永远像早期那样自给自足而且广泛分布。甚至杰斐逊本人，虽然比低下的农场主地位要高得多，生活需要绝对不算简单，也达到了相当可观的自给自足的程度。和许多种植园主一样，他为自己保有一定比例的有技术的黑奴。尽管作为种植园主的杰斐逊也需要从外部购入部分奢侈品，但他和他的“子民”的基本生活所需全部在他的土地上生产①。这也是自耕农派理论家的理想：在自己家里几乎可以生产所有必需品，不需要购买什么，每年只需花一小沓钱，不需要市场和别人的帮助。至于自耕农本身，虽然也看重自给自足和由此攒下的钱，但更多地将此看成是最终进入市场的手段而非逃避市场的手段。杰斐逊时代的一个农民曾说：“我的农场给我和家人提供了家庭必需品，每年还能给我留下150元，我每年只花10元，用来买盐、钉子等，吃、穿、喝的都不用买，因为我的农场可以生产。我用积蓄投资，买牛养肥，去获得更大的收益。”②这就是自给自足式的家庭农场主的典型特征，“去获得更大的收益”。商业主义因素已经开始叩响美国纯朴安乐窝的大门。

在殖民地时期，美国的自耕农就目睹了某些人在农产品贸易上让人目眩的成功：南方的烟草、水稻和靛青染料种植园主，中部殖民地的谷物、肉类和牛的养殖者。美国人的竞争意识强烈，成功机会也相当多。农场主知道，没有现金，就不可能改变开拓时期简陋艰苦的木棚生活。自给自足使他们能够获得积蓄，用积蓄买下更多的土地、牲畜、家禽和更先进的工具；他们建起谷仓、

① Albert J. Nock: *Jefferson* (Washington, 1926), pp. 66–68; cf. Wilson Gee: *The Social Economics of Agriculture* (New York, 1942), p. 39.

② Quoted by Griswold, op. cit., p. 136.

饲料仓和更好的住宅，进行其他方面的改善。余暇时，农夫常常离乡务工，补贴家用，他们去野外打猎、捕鱼、伐木，后来又在铁路上帮工、维修铁路。美国国内政治一直受到他们要求获得将商品作物推向市场的渠道、要求修建公路和运河的愿望的影响。共和国早期的对外政策，也曾一次又一次地根据农民们呼吁开通美国河流入海口、让农产品外销的要求而制定。

在 1815 年到 1860 年之间，美国农业的特点发生了改变。除个别偏远地区以外，自给自足的自耕农随着农业商品化的浪潮几乎消失殆尽。国内工业的兴起为农业提供了市场，与此同时，国外也开始需要美国的农产品，最初是棉花，后来是粮食。收费公路、运河、铁路织就四通八达的运输网，将种植园主与西进拓荒的农场主，同新兴市场紧密相连。而东部农民在西部竞争的刺激下，更充分地开拓邻近城市的产品销路。来到广阔而肥沃的土地上的农场主发现，他们可以利用机器耕作，这在他们以前居住在森林地带时是不可能的。他们很快开始使用马拉的机械收割机、钢犁、碾谷机和脱粒机。商品作物使得农民成为小型企业主。马拉的机械使作为土地神话象征的粗糙耕犁成为过时的工具。农场主们不可避免地沾染上了土地派作家所说的商业“罪恶”。当然，从拥有土地这个意义上说，他们仍然是独立的。他们还是传统的辛勤劳动者，但不再种植和制造自己的生活必需品，而是集中精力从事商品生产，越来越多地从乡村商店里购买生活资料。为了尽量利用机器的优势，他们尽可能多地占有土地，并通过借款实现最大限度的机械化。当他们不能买或不能借时，就采取租赁的办法：19 世纪 50 年代，伊利诺伊州的农场主因为没有钱购买机械或建造大谷仓，就雇用巡回的带机械的雇工来帮助打稻。在整个西部，从自给自足经济过渡到商品经济的时间各地不同，因此无法精确地统计。但在1830年，商品化经济在俄亥俄州已经形成，20年后在印第安纳、伊利诺伊和密歇根各州全面形成。在与外界世代隔离的西北部，自给自足的自耕农被雇工、银行、商店、掮客、马匹和机械包围了，尽管这一转变过程到1860年仍未结束，但国内战争的需要促使了它的完成。正如1868年《草原农场主》期刊所说："农民应当生产自己所需要的一切东西、盈余就是收益的旧传统已成为过去。农业与其他行业一样，最好是实行分工，每个人根据自己拥有土地的土壤、自身技艺、当地的气候及市场条件，种植作物并用这些作物去交换他所需要的东西。"①

商品生产的胜利改变了旧时曾给予土地神话许多魅力的客观环境，用新的理想代替了旧的理想，这个新理想就是事业和自我奋斗的机会。正是这股力量形成了杰克逊时代的平等主义思潮，并为土地浪漫故事中的平等主义主题赋予了最强烈的吸引力。不仅如此，这股力量还唤起了全国范围史无前例的开办企业的热情。各地出现了发展工商业、追求利益和机会的浪潮。如果自耕农按照土地神话所颂扬的那种方式生活，他们必须拥有能够满足传统生活方式的性格。然而，美国农民一直身处追求成功的浪潮中，

---

① Quoted by Paul H. Johnstone: "On the Identification of the Farmer," *Rural Sociology*, Vol. V (March 1940), p. 39. 关于农业上的这种转变，见 Bidwell and Falconer, op. cit., pp. 126–132, 164–165, chapters xiii, xix, xxiii, and Everett E. Edwards: "American Agriculture—the First 300 Years," in *Farmers in a Changing World*, esp. pp. 202–208, 213–222, 228–232。关于国外市场，见 Edwin G. Nourse: *American Agriculture and the European Market* (New York, 1924), pp. 8–16。关于家庭手工业的消失，见 Rolla M. Tryon: *Household Manufactures in the United States*, 1640–1860 (Chicago, 1917), chapters vii and viii。

被一种内在动力刺激起来去超越传统。戴维·里斯曼准确地概括了他们的特点。他说，美国农场主不是受传统支配的人，而是受内心支配的人。[①]土地神话将耕种土地和简单生活神圣化了。但是笼罩乡村的加尔文气氛中暗藏着这样的观念：对德行的奖励最终只能是成功和物质性的。

根据我们熟悉的土地神话的观点，广阔的国土原来可以确保自耕农在国家中占据几个世纪的主导地位，然而这种保障却连同其他因素一起摧毁了传统的自耕农精神，导致了商人甚至赌徒精神的兴起，这实在是极大的讽刺。土地的便宜促使农民进行面积过大的粗放耕作。新近开发地区的地价上涨，使许多农场为及早清算债务而频繁地迁移，并使小企业主成为土地买卖者。早在 18 世纪末，美国农村的研究者就注意到美国农场主总是试图买下超过他们耕作能力的土地。乔治·华盛顿曾写信给阿瑟·杨[②]，谈到美国农业的状况。他抱歉地承认说："这个国家的农场主——如果他们能够被称作农场主的话——的主要动机不是充分利用现在便宜或曾经便宜的土地，而是要充分利用昂贵的劳动力；这样做的结果是大片的土地只是被抓搔了一下而没有精心地耕作。"[③]由于穿越大草原定居的速度加快，这一倾向更加严重了。1818 年，英国移民莫理斯·伯克贝克（Morris Birkbeck）从伊利诺伊州写信说，商人、专职人员以

---

① David Riesman: *The Lonely Crowd* (New Haven, 1950). 但是应该补充说明，内战前美国青年的职业观念受到智识主义的强烈影响。他们希望成为发明家、科学家、作家、哲学家和军事将领。企业家还没有成为大家的理想。当然，知识型的职业都是与城市生活联系在一起的，见 Johnstone: "Old Ideals versus New Ideas," pp. 137–138。

② 阿瑟·杨（Arthur Young，1741—1820），英国农业经济学家。——译注

③ Bidwell and Falconer, op. cit., p. 119.

及农民用自己的收益和积蓄在未开垦的土地上投资。"农场主不是在已有的土地上提高收益，而是倾其所有买下更多的土地。在一个正在建设中的居住地区，这种投机买卖，如果弄得好可以赚15%。如果不是吃不饱饭，有了这15%谁还会再去耕种土地？能把钱投资在土地上获益，谁还会再借钱给别人，哪怕利率是15%？因此，几乎每个人手上都拿着准备转移的财富，却是一副穷样。"①

在土地价格不断上涨的刺激下，美国农场主产生了暴发心理。他们不再依靠出卖农产品来致富，而是依靠涨价获利。要抵御土地投资的诱惑是很困难的。一块土地在10年中可以涨价3—4倍，在下一个10年又可以翻一番。②一个人如果有钱或者能借钱投资到新的土地上，还去费劲提高现有土地的收益，就似乎是过于保守了。美国的农业社会注重的不是土地的使用而是土地的价值。在19世纪30年代，托克维尔就发现了美国农村的这一基本特点，"几乎所有美国农场主都以某种形式与商业结合在一起，很少有美国农场主能够满足于他所占有的土地上的收益。特别是在偏远的西部，他买下耕地不是为了耕种而是为了再次将它卖出：他建造房屋也是为了买卖，在农村的人口增加以后就可以卖个好价钱……美国人就这样把商业引进了农业；他们在此与在其他地方的努力中一样，表现出经商的冲动"。③

投机倾向和热衷于购买土地使美国农场主产生了巨大的迁移

① Bidwell and Falconer, op. cit., p. 154; cf. pp. 82–83, 115, 166.

② Benjamin H. Hibbard: *History of Agriculture is Dane County, Wisconsin* (Madison, 1904), pp. 195 ff.

③ Tocqueville: *Democracy in America* (New York, ed. 1899), Vol. II, p. 644.

热情。并非像一般人认为的那样，只有失败者才迁移，成功者同样热衷于迁移。对境况不好的农场主来说，新的土地有时可以具有安全价值，而对那些因为投机而混得不错的人或是刚刚开始从事农场主“职业”的人，新土地则具有某种冒险价值——利用伟大的美国土地，梦想着一切可能性的机会。农民的迁移对从不讲究精耕细作的传统农业产生了很严重的后果：这个国家的土壤，各地差异很大，农场主们往往没有足够的时间来了解自己土地的特点；不能有计划地施肥、保护土壤肥力；追求单一的创汇作物，忽视实行多种经营[①]；对土地和他们所在的乡土环境没有感情。相反，由于铁路、土地公司还有农场主们自己，却在乡村造成一种虚假的“繁荣”。那不是建立在传统感情的村际交流与合作精神上，而是建立在希望地价上涨的职业性的乐观情绪上的[②]。

从真实或更深刻的意义上说，美国（个别地区除外，主要是在东部）并没有建立起一种特征显著的“乡村”文化。如果乡村文化泛指一种情感上的依恋和技能上对土地的贡献，一种传统的、前资本主义的面貌，一种不是由传统而是由职业决定的性格特点[③]，以及村社对社会内传统和习惯的遵循，那么在美国的草原

① James C. Malin in “Mobility and History,” *Agricultural History*, Vol. XVII (October 1943), pp. 177–191，探讨了农场主的迁移和依赖市场的机械化农业。Fred A. Shannon: *The Farmer's Last Frontier* (New York, 1945)，全书讨论了内战后美国农业的总体特征。

② 索尔斯坦·维布伦（Thorstein Veblen）不仅描写这些乐观的农场主，而且生活在他们中间。他在 *Absentee Ownership* (New York, 1923, pp. 129–165) 中深刻地分析了“独立的农场主”和“乡村小镇”的本质。

③ 可将 Arthur F. Raper 在 Carl C. Taylor et al.: *Rural Life in the United States* (New York, 1949), chapter xxvi 中描述的这些地区的居民生活与早期自耕农的生活进行对照。罗得利·威尔奇（Rodney Welch）看见了农场主角色变化的全部过程，并精彩地叙述了这一过程，见“The Farmer's Changed Condition,” *Forum*, Vol. X (February 1891), pp. 689–700。

和平原上的确没有乡村文化。这些地区的农村经济与欧洲农村经济的区别，或者说是和土地神话的区别，不仅在于它是为了市场而生产的，还在于它强烈的投机性、机动性、机械化程度、“进步性”，以及彻底的商业精神。

移民农场主原本是具有纯粹的土地价值观背景的自耕农，常常被美国的农村精神所困扰。马库斯·汉森指出：“作为父亲的德国裔农场主的理想，就是他的儿子能够在成年时在自己的农场周围拥有自己的家庭农场。与儿子、女婿和侄儿们在一起建立一个小社区。这并不是不可能实现的理想。为了实现这个目标，这位有可能成为大家长的人日复一日地劳作，一个又一个地买下毗邻的农场。这些农场的主人加入了向更遥远的西部迁移的人流，留下树木茂密的林地和沼泽地，给耐心的后来者去无休止地开垦。有一句俚语说：‘德国人来了，美国人就走了。’当瑞典人、波希米亚人和其他移民群体进驻时，也出现了相似的俚语。但美国父亲却不会为后代做这样的努力，个人奋斗取得成功是他的理想。他作为第一个殖民者来到这里，用斧子开辟出一个农场，那就让孩子们也这样做吧。孩子中的一个也许被留下来照顾年迈的父母，其余的则翻过山、渡过河，到新的地方，像他们的父亲壮年时一样，去建立自己的成就。家庭就是这样促成了迁移。”[①]移民不断地迁入全国各地给扬基农场主带来了莫大的好处[②]。

① Marcus Lee Hansen: *The Immigrant in American History* (Cambridge, 1940), pp. 61–62.

② Ibid., pp. 63–71. 我并不是说移民在任何方面都比美国农场主高明。他们种田更细心，但却不像美国农场主那样快地使用机器和科学方法。这种区别存在了很长一段时间，见 John A. Hawgood: *The Tragedy of German-America* (New York, 1940), chapter i, esp. pp. 26–33; Edmund de S. Brunner: *Immigrant Farmers and Their Children* (New York, 1929), chapter ii。

美国的农业与欧洲的另一个区别，表现在它维持的乡村生活和政治文化上。在欧洲，农业管理者和拥有者分为两个阶级，一个是小户农民，一个是传统保守的大地主，后者还与政治军事保持密切联系。美国农场主的田产既不像欧洲大地主的那么庞大，也不像小农那样小。他们在心理上是清教徒和资产阶级式的，政治观点是小资本家的而非传统的，与欧洲农村阶级的社会面貌完全不同。欧洲的土地有限而且昂贵，劳动力却很充足，因而相对便宜。在美国，土地和劳动力的比例正好颠倒过来。在欧洲，小土地所有者居住在村子里，世世代代在同一块土地上繁衍生息。为了维持有限土地上不断增加的人口，他们必须精耕细作，厉行节约。无止境的细致劳作，包括农家妇女和儿童的操劳是美国农民不愿忍受的，除非是在不得已的创业期间。精细的照管，保持了土地的肥沃。充足的劳动力在有限的土地上耕作，因此对机械化的要求不很迫切，对大量流动资本的需求也极其微小。种植多种作物，自给自足，安于低水平生活，也是降低这种需求的一部分原因。在这样的农村王国里，是需要许多管理技术的，但这只是工匠和种田人的技术。村庄提供了社区内的合作、共有的知识和道德标准以及共同行动以减少冒险的可能性。

美国广阔的土地和稀少的劳动力，使得农场主进行浪费土地的大面积耕种并且依赖机器。昂贵机器的需要，对更高生活水平的追求，以及借钱购置大片土地的倾向，使他们迫切需要现款并越来越多地将单一的财产——仍未到手的地价上升带来的收益——转变为资本。在这种情况下，获得成功所需要的管理技术既要像工匠一样精细，也要像商人一样高效。因为大多数农场主的农舍地处广阔的田地中央，再加上他们不断地迁移，没有村社生活。他们不能享受社团的好处，失去了许多交流和合作的机会。这种情况助长了美国农场主长期以来闻名的那种多疑，猖獗，几乎是自杀性的个人主义。像格兰其这类组织的宗旨就是反对这种个人主义[①]。美国农业社会的典型产儿既不是自耕农也不是村民，而是忧郁的农村小商人。他辛勤地干活，过分频繁地迁移，用土地赌博，独往独来。

三、边疆还是市场

美国农场主在世界农业中的地位是不同寻常的，他们机械化和商品化经营的规模远远超过其他国家的小田产所有者，然而他们却在将土地作为家庭企业来经营，认为家庭不仅应当提供必需的资金、管理技术，而且要提供大部分劳动力。这种制度对仅仅维持生活的小土地经营或自耕农的小农场是实用的，但对于商品化农业却是不完善的[②]。作为一个商人，农场主应精明而讲究实际，他要为自身利益制定冷静而现实的战略。但是作为家长，农场主觉得自己用于投资的不仅是钱，而且包括他艰苦的劳动和妻子儿女。他拿农场来冒险的同时，也在拿他的家庭冒险——简言之，他感到自己在一个由无情的力量组成的世界上独自奋斗。正是由于农场主们的这种处境——我们可以从土地神话模糊的光晕间看出这一点——使得19世纪90年代政治运动的领袖们提出他们的口号，

① 前面引述的著作有对美国和欧洲农村的精彩比较，见Wilson Gee, op. cit., chapter iii.

② Malin: "Mobility and History," pp. 182 ff.

制定了某些政治行动战略。农场主的商业地位导致他们采取商业社会的通常战略：联合、合作、压力政策、议员游说、针对明确目标逐步采取的行动。但是土地神话颂词的降调却朝着另一个方向：宏伟的政治目标、意识形态的群众政治、建立第三党、战胜“有钱阶级”、联合城乡所有劳工一致行动。当进入漫长的困难时期时，农场主往往拒绝扮演他们在商业界的角色，逃避失败。他们的办法是缩回到受伤害的自耕农的角色，他们与其他被剥削者处境的差别对他们来说似乎不重要。一位南方记者曾这样描述类似的情况：“土地拥有者是如此愁苦沮丧，以至于他们忘记了自己是资本经营者……他们身心交瘁，觉得自己的处境与雇工无二。”①

美国农场主具有双重性格。理解土地运动的一个方法就是观察在某一特定阶段，他们的双重性格中哪一面占主导地位。我认为平民主义的论调，以及现代自由主义者关于农场主抗议的宽容观点，都来自农场主生活中“软”的一面，也就是土地“激进主义”和土地理论；而平民主义运动退潮后的大多数农场组织，则主要建立在他们“硬”的一面上，也就是农业技术改良、商业经营和压力政策。平民主义也有自己“硬”的一面，特别表现为早期农场主同盟和平民党的出现，但这“硬”的一面随着 19 世纪 90 年代经济的不断萧条，逐渐失去了重要性，让位于被人们视为救世良方的白银。

① Quoted by C. Vann Woodward: *Origins of the New South* (Baton Rouge, 1951), p. 194. 19 世纪 80 年代，农场主抗议运动还未到顶峰时，他们为了自己的经济利益组织了诸如“农场主同盟”这样一些农村组织，进行有限的活动，到了 19 世纪 90 年代，农场主抗议最激烈时，他们展开了全国范围的第三党运动。

我们关于平民主义历史影响的大多数观点都是通过对开拓边疆和定居过程的研究而形成的。这些观点注意到了美国农业发展的许多重要方面，但也使人忽略了其他一些更重要的内容。在弗雷德里克·杰克逊·特纳这样的作家看来，平原上的农场主最重要的特点在于他们是边疆传统的继承者。特纳认为边疆西部，是“美国对人类精神历史作出过最显著和最有价值的贡献的主要根据……”[①]平民主义者的主要关注点是出于他们是“开拓时期的幸存者，努力调整环境以适应自己的传统意志”[②]。虽然特纳确实也曾评论过农场主性格中资本主义与投机的一面，但他认为这与农场主作为自耕农传统继承者和传统美国人理想中的开拓者的角色相比，没有什么特殊的重要性[③]。他觉得平民主义思想和开拓传统之间的重要差别在于，平民主义者表现出了更强烈的要求政府帮助他们实现传统的愿望。他对这一哲学上的转变的解释——实际上是对整个19世纪90年代的抗议运动的解释——主要根据边疆理论和所谓空余土地已被占尽的观点。他在1896年写道：“在某一个地区经营失败的人再也不能找到新的地方重整旗鼓了。人们突然惊恐地发现，迁居过程已经结束，开辟边疆的机会已经消失。人们的不满是因为他们希望政府方面采取行动。……一个由形形色色的各种人组成的民族，其观念和社会利益本就不尽相同或是

① Frederick Jackson Turner: *The Frontier in American History* (New York, 1920; ed., 1947), preface, p. ii; cf. pp. 211, 266.

② Ibid., p. 155.

③ Ibid., p. 148. 请注意他对另一位作家总结边疆经济特点的评论，p. 211。也许应该补充说明，特纳本人并不是平民主义者，尽管他认为不可能要求“一个原始社会”表现出对“发达社会复杂的经济体制的欣赏”，但他还是不赞成平民主义者主张的“松散的经济组织”。Ibid., p. 32.

相互矛盾，在完成了占领大陆上空余土地的工作以后，他们一下子又回到原来的社会现实中来了，因而需要找到某种平衡。”[①]

认为农民抗议是由不再有新的边疆土地及失去了在国内事务中的主导地位促成的看法，还得到了学术研究者的支持。约翰·D.希克斯在他的权威著作《平民抗议》中总结道，早期的不满发端于对西部的无止境的索取过程的告终。这个过程曾为人们提供了许多机会，解除了他们原有的压力。但是到了 19 世纪 90 年代，“所有的土地都被占有了，边疆消失了，安全阀关闭了，边疆反而成为牢骚和不满的发源地。不安和不满的人更多地表现出他们的情绪，却更少能够逃避困难的处境”[②]。认为西部和边疆精神缔造了美国的民主，认为民主是这一精神的合乎逻辑的结果，是从特纳派思想那里继承来的错误观点。南方在平民主义运动中起到了决定性作用这一事实，就可以说明上述看法的局限性。这种主观的推测似乎符合堪萨斯州的情况，但如果放在佐治亚州来看，就会变得毫无意义。与边疆精神几乎不可能沾边的南方平民主义运动，与西部民主主义运动一样强烈，而且在 19 世纪 90 年代的农民抗议运动中至少要更加激进[③]。此外，“西部”作为一个整体，其对抗议运动的支持力度往往被夸大了，1892 年的平民主义竞选和 1896

① Turner, op. cit., pp. 219–221; cf. pp. 147–148, 218, 276–277, 305–306.

② John D. Hicks: *The Populist Revolt* (Minneapolis, 1931), p. 95; cf. also p. vii：“农场主在美国历史上一直占有重要地位，但只是在西部开拓时期结束、土地不再富余以后，才出现了有力量的农村阶级运动。”但是 19 世纪 70 年代的格兰其运动，尽管可以被看作是小规模的运动，却表明早在 1890 年边疆土地告罄之前，农场主已产生了强烈的不满情绪。

③ Woodward: *Origins of the New South*, p. 200; cf. pp. 277–278，论述了南方平民主义运动比其他地方的平民主义运动更有持久力。

年布赖恩的竞选清楚地表明了这一点[1]。平民主义运动只有三个中心地区，这三个地区全在农村。每个地区都有一种主要依赖产品的价格遭遇毁灭性的下跌，南方主要依赖的是棉花，西北部的堪萨斯州、内布拉斯加州、南达科他州和北达科他州这一狭长地域主要依赖的小麦，山区各州主要依赖的是银。银是较为特殊的一个问题。虽然它是极重要的产品，但可暂时不作研究，但需要指出的是，山区各州自由铸造银币的平民主义运动，应当被干脆排除出平民运动的范畴，而立为银币主义。其他地区的平民主义运动，在达到高潮时力量强大到足以成立一个独立的平民党，或是为布赖恩在 1896 年的选举拉一个州的选票。运动的强烈与主要创汇出口的销量锐跌及抵押债务的包袱息息相关。

把边疆看作平民主义运动的起源的普遍倾向，忽略了国际农业状况的巨大作用。它深刻地影响了南方和西部的平民主义运动。边疆消失的说法与知识分子的孤立有关[2]。19 世纪 90 年代危机最主要的原因决不在西部，而在于国际市场。当美国平民主义运动只表现为国内事件或只关系到国内边疆开发的时候，整个欧美世界都在经受不分国界的农业危机的震动，好几个没有内部边界的国家都走到了想象或真实的崩溃的边缘。1893 年，一位英国观察家说：“几乎在所有地方，包括英国、法国、德国、意大利、斯堪的纳维亚和美国，以前十分保守的农民，现在都带着强烈的不满

---

① See chapter III, section 1.

② 对于痴迷“空间封闭”所带来的误导性后果，特纳在1910年的评论可以作为一个例证，他认为：“因人口造成的粮食供应压力已经显现。” Turner, Op. cit., p. 279. 当时，由于世界农业生产总量过剩，美国正在迅速失去其在世界市场上的地位。Nourse, op. cit., pp. 28–42.

情绪，宣称他们从文明中获得的好处少于其他人，并要采取激烈行动来弥补他们的损失。”[①]

在19世纪的最后30年中，国际交通和通信手段发生了一场革命，蒸汽火车和汽船被用于国际贸易。在1869年苏伊士运河开通的同时，美国第一条横贯美洲大陆的铁路通车。欧洲与美国于1866年由海底电缆联系在一起，与南美之间的电缆于1874年接通。一个巨大的电报、电话通信网在世界形成。阿根廷、澳大利亚、加拿大和美国西部的广阔地区经过开拓组成了一个国际市场。与此同时，农业技术的改进使得易于大面积机械化耕种的地区创造出了最大的效益。农业萧条再也不是地方性或某一个国家的问题，而是国际问题。它引起国际范围农民的不满，并且由于从19世纪70年代初至90年代国际农产品价格的持续下跌而日益加剧[②]。农场主表现出最大不满的美国主要农产品产区，正是最依赖出口的农产品的产区，这绝不是偶然因素造成的[③]。

---

① Quoted from Spectator, Vol. LXX, p. 247, by C. F. Emerick, “An Analysis of Agricultural Discontent in the United States,” *Political Science Quarterly*, Vol. XI (September 1896), p. 433. 关于农场主抗议的国际背景的一系列有价值的文章，见 ibid., pp. 433–463, 601–639; Vol. XII (1897), pp. 93–127。

② 关于交通、通信革命的文献，见 Lee Benson: “The Historical Background of Turner’s Frontier Essay,” *Agricultural History*, Vol. XXV (April 1951), pp. 59–64，这里表达的观点在以下文章也曾经提到过，见 James C. Malin: “Notes on the Literature of Populism,” *Kansas Historical Quarterly*, Vol. I (February 1932), pp. 160–164；“交通、通信革命”这个术语最初见 Robert G. Albion: “The ‘Communication Revolution,’” *American Historical Review*, Vol. XXXVII (July 1932), pp. 718–720，另见 Hans Rosenberg: “Political and Social Consequences of the Great Depression of 1873–1896 in Central Europe,” *Economic History Review*, Vol. XIII (1943), pp. 58–73。

③ 美国30%至40%的小麦，70%的棉花，15%至23%的猪肉依赖出口，见 Frederick Strauss: “The Composition of Gross Farm Income since the Civil War,” National Bureau of Economic Research *Bulletin* No. 78 (April 28, 1940), esp. pp. 15–18。

农场主不满浪潮形成的原因在于没有空余土地以供继续发展，这种说法是不可信的。在 19 世纪 90 年代，许多美国人，包括某些平民主义的代言人，确实为自己正在逐渐失去在国内事务中的主导地位而忧虑①。在关心农村问题的人中还有持另一种观点的人。他们高兴地认为新土地来源的枯竭可以扼制农业经济的膨胀，使得已有土地的价格直线上升，这样就能解决已经定居的农场主的问题②。但是，经过重新检查，我们发现，新土地告罄的说法是不确实的。实际上，在所谓新土地告罄的 1890 年以后的很长时间里，大量未开发的土地依然存在。在 1890—1900 年不满情绪最强烈的十年里，新建了 110 万个农场，这个数字比之前十年多出 50 万个。在 1890 年农场主组织在佛罗里达的奥卡拉开会，制定反映自己要求的纲领以后的二十年里，共有 176 万个新农场建立，2 亿 2560 万英亩的新土地被耕种。③ 按照 1890 年的《宅地法》和以后的法案占有的土地，比以前所开发的土地总数还要多。的确，新开发土地中的很大一部分只能用于放牧和种植耐旱作物，但土地上的收益并不仅仅决定于土壤的化学成分和湿度，还决定于在什么经济形势下耕种。在 20 世纪早期的市场条件下，这些相对贫

---

① Cf. Senator William A. Peffer as quoted by Elizabeth N. Barr in William E. Connelley, ed.: *A Standard History of Kansas and Kansans* (Chicago, 1919), Vol II, p. 1159; Hamlin Garland: Jason Edwards (Boston, 1892), p. v; Mary E. Lease: *The Problem of Civilization Solved* (Chicago, 1895), pp. 177–178.

② 乘公共土地告竭之机进行投机的记录，见 Benson, op. cit., pp. 59–82。

③ A. W. Zelomek and Irving Mark: "Historical Perspectives for PostWar Agricultural Forecasts," *Rural Sociology*, Vol. X (March 1945), p. 51; cf. *Final Report of the Industrial Commission* (Washington, 1902), Vol. XIX, pp. 58, 105–106; Benjamin H. Hibbard: *A History of the Public Land Policies* (New York, 1924), pp. 396–398.

瘠的土地[1]收益大大超过萧条时期肥沃土地的收益。1890年以后，在加拿大还有更多的肥沃土地，美国农民毫不犹豫地把它占据了。1914年，加拿大官方统计有92.5万美国人移居，主要是在过去16年中，从阿尔伯塔和萨斯喀彻温越过边境的。1890年以后，获得新土地定居的机会仍很容易得到，[2]也确实有大量的人利用了这种机会。至于许多农场主不敢进一步定居，不是因为没有土地，而是因为国际性农业萧条使19世纪90年代建立农场较为困难。

认为突然发生不满的主要原因在于新土地的告罄的看法，包含了这样的意思：新土地可以缓解不满情绪。直到1890年，《宅地法》一直在起着人们以前通过这一法案时预期的作用。然而《宅地法》并没有实现农村改革者的梦想，成功建立自由家园的帝国。现在，所有的人都知道它有很大的弊病，让投机者和铁路公司钻了空子。从1860年到1900年，每有一个真正的农场主建立一个免费农场的同时，就会有大约九个农场是从投机商、铁路公司、政府手里买下的[3]。利用不限制买进的条款（1888年废除）在西部掌握大片土地的投机商，对农村社会最大的破坏不在于以高

---

① Marcus L. Hansen and J. Bartlet Brebner: *The Mingling of the Canadian and American Peoples* (New York, 1940), pp. 219–235; Paul F. Sharp: *The Agrarian Revolt in Western Canada* (Minneapolis, 1948), pp. 1–8, 17.

② 直到1913年，戴维·F. 豪斯顿（David F. Houston）作为威尔逊的农业部部长，发现“我们的可耕地只有60%得到耕种，只有不到12%的土地达到了本应达到的产量”，见 *Eight Years with Wilson's Cabinet* (New York, 1926), Vol. I, p. 200。数量最大的一批土地于1913年根据《宅地法》被占据，而人们议论土地告罄已有四分之一个世纪了。在第一次世界大战时，即使在早已定居的地区内，依然有可能大规模地扩展耕地，见 Lloyd P. Jorgensen: “Agricultural Expansion,” *Agricultural History*, Vol., XXIII (January 1949), pp. 30–40。

③ Fred A. Shannon: *The Farmer's Last Frontier* (New York, 1945), pp. 51, 55. 香农（Shannon）估计，由于《宅地法》，40万个农场让渡了所有权，而在此期间，373万个新农场出现了。

昂价格把“空余”土地转手卖给农民，而在于他们将大批农民驱赶到更偏远的地方，人为地制造了“投机商的荒漠”，——大批未开垦的无人区，驱散了人口，使得公路和铁路修建费用大大超过实际需要的限度。他们拒绝纳税，破坏了地方政府的财政，限制了地方的发展。他们在垄断土地价格、使大量农业人口靠租赁土地过活[①]的同时，给乡村文化增加了许多丑恶的特点。

《宅地法》允诺自由占用土地和低价土地制度不过是自欺欺人。《宅地法》要求在某一块土地上居住 5 年才正式许可其土地所有权。这样规定是因为该法案建立在这一设想上，即定居是逐步而稳定地以神话般的自耕农方式进行的。它根本没有考虑到美国农场主的迁居习惯[②]。根据《宅地法》而被罚没的土地数量是惊人的。让《宅地法》在自耕农逐渐定居的情况下，保护他们不受投机商的剥削，能够按照土地神话的模式生活，只是乌托邦式的臆想。这一法案一生效，就给投机商和资本家帮了大忙，便宜或免费土地本来可以平息不满情绪，现在却引起了更大的不满。《宅地法》的许诺诱使大批农民迅速迁移，但他们中的大多数人最后发现的不是土地乌托邦，而是骇人的地价、低收益以及抵押贷款。

阿瑟 · F. 本特利（Arthur F. Bentley）当时曾研究内布拉斯加居住区的情况，清楚地说明了在投机社会中，土地价格相对低廉反而会导致自毁倾向。这个居住区早在 1871 年到 1872 年就开始

---

① Paul Wallace Gates: “Land Policy and Tenancy in the Prairie States,” *Journal of Economic History*, Vol. I (May 1941), pp. 60–82; see also his “The Homestead Act in an Incongruous Land System,” *American Historical Review*, Vol. XLI (July 1936), pp. 652–681.

② Malin: “Mobility and History,” pp. 181–182. 关于《宅地法》实施中的错误，见 Roy M. Robbins: *Our Landed Heritage* (Princeton, 1942), part III。

有人定居。那个时候土地价格低廉，曾有过一段大规模迅速迁移的时期。农场主只要遇到好收成，就会有很大的收益，这使他得以买下超过自身耕种能力的土地。土地价格的迅速上涨促使他通过抵押借款来争取提前收益。他尽可能快地增加贷款数额，用贷款来补足暂时的亏空，进一步投资或做投机买卖。本特利说：“的确，农场主常常苦于投资过大或债主逼债；但是他们认为将来的土地和作物价格会使自己获益，这种过分的乐观和自信比贪心的债主更容易使他们遭殃。”[①]不管怎样，这位典型的农场主很快发现了自己的脆弱之处，一旦遇到收成不好或是地价停止上涨——如1890年至1891年——他就会被推到崩溃的边缘。那些来得更早的，从政府手里买下土地且经营得当，还清了借款的人，日子过得不错；而那些迟来的，从铁路公司买来土地，在经营上又犯了点错误的人，便陷入了困境。[②]1892年，本特利在他的研究中总结道：“没有足够的资金直接买下土地，并能支撑一段困难时期的人，在目前地价和农业状况的条件下，若是在内布拉斯加投资于种植，还不如把钱扔掉的好；除非他有不同寻常的能力。”[③]

很明显，与其他事物一样，西部的平民主义运动是农业一段时期内迅速膨胀——世界农业历史上规模最大的膨胀——的结果。从1870年到1900年这段时间里被买下的土地要比此前整个美国

---

① Arthur F. Bentley: *The Condition of the Western Farmer as Illustrated by the Economic History of a Nebraska Township* (Baltimore, 1893), p. 46. 关于西部定居的投机性和高风险性质与“借贷者的贪婪”同样重要的有力证据，见 Allan G. Bogue: “The Land Mortgage Company in the Early Plains States,” *Agricultural History*, Vol. XXV (January 1951), pp. 20–33。

② Bentley, op. cit., pp. 46, 68, 76, 79, 80.

③ Ibid., pp. 69–70.

历史上被买下的土地总数还要多。[①]19世纪80年代形成了购买土地的热潮，而这一热潮的减退正是西部“平民主义”出现的最直接原因。我们可以用堪萨斯州的历史来予以说明。最初是建立在较高农产品价格基础上的热潮，1885年却成了人为的地价上涨。价格上涨不仅影响了农村，使得后来者以自杀般的高价或抵押借款买下土地，而且影响了正在发展中的城镇，这些城镇为进行公共设施改善和公用事业建设已债台高筑，负债达到极限。[②]一位州官员后来说：“我们中的大多数人渡过密西西比河或密苏里河时口袋里没有钱，心里却满是希望和勇气……急切地想赚钱的心理使我们成了借钱的人，而正是我们这些借钱的人造成了热潮，热潮又使得人们丧失理智，堪萨斯就像是一座占地8万平方英里的大疯人院。”[③]这股受到铁路、报纸和官员们鼓动的热潮在1887年冬到1888年突然消退，原因部分在于该州西部三分之一的地区遭遇了旱灾，部分在于地价停止上涨，部分在于这股热潮中勃发的希望破灭。

《宅地法》和无限制占用土地制度的创始人，根据的是土地神话的观念，而这些观念在这一法案通过之前就已经过时了。他们相信自然将给予人类思想，相信会有长期的、非投机性的自耕农式的定居；他们相信土地确实会无偿地转移到大多数定居者手里；

① 农场的土地从1870年的40773.5万英亩上升到1900年的83859.2万英亩。

② William Allen White: *Autobiography* (New York, 1946), p. 187.

③ Quoted in Raymond C. Miller: *The Populist Party in Kansas*, ms. Ph.D. dissertation, University of Chicago, 1928, p. 22; cf. Miller’s article: “The Background of Populism in Kansas,” *Mississippi Valley Historical Review*, Vol. II (March 1925), pp. 474–485; Hicks, op. cit., chapter i, 该文对投机的背景作了简明扼要的叙述。

他们毫不怀疑农民们出于本性会继续满足于农场丰盛的收获。这些观念与1862年已经进行着的工业革命和即将到来的通信技术革命是不和谐的，它们甚至与平原的自然特征、风沙、干旱和蝗虫也是不和谐的。身陷经济作物商品化种植的农场主并没有，也不可能用农场上的丰盛收获来证明他的富裕，只能用他能够购买的生产和生活资料以及服务来衡量他的产品的交换价值。他的生活水准以及他的家庭的安全，都依赖他在商业上的地位，而他的商业地位则依赖多变的国际市场①。

我指出农场主的商业化角色，并不是否认他们的困难，以及其苦难的真实性与严重性：价格下跌使得债务增加，高利率贷款，无法避免的税务负担，分配不平等的铁路运输价格②，谷仓和其他仓库的不合理收费。但我们不应把“平民主义运动”理解为边疆的产物，而应理解为早已确立的，至少可以追溯到杰克逊时代的

---

① 人们告诉农场主，他的生活水平提高了。但他自己对此是不会满足的，因为现在他同时考虑的是他的商业利益。心中有了更高的期望，不满足就会随之而来。在忍受那开拓边疆的短暂的艰难岁月里，农场主靠着希望而生活，为了将来的利益而牺牲现在，因为那将来的利益在刚刚安居的人头脑里呈现出玫瑰色的光彩，一旦这一阶段过去，他就认为自己的物质生活水平将得到提高。人们说他应该满足于这种提高，他自己感到不舒服。Cf. Bentley, op. cit., p. 87; Henrietta M. Larson: *The Wheat Market and the Farmer in Minnesota, 1858–1900* (New York, 1926), p. 167.

② 西奥多·赛鲁特斯（Theodore Saloutos）在谈到货运费对于农场主的影响时，强调了小查尔斯·F. 亚当斯（Charles F. Adams Jr.）提出的意见。他说：“历史学家常常把农场主的困难归因于高额货运费。但是统计资料表明，19世纪下半叶运费已经大幅度下跌了，农场主并没有因此提高收入。他们中有许多人因此责备铁路公司牟利。他们忽视了这样一个事实，即正是低运费使他们能够进入市场；这在以前是不能想象的。我们的低运费在其他国家看来是不可思议的。”见 Theodore Saloutos: “The Agricultural Problem and Nineteenth–Century Industrialism,” *Agricultural History*, Vol. XXI (July 1948), p. 167。关于这个问题，还可以参阅 Shannon: *The Farmer's Last Frontier*, pp. 295–302。

美国工商业激进主义传统的一个篇章[1]。它是高度混杂的资本主义农业中的几股重要力量在面对严重剥削和不利的市场条件时争取财富的努力。它是美国农村历史的一个转变时期，此时的商业农场主开始摆脱掉土地神话以及实际境况共同造就的思想习惯和行为方式。虽然他早已接受了商业社会中的奋斗目标，养成了投机心理，但依然实践着先进的工业和金融社会已经抛弃了的个人主义的竞争。另外，商业社会中的另一面，如营销手段、合作战略，以及用压力政治的方法来实现自我保护和自我前进，他也还没有学会。他的双重性问题还未解决。他虽带着自耕农传统的影响步入 20 世纪，却对他要卷入的市场有了更多的意识。

---

① 关于杰克逊时期的工商主义，见布雷·哈蒙德（Bray Hammond）的评论：*Journal of Economic History*, Vol. VI (May 1946), pp. 78–84; 以及见 Richard Hofstadter: *The American Political Tradition* (New York, 1948), chapter iii。

第二章

平民主义运动的民间特征

一、两个国家

内战后的一代人，是在高度的经济剥削和浪费，以及严重的社会腐败和丑恶中度过的，而美国政治生活的基本气氛却是自满的。尽管总有少数人不满，但他们的声音被淹没在工业发展和大陆开发的这两股势不可当的现实洪流之中。平民主义者的不满，又恢复了政治义愤在美国公共生活中的作用，标志着前一个时代的结束。从短期来看，平民主义运动并没有达到它的目的，却成为从 19 世纪 90 年代年直至第一次世界大战爆发期间，贯穿在美国一切政治事务中的抗议和批评潮流的发端。

当时的知识分子对平民主义运动是漠不关心和蔑视的，而后来的历史学家们虽然坦率地承认了它的功绩，却又常常忽视了它的局限性。现代自由主义者认为平民主义的不满情绪是有根据的，他们的行为是有启发意义的，他们的动机是可信的，并常常用韦切尔·林赛[①]式的夸张修辞来谈论平民主义这段历史：

> 草原的复仇者，山里的雄狮，
> 布赖恩，布赖恩，布赖恩，布赖恩。
> 巨人般的游吟诗人，说起话来像攻城炮，
> 他用西部带来的卵石砸碎了普利茅斯岩[②]。

尽管平民主义传统的缺点常常被忽略，但平民主义运动确有好的和值得借鉴的地方，它享有的美称并不都是虚妄的。平民主义运动是美国第一次有实效的要求联邦政府对公共福利负责的现代政治运动，也是美国第一次对工业化造成的危害进行严厉批评的运动。平民主义的不满和要求以及它预言性的谴责激发了许多美国人心底里埋藏的自由主义思想，也使保守主义者受到冲击从而变得更加灵活。后来的岁月证明，平民主义运动中大多数“激进”的改革，要么是无害的，要么是有益的。南方的平民主义者在美国生活中的至少一个重要领域内作了可以称作极端激进并且人道的尝试——发起打破种族隔离传统的群众运动——直到对黑人的持续妖魔化转移了他们支持者的关注。将平民主义者的广泛意识形态作为讨论对象是不公正的，因为他们是在具体行动中，为我们的政治生活作出了最具建设性的贡献，而从他们对现实的概括性认识来看，他们却是轻信又脆弱的。此外，一味追究平民主

① 韦切尔·林赛（Vachel Lindsay，1879—1931），美国诗人，他使诗歌成为普通人也能理解的口头艺术。——译注

② 普利茅斯岩，传说中美国第一批殖民者在北美洲的登陆处。——译注

义思想的缺陷而不考虑这些思想在形成过程中经受的压力和磨难，是极端不负责任的。但是任何帮助我们增加对平民主义运动的了解的人，都很有可能会揭示一些此前未被察觉的缺陷。关于这个运动的所有著作对它严重的地方主义都一笔带过，对它和排外主义、民族主义的联系也极少涉及，对它的反犹太色彩更是完全置之不理。

平民主义的冲动，在被我称为农业主义“软”的一面的一系列概念中得以体现。这些概念经常出现在政治文献中，我们若要再现平民主义精神，就必须对这些概念进行审视。将它们从辩论性著作的完整语境中抽出来肯定是过于简单的方法，甚至用任何思想史专家容易想到的词语来命名它们，都会使它们具备实际上并不存在的完整性和一贯性。但是，尽管轻易地选择一个标签还不如没有标签为好，我们还是可以将平民主义理论的主要条目列举如下：黄金时代观念；自然和谐的观念；两个阶级斗争的社会观念；认为历史是阴谋的理论，以及金钱问题是社会主要问题的理论。最后的一项，我将结合自由银币的主张一起讨论。现在，我将讨论其他几项，指出它们是怎样由农业神话生养出来的。

根据平民主义者信奉的农业神话，他们的乌托邦存在于过去而不是将来，国家的健康与农业阶级力量的主导程度成正比。这一主张表明了往日的优越性。平民主义者缅怀失去的农业伊甸园，缅怀 19 世纪早期的美利坚合众国。那时她没有百万富翁，在他们看来，也没有乞丐。劳动者充满希望，农场主生活富裕。掌权者仍然会回应人民的感情，大家都不知道所谓“有钱阶级”[①]。他们的意思是——虽然他们没有如此表述——应该恢复到工业发达和农业商品化以前的状况。他们继承了杰克逊时代的民主传统，再次喊出了杰克逊的口号——“一切人权利平等，无人享有特权”，他们在1896年的大多数口号也像是1836年战斗呐喊的回声[②]。我们对此不必吃惊。1892年平民主义总统竞选人詹姆斯·B. 韦弗将军，是一位老民主党人和自由土地党人。他出生在杰克逊和美国银行做斗争的日子里，以后在当了一阵子共和党员后转向绿背党运动，从此成为平民主义者，他于1892年出版的《行动召唤》一书是对商业公司的控诉，读起来就像是杰克逊的论调。尽管在人民党充满希望的早期，韦弗也没有为将来描绘宏伟的蓝图，而是悲叹近代历史的进程，悲叹不断加剧的经济压迫，以及贫富严重不均的出现。他号召他的读者，“竭尽全力阻止我们这个时代的可怕趋势”[③]。

农业神话的传统观点认为，自然是为人类造福的。美国拥有得天独厚的富饶的土地和丰富的资源，这种条件的“自然”结果应是人民的富裕。如果人民没有得以享受到财富，必定是由于人类的贪婪和错误中造成了严酷且任意的干预。一位平民主义作者说：“目前经济上的困难及破产、失业，以及由此产生的饥饿、犯罪、痛苦和道德败坏，并不是自然法的必然结果，而是违背自然

① Thomas E. Watson: *The Life and Times of Andrew Jackson* (Thomson, Ga., 1912), p. 325: “所有历史记载都表明，所有政治家都承认，我国在诞生后的头半个世纪没有穷人。人们从未见过乞丐和流浪汉。” Cf. Mrs. S. E. V. Emery: *Seven Financial Conspiracies Which Have Enslaved the American People* (Lansing, ed. 1896), pp. 10–11.

② 注意沃森在书中表达的对杰克逊主义的拥护，见 Watson, op. cit., pp. 343–344。

③ James B. Weaver: *A Call to Action* (Des Moines, 1892), pp. 377–378.

法的。原因在于不明智的、有害的立法。历史已经证明这种立法在世界各地的各个时代都导致了相似的灾难。改正人类立法的错误，采用、确立顺应而不是违背神圣法的政策，是这个时代的使命。”[①]平民主义作者在假设所谓被人类法扭曲了的完美的自然秩序时，再次依托了杰克逊主义传统。杰克逊主义传统的倡导者也曾号召人们将“自然”法作为社会正义的前提遵循[②]。

与自然造福人类的观念有些相似的另一个观点是，各个生产阶级之间的利益关系应该是自然和谐的。平民主义者认为，在农场主和工人之间、耕种者和小企业主之间没有根本的利益冲突。任何群体中都可能有堕落的分子，但是从事生产的多数人基本利益都是相同的；掠夺性行为的出现，都是少数掌握大权的寄生者造成的。与社会由几个经常摩擦的阶级组成的观念相反（如麦迪逊在《联邦党人》一书表达中的社会多元论），平民主义者虽然没有正式地表达出来，但相当持久地信奉着某种社会二元论：尽管他们很清楚社会是由数个阶级组成的，但为了实际的目的，他们只考虑一种简单的分法。索克利斯·杰里·辛普森（Sockless Jerry Simpson）说：“这是强盗与被抢劫者之间的斗争。”[③]一份平民主义的宣言声称：“如今，这个国家上演的斗争中仅有两大对立阵营。”“一方是结成一伙的垄断者、掌握金钱力量的人、托拉斯和

---

① B. S. Heath: *Labor and Finance Revolution* (Chicago, 1892), p. 5.

② 关于杰克逊思想中的这套观念，见 Richard Hofstadter: “William Leggett, Spokesman of Jacksonian Democracy,” *Political Science Quarterly*, Vol XLVIII (December 1943), pp, 581–594，以及 *The American Political Tradition*, pp. 60–61。

③ Elizabeth N. Barr: “The Populist Uprising,” in William E. Connelley, ed.; *A Standard History of Kansas and Kansans*, Vol. II, p. 1170.

铁路公司，他们试图通过可以使他们渔利而使人民陷入贫困的法案；另一方是农场主、工人、小商人和其他一切生产财富却背着税收包袱的人……在这两个阵营之间没有中间地带。”①

布赖恩在他反对取消《谢尔曼购银法》的著名演讲中说：“斗争的一方是企业集团，有钱阶级，他们聚敛财富和资本，专横、骄横、冷酷无情……另一方是无以计数的群众，他们赋予了‘民主党’名字，而民主党正是他们的代言人。”②这种核心的对立被表达为人民对利益集团、公众对富豪、劳动大众对有钱阶级，等等。根据这种简单的社会分类，似乎一旦揭露误导人民的手段，战胜有钱阶级便指日可待，因为仅以人数论，人民就占有压倒性优势。“这世上没有力量能战胜我们，”韦弗将军在1892年竞选的乐观日子里说，“这是劳动者和资本家的战斗，而劳动者是绝大多数。”③

平民主义者把面临的问题不真实地简单化了：把战胜非正义、消除一切社会弊病，都集中在对人数少但势力强的有钱阶级展开讨伐上。参议员佩弗（Peffer）说：“摧毁了有钱阶级，就敲响了拿粮食和其他生活资料进行赌博的人的丧钟，因为这么做粉碎了世上最恶的人的交易，砸掉了赌徒的饭碗。大贪腐者被夺走权力

---

① Ray Allen Billington: *Westward Expansion* (New York, 1949), p. 741.

② Allan Nevins: *Grover Cleveland* (New York, 1933), p. 540; Heath, op, cit., p. 27：“世界总是由两类人组成，一类人靠诚实的劳动生活，另一类人靠剥削这种劳动生活。”参看堪萨斯州州长莱维林（Lewelling）的话：“两个阶级正在展开斗争：他们早已相互敌对，一方是主人、绅士、国王、骄奢淫逸的人，另一方是奴隶、下贱人、农民和饥寒交迫的人。【直译是：两股势力正在展开斗争：两方从很久前就一直处于激烈的对立中，只是以不同的形式与面貌出现：主人与奴隶、领主与附庸、国王与农民、暴君与农奴、地主与佃农、放贷者与借贷者之间，以及有组织的贪婪与分裂且无助的穷人的生存需求。】”James A. Barnes: *John G. Carlisle* (New York, 1931), pp. 254–255.

③ George H. Knoles: *The Presidential Campaign and Election of 1892* (Stanford, 1942), p. 179.

之后，要削弱剪掉较小贪腐者的羽翼就易如反掌了。一旦消灭扼住国家咽喉的人，就很容易清除寄生虫了。”[①]因为旧的政党是置人民于水火之中的元凶，人民党倡导者坚持主张，这一任务应由一个全新而独立的政党来完成。[②]当白银问题日趋突出、存在第三方的观点逐渐消失时，对这一单一解决方案的需求转化为另一形式：只有在一个立足点上可以击败有钱阶级，那就是钱。布赖恩在“黄金十字架”演讲时说：“只有我们为宪法聚积起钱财以后，其他必要的改革才有可能进行；但是……在做到这一点之前，其他改革就都不能完成。”

尽管取得胜利的前提被说得如此简单，但平民主义者并没有感到轻松。如果说平民主义者的基调是一致乐观的，那我们就错了。事实上，他们一直处于深深的焦虑中。平民主义者所经历的尖锐斗争、所声称的政治体制中缺乏妥协解决方案以及中间派的情况，以及被归咎于豪富的残酷与绝望——这些注定了人民不能通过和平手段取得最后胜利，其结果必然是豪富获胜和民主制度的消亡，可能之前会经历一段流血和无政府时期。韦弗宣称：“我们正接近一场严重的危机。如果今天财富的所有者和财富的创造者的紧张关系继续保持下去，必然酿成可怕的灾难。必须迅速让这种普遍的不满情绪得到理解，并消除导致不满的原因。”[③]平民主义者1892年的纲领中如此阐述道：“我们在这个道德、政治和经济都行将崩溃的国家中聚在一起，腐败污染了投票箱、立法者、

---

① William A. Peffer: *The Farmer's Side* (New York, 1891), p. 273.

② Ibid., pp. 148–150.

③ Weaver, op. cit., p. 5.

国会甚至堂皇的法庭。人民受到打击……大多数报纸都被收买或是被封上嘴巴，公众舆论被压制，商业陷入困境，家庭受债务压迫，劳动者一贫如洗，土地集中在资本家手里。城市里的工人被剥夺了组织起来保护自己利益的权利，从国外输入的苦力使得他们工资下降。一支不为我们法律所容许的雇佣大军被建立起来，专门用于镇压他们，而他们正迅速退化到欧洲的状态。数百万人的劳动成果被少数人明目张胆地盗走，以大饱私囊，剥削程度之严重在人类历史上没有先例；而这些剥削者却反过来蔑视共和国，使自由处在危险之中。”此种情形预兆着“文明的毁灭以及绝对专制主义的建立”。

对大祸将临的普遍恐惧心理，在伊格内修斯·唐纳利（Ignatius Donnelly）的幻想小说《恺撒纪念碑》（*Caesar's Column*）一书中得到了淋漓尽致的表现。这本用笔名发表的小说是一部富有远见的作品，也许是受在其之前几年出版的贝拉米（Bellamy）的乌托邦浪漫小说《回顾》（*Looking Backward*）获得成功的启发而成的。《回顾》一书在19世纪的最后10年中吸引了许多模仿者。[①]《恺撒纪念碑》一书得到平民主义运动的主要领导人，以及其他各类人，如卡迪纳尔·吉本斯（Cardinal Gibbons）、乔治·卡利·艾格尔斯顿（George Cary Eggleston）、法朗西斯·E.威拉德（Frances E. Willard）、朱利安·霍桑（Julian Hawthorne）的赞赏[②]，成为19世纪90年代读者最多的作品之一。唐纳利的乌托邦与其他人的乌托邦不同。尽管他也在书中反高潮式的结尾部分加上了对遥远非洲

① Allyn B. Forbes: "The Literary Quest for Utopia," *Social Forces*, Vol. VI (1927), pp. 178–179.

② E. W. Fish: *Donnelliana* (Chicago, 1892), pp. 121–122.

某地乌托邦的描写，但全书主要情节叙述的却是残酷反乌托邦的到来，可谓与贝拉米背道而驰。唐纳利可能是在1889年腐败透顶的明尼苏达州立法会议结束后沮丧的一刻起了这个创作念头[①]，让当前社会的恶劣状况出现在下一个世纪。他的故事发生在1988年，与乔治·奥威尔设想的更近的反乌托邦社会的诞生日期只相差4年，自然吸引人们对这两个设想加以比较，尽管不是从文学角度。

唐纳利作品中的主人公兼叙述者是一个异国人，一个居住在非洲乌干达、有着瑞士血统的牧羊人。他旅行来到纽约并在一系列信件中叙述了他的猎奇见闻。这里的纽约与贝拉米笔下的纽约一样，充满了技术的奇迹。这位异国人乘坐飞艇来到纽约市。他发现这座城市灯火辉煌，不分昼夜。街道都遮有玻璃顶盖；街道下是城市的地铁系统，而且是无烟、无噪声的电力机车，乘客们被电梯送下地道，进入车厢。装有空调的饭店顶层是豪华餐厅，提供种种令人难以置信的奢侈享受。“眼睛如星星般明亮的少女……徜徉于枝叶之中，她们的倩影时隐时现，像穆罕默德天堂中的仙女。”[②]

这种奢华生活是以大众的苦难为代价的，并掩盖了激烈的社会斗争。1988年的社会由豪富们操纵着政权统治，他们不择手段地扼杀一切反抗的苗头。他们雇用了一支称为“魔鬼”的部队，这些人是配置毒气弹的飞艇的操作员，准备一有反抗就镇压。人民也变得同样无情——“上层的残酷导致了底层的残酷”，“农场主”再也不是那些参加华盛顿、杰克逊和谢尔曼军队的诚实的自

① E. W. Fish: *Donnelliana* (Chicago, 1892), pp. 119–120.

② *Caesar's Column* (Chicago, 1891), p. 327.

耕农了……而是他们的野蛮后代——凶恶的农奴——残酷、嗜血的农民[1]。但是城市工人在社会斗争中首当其冲。他们是操各种语言，却沉默寡言、表情阴郁、营养不良的一群人。这位乌干达的旅行者从一次谈话中得知，早在1889年就有许多人写文章警告说可能出现眼下的情况，文章是唐纳利从当时的期刊上抄录下来的。这并非事情必然的发展结果，而是因为贪婪和愚蠢的统治阶级不听从警告。贪得无厌的商业方式、选举人的行贿、豪富阶级对工人和农场主的剥削，一直没有丝毫收敛，直到19世纪末无产阶级起义。起义被农场主们扑灭了，他们那时还没有被取消抵押借债权，仍然属于财产所有者和商人。可是现在农场主也被逐出社会秩序的支撑者的圈子，统治者完全依靠毒气弹、飞艇和雇佣军。

唐纳利在曲折情节——包括两个味同嚼蜡的恋爱故事——勉强让这本书配得上"小说"之名。当时这本书充满了许多通俗作品中皆有的被压抑的放纵欲。故事的高潮是"破坏兄弟会"买通"魔鬼"雇佣军以后，开始了反叛。他们杀人越货的情形是以法国大革命的恐怖统治时期为模型的，但是比较起来显得苍白无力。统治阶层的一些人物被强迫堆好火刑柴堆，然后被处以火刑。由于杀人太多，处理尸首成为严重的卫生问题。起义的三人领袖之一恺撒（他自己最后也被杀了头）命令将尸首叠在一起浇上水泥，垒起一座巨大的金字塔般的碑，用以纪念这次起义。城市最后被焚毁，但一部分正派之人劫后余生，乘坐一架飞艇逃到非洲的大山里，在一群知识分子精英的指引下建立了基督教社会主义国家，

① *Caesar's Column* (Chicago, 1891), p. 327.

实现了平民主义关于土地、交通和金融的设想，确认股票投资为非法行为。

无疑，这本书想说的是，改革者的警告和人民的不满若继续无人理睬并采取措施，会发生什么严重的后果。但是这本书中最不祥的，倒不是它作出的生动及恐怖的预言，而是它字里行间流露出的虐待倾向和虚无主义。它也许是一本孩子气的作品，但是在20世纪中期的我们看来却一点也不可笑：它惊心动魄地向我们展示了受挫群众的反抗所导致的丑恶场面。当《恺撒纪念碑》问世时，美国改革运动还没有对大部分人民感受到的压抑和折磨产生丝毫影响。对某些人来说，当时的形势使他们产生背水一战的心情，而唐纳利的这部作品正是一本充满壮烈情绪的作品。它在许多人觉得社会毁灭的威胁近在咫尺的时候出现，直到现在，作为一本显然不是很重要的预言著作，仍然使人不安。

二、历史是一种阴谋

唐纳利在书中显然把斗争的双方，代表豪富阶级的议会和“破坏兄弟会”都描写成秘密组织——根本不考虑“兄弟会”有百万之多的成员这一事实。平民主义者总是喜欢想象密谋或密谋会议。事实上，有一个平民主义的观念十分广泛地存在于美国人民的心里，即整个美国战后的历史可以被理解为国际上有钱阶级的持续的阴谋论。

这种看待事物的方法之所以普遍存在，也许是因为人们普遍认为农场主和工人并不是简单地被“利益集团”压迫着，而是被他们故意地、有意识地、持续地并且带着肆无忌惮的恶意压迫着。不要误以为只有平民主义者认为他们那个时代的事件都是阴谋的结果，这种思想在政治和社会冲突激烈的时候反复出现。某些人特别容易被这种思想打动——我相信，尤其是那些受教育程度不高、信息获取机会较少的人[①]。他们完全被排除在权力中心之外而感到自己被剥夺了自卫能力，被迫屈从于那些掌权人任意的支配。而且，某些类型的民众抗议运动给那些有偏执倾向的鼓动者创造了特殊机会，这些人能把他们的心理失调变成一种职业上的优势[②]。这些人获得了把他们自己的思想方式施加于他们领导的运动的机会。我们当然不能否认有历史阴谋的存在。为政治战略采取的任何步骤，都需要至少在一段时间内保密。这种情况就很易于被说成是阴谋。腐败本身也有阴谋的特点。在这种意义上，我们可以说“动产信贷公司”[③]以及“茶壶岩油田事件”[④]都是阴谋。如果我们准备在这一点上俯就平民主义者的观点，我们就必须提醒自己说，平民主义者目睹了太多行贿和腐败的事件，特别是在铁路方面，他们眼前已有一个通过阴谋管理事务的“可信模式”。确实，阴谋论之所以被广泛接受，是因为它常常包含着一定的真

---

① 关于这一点，值得指出，在以后的年代里揭露事实的手段更加完备，平民主义对“有钱阶级”的攻击也更现实，幻想成分减少了。

② 例如：利斯（Mary E. Lease）在其著作开头评论了世界上一系列神秘的暗杀事件，见 Mary E. Lease: *The Problem of Civilization Solved* (Chicago, 1895)。

③ 动产信贷公司是太平洋联合铁路公司1864年成立的一个分公司。1872年，该公司被指控用巨款贿赂副总统科尔法克斯（Colfax）。——译注

④ “茶壶岩油田事件”（Teapot Dome Afair）：茶壶岩油田在加利福尼亚的怀俄明（Wyoming）附近，因彼处一岩石貌似茶壶而得名。哈定（Harding）总统的内务部长阿尔伯特·B. 福尔（Albert B. Fall）收取巨额贿赂，将为海军储备用的这块油田向私人公司开放，事发后受审。——译注

实因素。但是，说历史中存在着阴谋与说历史实际上就等于阴谋，指出在某些时候确实发生的某些阴谋事件与将历史解释为只是一张罪恶阴谋的大网，是有很大区别的。

在阴谋并不存在的时候，那些持有这样思想方式的人就必定要杜撰出阴谋。现代历史上最蛊惑人心的谣传就是所谓“犹太复兴计划”（Protocols of the Elders of Zion）①和斯大林政权下的托洛茨基 - 布哈林 - 季诺维也夫三人集团。这些发明出于愤世嫉俗的心理。在美国政治斗争的历史上，有些人真心地相信对方在玩弄阴谋。杰斐逊似乎曾一度认为联邦党人阴谋复辟君主制。某些联邦主义者则确信杰斐逊派阴谋推翻基督教。吞并得克萨斯州以及与墨西哥为战被许多北方人指控为奴隶主的阴谋。包括林肯在内的共和党早期领袖，曾经指责史蒂芬 · A. 道格拉斯阴谋在全美范围内推行奴隶制。内战前的某些组织，如无所知党②和反共济会党③，都是根据阴谋论思想建立起来的。几年以前的奈委员会（Nye Committee）试图向我们证明美国参加第一次世界大战，是银行家和军火商的阴谋。而现在，不仅美国参加第二次世界大战，而且过去 20 年的全部历史都被盖上我们这个时代的政治骗子和怪人的

① 这是一份伪造的文件。该文件计划在全世界实行犹太人统治，曾为许多反犹分子所利用。——译注

② 19世纪50年代的反爱尔兰移民、反天主教的秘密组织。“无所知”曾是他们的口令，由此得名。——译注

③ 反对杰克逊（杰克逊是共济会员）的政党，也是美国的第一个第三党。——译注

阴谋的影子[①]。

然而，尽管有这些特点，但有一点仍然是真实的，即平民主义表现出将相对非个人化的事件高度个人化的异常强烈的倾向。巨大的不满情绪难以通过非个人化的解释得到令人满意的表达，除了那些有着深厚理性主义传统的人。毕竟城市才是复杂知识的故乡。农场主被隔离于大世界之外，但他的命运却被那里的人们所决定。他被指责为多疑[②]，可是他受环境所限（尽管他处境艰难），采用非个人化的思考方式是困难的。或许农村平民主义运动中的中等阶级的领导人（平民主义运动是农场主的运动，但这一运动的领导人却不是农场主），与平民主义的思想联系比农场主与之的联系更紧密。不管怎样说，平民主义的思想常常将人引入这

---

① 这种对阴谋的狂热的一个副产物是另一则神话，即1933年对苏联政权的承认是“新政”分子的阴谋。小保尔·博勒在一篇十分有趣的文章里揭露了那些热衷宣扬阴谋论的人中，有不少在1933年前便是支持承认苏联政权的倡导者，见 Paul Boller, Jr., “The ‘Great Conspiracy’ of 1933: a Study in Short Memories,” *Southwest Review*, Vol. XXXIX (Spring, 1954), pp. 97–112。

Leo Lowenthal and Norbert Guterman: *Prophets of Deceit* (New York, 1949)，该书对当前具有影响力的煽动者进行了深入研究。书中令我印象深刻的一点是，这些煽动者的思维方式与某些平民主义代表作家，如埃默利夫人（Mrs. Emery）、“科因”哈维（“Coin” Harvey）（1894年哈维因创作《科因的金融学》（*Coin's Financial School*）一书成名，书中虚构的主角名为科因，哈维因此得此昵称，coin 也有“铸造”“硬币”之意。——译注）、唐纳利（Donnelly）和利斯夫人，有着很多相似之处。平民主义的煽动言论中的几个主题似乎并不限于某一特定的历史阶段。洛温撒尔和古特曼描述的以下主题，既见于平民主义文献，也见于平民主义煽动者的言论：历史是阴谋的观念；对被认为是专属于豪富阶级的享乐过分关注；对两党制的愤世嫉俗的观点；世界末日即将来临的说法；不关注对社会制度的结构性分析，只关注银行家和个别豪富的贪婪和其他个人恶习；反犹主义、仇外主义；诉诸民众原始的纯朴和美德。当然，洛温撒尔和古特曼还列举了另一些主题，它们似乎是在当今时代背景下独有的，与平民主义并无关系。

② Frederick L. Paxson: “The Agricultural Surplus: a Problem in History,” *Agricultural History*, Vol. VI (April 1932), p. 58; cf. the observations of Lord Bryce in *The American Commonwealth* (New York, ed. 1897), Vol. II, pp. 294–295.

样一个世界——乡村善恶剧中非黑即白的道德图景，被放大到了国家乃至国际层面。按照平民主义的思想，农场主不是投机的商人，不是经济风险的受害者，而是受伤的自耕农，被那些乡村美德的敌人所蹂躏。平民主义者设想出恶棍，给他在剧中贴上恶人的标签。这个恶人离他们熟悉的生活越是遥远，他的罪恶就越是合理地被夸大。

仅仅说有钱阶级正在合谋反对普通人民是不够的，应该说这个阴谋自南北战争以后就一直存在；仅仅说这个阴谋产生于华尔街也是不够的，应该说这个阴谋是国际性的，它产生于伦巴第街[①]。伊格内修斯·唐纳利在他为1892年人民党会议纲领中撰写的序言里，简洁而正式地表明了“平民主义”的思想原则，“一个意在反对人类的巨大阴谋正在两块大陆上展开。这个阴谋正在迅速控制全世界。如果不立即应对、把他们打倒，就会导致可怕的社会动乱、文明的毁灭或是绝对专制的建立”。有15名人民党杰出领导人物签名的1895年的一份宣言声称：“早在1865—1866年，欧洲和美国的金钱赌博者就开始他们的阴谋活动了……在将近30年的时间里，这些阴谋家使人民为了不重要的事情争吵，而他们则全力以赴去实现他们唯一的核心目标……国际金本位团伙这一阴谋小集团所知的一切背信手段、一切权术策略、一切惯用伎俩都被利用起来侵夺人民财产，削弱国家在贸易上、金融上的独立性。”[②]

阴谋论背后的金融论点实际上十分简单。持有债券的人拒收普通货币，只收溢价的黄金；那些靠借贷为生的人通过限制贷款，

① 伦敦金融中心。——译注

② Frank L. McVey: *The Populist Movement* (New York, 1896), pp. 201-202.

尽可能索取更高的利息。他们的策略所造成的恐慌、萧条和破产反而增加了他们的财富；这些灾难给通过企业合并和止赎权以攫取别人财产提供了机会。于是，利益集团实际上在经济困难的时期推波助澜。“绿背党运动”的参加者很早以前就开始推广这一论点，他们要求发行足够的法定货币来打破“夏洛克”们的垄断。当他们按每人 50 美元发行流通货币的要求还未实现时，人民党建立了，他们的要求为更不那么“激进”的自由银币主张所取代。但是参加“绿背党运动”的人和要求自由铸造银币的人，有一个共同点。他们都认为货币的紧缩是一种人为的剥削行为，是“盎格鲁·美利坚黄金托拉斯”的一个大阴谋。19 世纪 90 年代平民主义的文献中，到处可见这种阴谋论。它不仅在平民主义的报纸、银币会议的记录、美国复本位制联盟散发的大量传单、在国会关于货币问题的争论中表现出来，还出现在一些通俗作品中，如 S. E. V. 埃默利夫人的《奴役美国人民的七个金融阴谋》或是戈登·克拉克（Gordon Clark）的《夏洛克之为银行家、债券持有者、腐败分子、阴谋家》中。

埃默利夫人的作品，最初于 1887 年发表并题词献给“垂死的共和国中被奴役的人民”，发行量极大，在堪萨斯州的平民主义者中尤其受欢迎。根据埃默利夫人的说法，美国在内战前一直是经济的伊甸园，而亚当的堕落就始于内战。那时“华尔街的金钱大王们”决定操纵货币，利用战时同胞们的急需获利。“控制了货币，他们就可以随心所欲地让国家的商业消长，他们可以驱使温暖的生活之流通过贸易渠道，分配安定、幸福和繁荣，他们也可以截住生活之流，使这个国家的工业完全瘫痪。”[①]掌握了这种巨大的权力以后，华尔街的人选择了为恶的道路。林肯颁布绿背的战时政策使得货币充足，对他们形成严重的威胁。于是这群“夏洛克”们聚在一起，“改善”了阴谋，改为制造对其黄金的需求[②]。这本书写到这里，以后就是叙述1862年到1875年七个议案的通过，并且指责这些议案是这个持续的阴谋的一部分，它们总的作用就是不断地紧缩流通货币，直到最后给全国的企业戴上一个钢箍[③]。

埃默利夫人的言论表明她对这个有目的、持续的计划毫不怀疑，她称之为“靠最卑鄙的策略”[④]实现“邪恶的掠夺”。她对所谓“1873年的罪行”，即白银失去通货资格一事，表达得最为明确。她详细陈述了关系到这一事件的标准的“绿背—自由银币”式神话。他们的神话是这样的：一位叫作欧内斯特·赛德的英格兰银行雇员带着50万美元来到美国。他用这笔钱在国会买通足够数量的议员，要他们通过取消白银货币资格的法案。这一法案规定只能用黄金偿还英国资本家手里的美国债券，可以使这批债券增值4%。埃默利夫人把1873年的恐慌、破产和一系列人造灾难都归结于这一法案：“杀人、精神失常、自杀、离婚，以及各种各样的堕落和罪恶，从那一天开始以令人吃惊的速度增加。”[⑤]

① Emery, op. cit., p. 13.

② Ibid., pp. 14–18.

③ 七个议案是1862年的“例外条款”；1863年的《国家银行法》；从1866年开始取消绿背；1869年3月18日的《加强信誉法案》；1870年偿还国债；1873年取消白银的流通货币资格；1875年销毁小票面额纸币。

④ Emery, op. cit., pp. 25, 43.

⑤ Ibid., pp. 54–55. 对于这个故事更详细的陈述，见 Cordon Clark: *Shylock: as Banker, Bondholder, Corruptionist, Conspirator* (Washington, 1894), pp. 88–99。

“科因”哈维（“Coin” Harvery）是关于货币争议的最畅销作品《科因的金融学派》的作者，他还出版了一本小说，题为《两个国家的故事》（*A Tale of Two Nations*），将历史阴谋嵌进一个情节剧。小说中，一位很有势力的英国银行家拜伦·罗斯计划在美国取消白银的货币资格，部分是为了扩大他自己的财产，部分是为了阻止美国力量超过英国。他劝说一位美国议员（也许是约翰·谢尔曼，银币主义者的眼中钉）[①] 参加用英国黄金击退白银的活动。为了确保成功，他还派他的亲戚兼同盟者，一个叫作罗加斯纳的人去美国。罗加斯纳在故事中被描绘得像迪翁·布希高勒[②] 剧本中的恶棍。他会自言自语地说出一些话，比如：“我到这里来为的是摧毁美国——康沃利斯[③] 也不会比我更厉害。为了他们给我的侮辱和错待，为了我自己国家的光荣，我将把利剑扎进这个国家的心脏。”[④] 在格兰特腐败内阁这一貌似真实的背景铺垫下，罗加斯纳继续买通美国国会，贿赂美国经济学教授为黄金辩护。他还爱上一位骄傲的美国美女，但他对她的企图因为她爱上一位年轻英俊、支持白银流通权的内布拉斯加州议员而受挫。这位议员与威廉·詹宁斯·布赖恩惊人地相似。

言语上的反犹太主义，是平民主义阴谋说的被普遍忽视的一个方面。美国 19 世纪 90 年代以前轻微的反犹主义与钱和借贷的

---

① Bête Noire，原文为法语。意为“可恶的人”。——译注

② 迪翁·布希高勒（Dion Boucicault，1822—1890），出生于爱尔兰的美国剧作家和演员，对美国戏剧的形式和内容都有重要影响。——译注

③ 康沃利斯指查尔斯·康沃利斯（Charles Cornwallis，1738—1805），美国独立战争时英方最高将领。——译注

④ W. H. Harvey: *A Tale of Two Nations* (Chicago, 1894), p. 69.

问题有关[①]，在19世纪行将结束的几年里变得引人注目[②]。尽管亨利·亚当斯在19世纪90年代的信件中，表现出开玩笑似的但却是严厉的反犹态度，说明民族偏见在平民主义文献以外存在，但主要还是平民主义作者将犹太人等同于高利贷者和“国际金本位团伙”，这是当时美国反犹主义的主要表现。到处都能见到的“夏洛克”这个象征词本身不能说是反犹主义，但是罗斯柴尔德家族经常被提及却可以表明许多自由银币主义者把犹太人看作历史阴谋论的重要组成部分。哈维笔下的拜伦·罗斯显然是影射罗斯柴尔德，而罗加斯纳（类似欧内斯特·赛德）是从最粗鄙的反犹传统中孕育出来的一个阴暗角色。在故事的高潮，有人对罗加斯纳说：“你有你的聪明，你经商的手段是几代人相传的结果；你策略、算计和阴谋诡计的手段也是几代人相传的结果。”[③]《科因的金融学说》中描绘了一幅世界地图，在该地图的英国版图上盘踞着一只章鱼，它用触须控制世界，图注为“罗斯柴尔德家族”[④]。在平民主

① 反犹主义作为一种装饰性的表达，在美国似乎有着悠久的隐秘历史。1837年经济恐慌时，美国许多州拒付债款（其中不少债权由外国人持有）。密西西比州州长麦克纳特（McNutt）为不付债款辩护而攻击拜伦·罗斯柴尔德（Baron Rothschild，犹太大银行家。——译注）：“他血管里流动着犹大和夏洛克的血，他把这两个同胞的特质集于一身……”引自 George W. Edwards: *The Evolution of Finance Capitalism* (New York, 1938), p. 149. 撒迪厄斯·史蒂文斯（Thaddeus Stevens）早期呼吁发行绿背时也“攻击了罗斯柴尔德、哥德史密斯（Goldsmith）和其他大银行家”，见 James A. Woodburn: *The Life of Thaddeus Stevens* (Indianapolis, 1913), pp. 576, 579。

② Oscar Handlin: “American Views of the Jew at the Opening of the Twentieth Century,” *Publications of the American Jewish Historical Society*, no. 40 (June 1951), pp. 323–344.

③ Harvey: *A Tale of Two Nations*, p. 289; cf. p. 265：“难道我们的祖先……不是喜欢什么女人就选择什么女人而不考虑她是什么种族吗？”

④ Harvey: *Coin's Financial School* (Chicago, 1894), p. 124；另见 James B. Goode: *The Modern Banker* (Chicago, 1896), chapter xii，其反犹主义论调值得注意。

义的妖魔化叙述中，犹太人和大不列颠是联系在一起的。

反犹主义的论调在银币运动中常常得到公开宣传。来自新泽西的一位代表就曾警告1892年第二届全美银币会议的出席者提防“那些代表华尔街和欧洲犹太人的政客”。[①] 玛丽·E. 利斯把格罗弗·克利夫兰说成是“犹太银行家和英国黄金的代理人”[②]。唐纳利的《恺撒纪念碑》中有一个叫作卡博诺王子的角色。他是一个有势力的犹太人，原名雅各布·艾萨克斯，也是豪富统治的议会中的领袖；“破坏兄弟会”的三人领袖之一则是一个流亡的俄罗斯犹太人，他携带几亿美元逃脱屠杀，要用这笔钱“在世界的废墟中恢复古代犹太民族的荣耀”。[③] 阴谋论派的另一描述更详尽的作品，把罗斯柴尔德在美国的势力追溯至他与林肯和约翰逊任期内的财政部部长休·麦卡洛（Hugh McCulloch）之间的一笔交易。“罗斯柴尔德与美国财政部这笔交易最可怕的危害倒不是钱的损失，哪怕是几百万元之巨，而是整个国家落入英国人之手，而英国早已落入犹太人之手。”[④]

这样的论调在运动中变得越来越普遍，并且之后经过平民主

① *Proceedings of the Second National Silver Convention* (Washington, 1892), p. 48.

② Mary E. Lease: *The Problem of Civilization Solved*, pp. 319–320; cf. p. 291.

③ Donnelly, op. cit., pp. 147, 172, 331.

④ Gordon Clark, op. cit., pp. 59–60，关于反犹主义与阴谋观的联系，见pp. 2, 4, 8, 39, 55–58, 102–103, 112–113, 117。在平民主义的反犹论调中还夹杂着某种自我意识和抱歉的情绪。唐纳利笔下的一个人物解释说“现在世界上的上流人物几乎全有希伯来血统”，这是因为犹太民族长期遭迫害，因而经历了更严格的物种选择。活下来的犹太人“都是身体强壮、头脑聪明、意志坚强的人。现在的基督教世界因为他们愚蠢、高傲的祖先凌辱了一个高贵的种族正在付出血泪代价。到了自由和公平的时代，犹太人就会击败非犹太人而成为主人，非犹太人就会仇恨和惧怕他们”。见 *Caesar's Column*, p. 37。唐纳利在另一本奇幻小说中又补偿性地让犹太人重获耶路撒冷，而且是繁荣的耶路撒冷，见 *The Golden Bottle* (New York and St. Paul, 1892), pp. 280–281。

义运动汇入更广泛的政治抗议的潮流。当 1896 年竞选运动开始时，美联社的一位记者注意到，关于在圣路易斯市召开的平民主义大会的“一件让人震惊的事情”，是“对犹太种族超乎寻常的痛恨。走进市里任何一家饭馆都能听到对整个犹太种族和个别发迹的犹太人的最尖锐的斥责”。[①] 这个报道也许有过火之处。但是反犹主义和银币运动的结合确实紧密，以致迫使布赖恩在竞选运动的中途停下来，向芝加哥的犹太裔民主党人解释说，他和组织银币运动的朋友们谴责罗斯柴尔德的政策并不是“对一个种族的攻击；我们是不分种族和宗教地反对吝啬和贪婪”[②]。

人们容易误解平民主义中反犹主义的性质或夸大其程度。平民主义者的反犹主义完全停留在口头上。这是一种表达形式，一种修辞风格。它不会导致产生排外的法律，更不会导致暴动和对犹太人的屠杀。毕竟，19 世纪 80 年代晚期和 90 年代初期在美国的犹太人数量相对来说是很少的，而且其中大多数人居住在平民主义势力范围之外。但是，说偏见没有超出象征性语言的范围之外是一回事，说人民对象征的选择并不重要则完全是另一回事。平民主义的反犹主义当然值得注意——主要是作为平民主义者思想中某种不祥的轻信的表现。称绿背—平民主义的传统激发了美

---

① Edward Flower: *Anti-Semitism in the Free Silver and Populist Movements and the Election of 1896*, unpublished M.A. thesis, Columbia University, 1952, p. 27，这篇文章介绍了这一时期的反犹主义，以及一些犹太报纸的反应。

② William Jennings Bryan: *The First Battle* (Chicago, 1897), p. 581.

国现代的反犹主义风潮绝非夸张之说[①]。从撒迪厄斯·史蒂文斯和哈维到库格林牧师（Coughin），从布鲁克斯（Brooks）和亨利·亚当斯到埃兹拉·庞德（Ezra Pound），人们持续地表现出一种奇怪的倾向：将反犹主义和对金钱及信贷的痴迷相结合。我相信，对美国现代反犹主义历史的完整著述，将揭示反犹主义的平民主义血统，但是也许在这里值得补充说，不论是布赖恩与 20 世纪 20 年代的三 K 党之间的非正式关联，还是托马斯·E. 沃森（Thomas E. Watson）在里奥·弗兰克（Leo Frank）案件中的所作所为，都不完全是巧合[②]。此外，亨利·福特（Henry Ford）在 20 世纪 20 年代的臭名昭著的反犹活动，以及他对“华尔街”的仇恨，可以说是一个密歇根农村的孩子大量接触平民主义思想而犯下的错误[③]。

---

① 在此我将平民主义的反犹和上层阶级的反犹区分开来。前者是为政治目的服务的，后者则是一种轻蔑。在这一问题上，平民主义主义常受到纵容，例如卡利·麦克威廉（Carey McWilliams）在其著作中将反犹主义仅仅看作上层阶级的现象。他在叙述反犹主义历史时，没有提及绿背—平民主义传统，见 Carey McWilliams: *A Mask for Privilege: Anti-Semitism in America* (Boston, 1948)。丹尼尔·拜尔（Daniel Bell）的一篇文章揭示了反犹主义与早期平民主义传统的关系，他是少数意识到这点的作家之一，见 Daniel Bell: “The Grass Roots of American Jew Hatred,” *Jewish Frontier*, Vol. XI (June 1944), pp. 15–20。另见 Handlin, op. cit。阿诺德·罗斯（Arnold Rose）指出美国的反犹主义与农业神话及对城市处于主导地位的怨恨有很大联系。犹太人被塑造成资本主义和城市主义的象征，毕竟“资本主义”和“都市化”这两个概念作为仇视的对象都过于抽象，见 *Commentary*, Vol. VI (October 1948), pp. 374–378。

② 关于后者，见 Woodward: *Tom Watson*, chapter xxiii。

③ Keith Sward: *The Legend of Henry Ford* (New York, 1948), pp. 83–84, 113–114, 119–120, 132, 143–160. Cf. 尤其是 pp. 145–146：“福特很容易把平民主义理论和资本主义实践融合在一起，因为他从农民反叛的旧纲领中继承的是其中最天真、最不激进的部分。像许多早期绿背运动的参加者一样，《迪尔伯恩独立报》（*Dearborn Independent*）的发行人也被‘金钱’和‘种族’的魔咒所困扰，这些迷信深深扎根于他政治思想的核心。”关于这位来自山区州的议员对平民主义思想的影响的更详细的论述，见奥斯卡·汉德林对参议员帕特里克·麦卡伦（Pat McCarran）的锐评，见 Oscar Handlin: “The Immigration Fight Has Only Begun,” *Commentary*, Vol. XIV (July 1952), pp. 3–4。

三、黩武精神

阴谋论以及与之相连的恐英和恐犹情绪，出于土生土长的美国人对陌生者感到的恐惧和怀疑，可悲的事这种更广的复杂心理现在依然存在，具有这种心理的人并不局限于平民主义者和布赖恩分子，但却在他们那里以特别恶性的形式表现出来。任何离他们较远的陌生人，都是可疑可憎的——甚至包括住在城市里的美国人。认为城市是道德败坏的温床这一旧有的农业社会观点变得前所未有地强烈。芝加哥是可恶的，纽约这个住着华尔街银行家的城市就更可恶了；伦敦更加遥远，也就比这两个城市还要可恶。随着城市不断扩展并挤满越来越多的外来移民，传统的不信任感增强了。早在1885年，堪萨斯州牧师乔塞亚·斯特朗（Josiah Strong）就出版了一部著作，题为《我们的国家》（*Our Country*），该书在西部很受欢迎。他在书中论述说，城市在将来会成为严重的问题，就像是国家上生长某种巨大而恶性的增生[①]。哈姆林·加兰回忆19世纪80年代末期初访芝加哥前，他从未见过比伊利诺伊州罗克福德市更大的城市。他很自然地认为这座城市到处都是扒手。他很不放心地想："在这座横跨数英里的城市里，从火车站走到旅馆的途中怎么会不遭到攻击呢？"尽管和城市多些接触能平息这种过分恐惧，但其他忧虑却会因此得到证实，尤其是当农场主面对城市昂贵的物价时[②]。移民同样激起了本土主义的偏见，

① Josiah Strong: *Our Country* (New York, 1885), chapter x; 关于城市对乡村的冲击，见Arthur M. Schlesinger: *The Rise of the City* (New York, 1933)。

② Hamlin Garland: *A Son of the Middle Border* (New York, ed. 1923), pp. 269, 295.

人们将移民归咎于城市制造商，因为他们对劳动力的需求无止境。“我国成了一个国际熔炉，”托马斯·E.沃森写道，“大批的人类渣滓向我们倾泻下来。我们的几个大城市像外国城市而不像美国城市。旧世界最危险、最腐败的群氓正在入侵我们的国土，他们在我国种下的罪恶是令人作呕和恐惧的。这些哥特人和汪尔达人是怎样来到我们海岸的？主要责任应归咎于制造商。他们需要廉价的劳力，毫不顾忌他们卑鄙的行为会给未来带来多么可怕的后果。”[①]

盎格鲁–撒克逊人，不管是平民主义者还是上等阶级，都很难在平等和信任的基础上接受其他种族。其他种族的人应是受操纵，这种操纵是出于仁慈心的——经常有人表达这样的观点——但也是绝无松懈的。内地平民主义运动的坚定喉舌玛丽·E.利斯，因劝告农场主“少种庄稼多吵闹”[②]而出名。她在1895年写了一本书，书名有迎合奉承的味道，叫作《文明问题的解决》。书中巧妙地表现了种族优越感。按照她的见解，欧洲和美国正处于两个巨大灾难的边缘——世界范围内的君主制或俄国式的独裁统治。据她所述，唯一能避免灾难的途径是实行“前所未有的人口大迁移，从世界上人口过于拥挤的地方迁走一半人，给他们提供自由家园”。[③]她提出让白人种植园主接管全球的热带地区，让黑人和东方人作为“耕地者”来耕种。“历经岁月的沧桑，高加索人种崛

---

① Watson: *Andrew Jackson*, p. 326; cf. *Caesar's Column*, p. 131：“美国人愚蠢的祖先让几百万外国人来占据我们的公共土地，什么也没能给我们的后代留下。他们把这叫作国家的发展。”

② 种庄稼（raise corn）和吵闹（raise hell）的英文词组中，头一个词都是相同的。——译注

③ Lease, op. cit., p. 17.

起并登上了道德与智力的世界之巅。现在，这个上帝眷顾的人种有权充当‘地球监管者’并从‘体力劳动’中解放出来。”[①]监管并不是不顾法律而强加给弱等民族，而是一种慈善行为；是通过管理和监督全世界饥饿悲惨的农民与苦力，使他们能生活下去，同时将他们从异教中拯救出来，他们会为这一变化“雀跃欢呼”。[②]

在政府监督和补贴下实行移民的建议，以利斯夫人坦率称之为“世界分割”的宏伟规划为补充。这个规划提出将日耳曼民族和拉丁民族联合成两个种族联盟，取消不列颠和俄罗斯的独立权并由其他强国监管。美国将在世界上充当美洲共和国联盟领袖的角色，加拿大应该被吞并——还有古巴、海地、圣·多明哥以及夏威夷。拉丁共和国肥沃的土地将由美国的过剩人口殖民（此时美国已不再有公有的土地分配给它的公民了），北美人将“吸收大批亚细亚人作为垦殖劳动力”。利斯夫人认为拉丁人将和亚细亚人一样必然从中得益，因此一定会拥护这个规划。不仅如此，他们还欠了美国的人情：“我们过去和现在一直准备为保护拉丁美洲免遭欧洲侵犯而献出自己的鲜血和财富，难道他们就不能把这片大陆的领导权让给我们作为酬谢吗？如果他们不干，我们就去夺取！我们可以学欧洲人的样，吞并所有能够吞并的土地，在美国任何可能的地方，建立保护领地。”[③]

利斯夫人的作品，是她那天真又富有想象力的头脑，在超乎寻常的怀疑情绪驱使下，发挥到极致的产物。尽管她是受美国“平

① Loc. cit.

② Ibid., pp. 31–32, 34, 35.

③ Lease, op. cit., pp. 177–178.

民主义”政治文化影响的本土美国人，但她的这本书却不像《科因的金融学说》或《恺撒纪念碑》那样有代表性和流行性。她对“世界政治”的独特意见，她对热带殖民的特别想法并不是平民主义的典型思想。但书中表达的其他观念，如盎格鲁–撒克逊是施主和优越种族、对领土扩张的要求、对英格兰的仇恨、对俄罗斯的恐惧，[①] 以及对城市众多人口有可能成为独裁基础的担心，在平民主义思想中是常见的。

利斯夫人书中的民族主义热情，还反映着平民主义运动一个奇怪的较为模糊的方面。表面上看，平民主义运动和布赖恩民主运动都提出反对军国主义、反对帝国主义的口号。平民主义者反对设立大规模的常备军和建立海军，他们中间有许多人支持布赖恩反对占领菲律宾的立场。他们认为军事力量是对民主的威胁；认为帝国主义侵略只能给金融家和“君主主义者”而不是给人民带来好处。[②] 但他们反对的只是制度上的军事主义而不是战争本身，是帝国主义而不是好战主义。他们披着和平主义的漂亮外衣，骨子里却是十足的民族主义者和好战分子。本土主义者坚决反对的与其说是战争，还不如说是为了任何目的与欧洲国家政府的合

① 由于这在19世纪是司空见惯的事情，将其归功于利斯夫人有特别的预言能力未免太过牵强。

② 关于民众对这些及其他问题的感受，见W. H. Harvey: *Coin on Money, Trusts, and Imperialism* (Chicago, 1900)。

作[①]。在我们这个时代，对参议员塔夫脱（Taft）和麦克阿瑟将军等人敌视欧洲的态度，以及忽而好战，忽而鼓吹和平（或黩武主义）的行为迷惑不解的人，可以在平民主义者思想中找到启发性的先例。

平民主义者将为人类谋利益的战争和为征服进行的战争区别开来，认为前者是合理的。但他们自然很难区分这两类战争，他们很容易被煽动卷入一场所谓正义的战争，古巴事件就是一个证明。19 世纪早期的平民主义者，特别是民主党阵营中的人，在感情上十分倾向欧洲和拉丁美洲的共和运动。随着 19 世纪 90 年代的到来，以及美国人对外部世界的强烈反感，感情的重心发生了转移，原来对被压迫和正在进行革命的民族的同情似乎变成对他们政府的仇视。因为平民主义者思想不愿质疑这样的观念，即政府和人民必然始终相对立，所以他们甚至坚持把欧洲最民主的政府视为反动的君主政权。[②]

唐纳利继《恺撒纪念碑》大获成功以后，又写了另一本幻想

---

① 美国的复本位制运动是最好的例证。到了19世纪70年代，金本位才可以说是出现了，但它的出现正好是在“大萧条”持续跌价的前夕。世界各地的白银利益集团以及希望银币能提升整体物价水平的群体几乎从一开始就在西欧发动了复本位制运动。甚至英国，这个金融中心和不愿收取债务方以贬值的货币偿还债务的债权国，也有显要的政治家赞成复本位制。这个时期最伟大的经济学家杰文斯（Jevons）和马歇尔（Marshall）也对复本位制做了严肃的思考。但是唯独美国没有参与建立复本位制的国际行动，美国的银币利益集团坚持单边行动。其他国家以为美国会独自维持白银的价格因而观望不前。从 19 世纪 70 年代开始，美国保守派政治家在试图确立复本位制的过程中陷入左右为难的境地，他们不敢与其他国家联合行动，而国内的银币势力越来越不耐烦，越来越激烈地指责他们不愿单独行动是一种叛国行为，见 J. B. Condliffe: *The Commerce of Nations* (New York, 1950), chapter xii, “The International Gold Standard”; Jeannette P. Nichols: “Silver Diplomacy,” *Political Science Quarterly*, Vol. XXXVIII (December 1933), pp. 565–588。关于银币主义和孤立主义的关系，见 Ray Allen Billington: “The Origins of Middle Western Isolationism,” *Political Science Quarterly*, Vol. LX (March 1945), esp. pp. 50–52。

② W. H. Harvey: *Coin on Money, Trusts, and Imperialism, passim.*

小说，名为《金瓶》(*The Golden Bottle*)。他在书中生动地表现了这种冲突。书中前半部分的故事无须赘述：它描述了堪萨斯州一个叫作伊弗雷姆·贝尼泽特的人，得到一只装进铁而可以倒出金子的魔瓶，这意外的收获不仅使他自己成为富翁，而且解决了国家的财政问题。不久，他被选为美国总统。他挫败了刺杀他的阴谋和银行家发动内战的企图以后，发表了不寻常的就职演说。他告诉美国人民，是"旧世界"[①]阻挠了他们去获得更大的进步和幸福，美国"由韧带牵着一具死尸——欧洲"！他开始呼吁对欧洲可怜的难民关上大门，以免他们被美国资本家雇用而降低美国劳动者的工资。"我们本可以凭正当的法律和公平的条件，使劳动者都成为中产阶级。但其他大陆上大量处境悲惨的人却紧紧抓住他们的衣襟，把他们拖垮了。'旧世界'中对政府不满的人逃到我国，使我国成为他们政府的安全阀。如果我们堵住这条通风孔，20年后欧洲每一个国家的统治宝座都会被炸翻。……因为届时，'旧世界'的人民面临两种选择，要么饿死，要么起来反对暴君。他们会扑向压迫他们的人，把他们撕成碎块。"他接着呼吁欧洲人民反抗统治者，欧洲国家以宣布战争作为回应。在随后的大规模国际战争中，美国作为"解放者"打进欧洲。总统贝尼泽特自然胜利了，甚至仅仅让俄罗斯人能写能读就使他们获得了自由。他还建立了一个世界政府来维持和平[②]。

---

① 指英国及其他欧洲国家。——译注

② Ignatius Donnelly: *The Golden Bottle*, pp. 202 ff. 唐纳利在序言中说："如果有人愚蠢地认为平民党的胜利意味着向全世界宣战，我将十分遗憾。"然而，我们在此关心的不是平民主义者的动机——那无疑是纯洁的——而是唐纳利在其幻想作品中暴露无遗的情感。

因此，在19世纪90年代的美国，平民主义和侵略主义携手并进并非一种巧合。民族主义不宽容情绪的增长是全美性的，不能说它仅限于平民主义的势力范围，但是平民主义者表现的这种情绪比社会其他各阶层都更为强烈。而且，平民主义者和布赖恩派正是通过侵略主义主张，在低级报刊和许多政治领袖的帮助下，与广大市民密切联系起来。甚至保守主义政客也能感觉到，无论他们和民众多么缺少共同点，战争都能成为连接双方的基础。

平民主义者的第一个也是他们更倾向选择的敌人，是英国这个黄金势力中心。《科因的金融学说》一书以对英格兰的猛烈攻击为结尾。书中写道："如果有人说我们必须用英国选定的金属作货币，我们对此没有自主权，那就让我们做个试验，看看这种说法是否确实。未经尝试就放弃，这绝非美国人的作风。如果确实，那就让英国附属于美国，把她的名字从世界各国中抹去好了。和英格兰的战争将会是地球上最得人心的战争……人类进行的最正义的战争。"[①] 某些共和党的领导人曾为平息1890年强大的白银风潮而通过了《谢尔曼购银法》。他们又在困难重重的1894年为平息西部的不满情绪迈出了战略性的一步。这一年的5月2日在伦敦召开了非正式的复本位制大会。布鲁克斯·亚当斯（Brooks Adams）和科罗拉多州参议员沃尔科特（Wolcott）作为美方代表参加了大会，15名重要的参议员，包括共和党的几位领袖人物，用电报发出了支持实行国际复本位制的声明。参议员洛奇（Lodge）在参议院提议，如果英国不同意复本位制计划——为缓和西部白银

① *Coin's Financial School*, pp. 131–132.

运动分子的侵略主义情绪和仇英情绪而精心制订的计划——就对它实行歧视性关税[①]。

这个提议因克利夫兰民主党的反对而被否决，但第二年就轮到民主党有机会利用侵略主义情绪了——克利夫兰政府在委内瑞拉事件中采取了极端好战的行动，这也是它少数几项真正受欢迎的举措之一。[②]西海岸的一家报纸表达了许多美国人的想法："我们受着英国人的摆布，要保住我国的财政，（战争）是唯一的出路。"[③]内华达州代表银币运动分子的参议员威廉·M.斯梯华（William M. Stewart）声称："即使我们一败涂地，战争也是有利的，因为它可以使我们摆脱英国银行的统治。"[④]一位来自平民主义势力很强的州的众议员，写信给国务卿奥尔内（Olney），祝贺他用强有力的外交手段擦亮了平民主义者和无政府主义者的武器[⑤]。驻哈瓦那的美国领事也敦促奥尔内说，政府和倡导健全货币政策的民主党应该对古巴实行调解或干预的强硬政策。这可能有两种结果，一是因制止暴行、收买古巴而获得声誉，二是"在战争中胜利。如果发生战争的话，热情的公民定会踊跃报名参军，这样，许多失业的人将得到工作，就会免于对并不存在的社会弊病的纠缠。这些人错误地认为应该通过自由银币政策，除去这些弊病"[⑥]。

---

① Nevins, op. cit., pp. 608–609.

② 关于促成这一事件的国内压力，见 Nelson M. Blake: "Background of Cleveland's Venezuela Policy," *American Historical Review*, Vol. XLVII (January 1942), pp. 259–277。

③ James A. Barnes: *John G. Carlisle* (New York, 1931), p. 410.

④ Nevins, op. cit., p. 641.

⑤ Alfred Vagts: *Deutschland und die Vereinigten Staaten in der Weltpolitik* (New York, 1935), Vol. I, p. 511.

⑥ Ibid., Vol. II, p. 1266 n.

委内瑞拉问题解决后，好战的美国人把注意力转向了古巴。美国国内的平民主义者自然十分同情受压迫的古巴人民的境遇，他们也加入遍及全美的要求政府积极干预的行列。布赖恩竞选失败以后，支持自由银币政策的区域的民众因在国内议题上受阻而产生的挫败感，似乎都在古巴问题上找到了宣泄的出口。终于，一个打败金本位主义的机会到来了。无论是大企业、银行界，还是克利夫兰政府和麦金利政府，对席卷全美的讨伐热情都没有抱很多的同情。支持保守派的报纸和支持平民主义的报纸互相展开攻击。华尔街被指责为一贯漠视人民的利益，而平民主义者则被指责为企图利用战时的通货膨胀进行走私活动。有一个情况似乎很清楚，就是“支持干涉古巴的重要议员都来自平民主义运动和银币运动最猛烈的南部和西部的几个州”[①]。麦金利之所以在许多有影响的共和党人的劝说下，屈从于民众对战争的要求，原因之一在于一种普遍的担忧（在 1898 年仍然具有现实影响），即民主党有可能以“自由银币”“自由古巴”这两个极具号召力的口号作为竞选纲领，参与 1896 年的总统竞选。[②] 侵略主义在任何阶级、团体和党派中都存在，但平民主义者却起着前卫作用，他们造成的压力甚至导致了一场无谓的战争。战争结束以后，平民主义运动赖以生存的经济和情绪环境不再存在了，他们的力量也就分散了。许多以前赞成战争的人，在战后又试图通过投身反帝国主义的事

① J. E. Wisan: *The Cuban Crisis as Reflected in the New York Press* (New York, 1934). p. 455；关于这一危机和 19 世纪 90 年代公众情绪之间的关系，见 Richard Hofstadter: “Manifest Destiny and the Philippines,” in Daniel Aaron, ed., *America in Crisis* (New York, 1952)。

② Vagts, op. cit., Vol. II, p. 1308 n.

业来拒绝战争的结果。托马斯·E. 华生是为数不多的始终反对战争的平民主义者之一。他后来坚持认为“西班牙战争断送了我们，战斗的号角淹没了改革者的声音”[①]。事实上，改革的目标过于坚韧，不会因为一场短期的战争就荡然无存；然而在当时，“自由古巴”代替“自由银币”吸引了公众的注意。当改革再次抬头时，已经换了一副面孔。

当我们回顾平民主义感情的各种表现时，一种奇特的相似性出现了。在这段时期的美国思想，我们还能在哪里发现这种黩武主义和民族主义，这种对末日的强烈预感和全球政治战略的构想，这种对大企业主、银行家和托拉斯的仇恨，这种对移民和城市工人的恐惧，以及偶尔流露出的反犹主义措辞？相当奇怪的是，我们会发现，这些现象最明显地表现在那些各方面都与平民主义对立的人身上。19 世纪 80 年代末期和 90 年代，美国东部出现了一个人数不多的帝国主义者精英群体，他们大体上代表着曾经属于“无党派独立人士”（mugwump）的那群人，其代表人物是亨利·亚当斯、布鲁克斯·亚当斯、西奥多·罗斯福、亨利·卡伯特·洛奇（Henry Cabot Lodge）、约翰·海（John Hay）和阿尔伯特·J. 贝弗里奇这样稳重而受到尊敬的绅士。当银币运动分子公开攻击银行家和犹太人的时候，亨利·亚当斯和布鲁克斯·亚当斯在他们充满讥讽、阴郁愤世的私人信件中谈到同样的感受，并以带着几分困惑的讽刺，承认在这一点上自己和群氓产生了共鸣。当持平民主义立场的众议员和报纸在呼吁美国和英国、西班牙打仗

① Woodward: *Tom Watson*, p. 334.

的时候，罗斯福和洛奇也做了相同的事情。当利斯夫人提出分割世界，在热带地区建立殖民地的设想时，罗斯福、洛奇、贝弗里奇和马汉（Mahan）等人正在拟订更现实的占领国际市场、吞并领土的计划。当平民主义读者思索着唐纳利预言灾难来临的幻想作品时，布鲁克斯·亚当斯和亨利·亚当斯正在哀叹他们的文明类型行将灭亡，甚至天性乐观的罗斯福也在担忧"布鲁克斯·亚当斯预言的被黄金充斥、被资本家统治、被高利贷者掌控的未来"。利斯夫人写下"我们需要工业社会的拿破仑，鼓动和教导人民认识到他们的处境和补救方法"[①]后不久，罗斯福和布鲁克斯·亚当斯曾谈到八小时工作制运动的威胁，以及这个国家有被托拉斯组织者"奴役"的危险。他们还开玩笑地说，罗斯福可能最终领导"那些不满的阶级来场大暴发，这至少能暂时击垮'经济人'"。[②]

这些帝国主义的绅士不仅比平民主义者的文化水平、生活水平更高，而且蔑视他们。我认为这两个不同的社会阶层在相同观点上出现奇怪会合的原因如下：帝国主义者和平民主义者都被工

---

① Lease, op. cit., p. 7. 托马斯·E.沃森在他1902年撰写的长篇传记《拿破仑：他的生活、性格、斗争和成就》(*Napoleon, a Sketch of His Life, Character, Struggles*)中说，拿破仑"这个来自被鄙视的科西嘉的穷苦孩子，震荡了世界的上层，凭着他巨大的性格力量、天才和勤奋登上了权力的顶峰"。他将拿破仑描写为一个"为民主斗争的独裁者"。沃森在别处还写道："当今世界上没有一个铁路大王，没有一个从基层崛起成为庞大资本与劳动力运动领袖的白手起家者不具有拿破仑的特征；他们和拿破仑一样目标明确、意志坚定、不知疲倦、精于密谋，为胜利不惜一切代价……"沃森的传记作者因此质问一个平民主义者为什么要歌颂铁路大王的美德，为什么要让人民崇拜贪婪的资本家，"难道犹太人和非犹太人信奉的是同一群神？难道两个阵营间的唯一争执仅仅源于所获神恩的差异？"见 Woodward, op. cit., pp. 340–342。

② Matthew Josephson: *The President Makers* (New York, 1940), p. 98，该著作前三章对帝国主义者深刻的描述。丹尼尔·艾伦（Daniel Aaron）对布鲁克斯·亚当斯进行了富有启发性的分析，见 Daniel Aaron: *Men of Good Hope* (New York, 1951)。

业的进步抛弃了，并深受羞辱，因而都反对工业和金融资本家统治国家。绅士们希望夺回被那些暴发户般的制造商、铁路老板和神通广大的银行家抢走的本应属于他们的权力和地位；平民主义者则希望恢复小农利益，重建大众政府。这两个社会阶层在工业文化中都没有立足之地，并被共同的敌人所阻挠。他们在许多事情上观点相反，但却都持有强烈的民族主义。在19世纪90年代的绝望和焦虑中，他们都希望战争可以推翻或至少让有钱阶级难堪，最好是能破坏目前已确立的政治结构，给被剥夺了继承权的农场主领袖和雄心勃勃的绅士们提供新的机会。但如果说他们的境况似乎预示着或类似于现代社会的威权主义运动，那也绝不应夸大其意义。他们那个时代比我们这个时代更天真、更幸运；比起20世纪更加严酷的现实，19世纪的很多事件都只能算是喜歌剧色彩的。他们最后得到的结果，只是一场小小的战争和迅速的胜利。当农场主和绅士们最后真正在政治上联合起来之后，也不过是实行了改革派的那些温和改良；他们的统帅原来只不过是个毕业于哈佛拳击队，满脑袋陈腐观念，却乐意玩民主游戏的家伙。

第 三 章

从哀怨到平价

一、反败为胜

现代人对19世纪农民叛乱做出的解读，始终存在着一个矛盾。一方面，解读者反复地把这场叛乱的失败说成是农民的最后失败。约翰·希克斯在记述这个运动的历史著作中说，平民党人进行的是“长期的但注定要失败的斗争——目的是将美国从工业美国的巨口中拯救出来”。而另一位历史学家则把平民主义称为：“这个国家农业利益集团的最后一次联合抗争……是农民针对几乎将他们压垮的工业文明的最后一搏。”①另一方面，历史学家们也经常列举平民党人过去没有实现，但在布赖恩竞选失败后不到20年的时间里全部付诸法律的一系列计划，来证明这场运动的持久影响力，并高度评价平民党时期的农民骚乱对进步主义改革的黄金时期的

① *The Populist Revolt*, p. 237; Louis Hacker in Hacker and Kendrick: *The United States since 1865* (New York, ed. 1949), p. 253. 类似的观点见 Woodward: *Tom Watson*, p. 330。

巨大影响。[①]一个最终如此成功的全面运动，怎么能被说成是它所代表的那个阶级最后的而且是灾难性的失败呢？

这两种观点都有一定的根据。平民主义和布赖恩主义是利用农民双重性格中“软”的一面发动一场全国性群众运动的最后尝试。但如果进一步得出结论，认为这类改革的失败标志着农业的最后且彻底的失败，那就不过是现代自由主义者对农业领域的哀怨情调表现出的盲目崇拜。平民主义和布赖恩主义受挫，农民抗议的呼声被平息后，农民运动中以农业的商业现实为基础的“硬”的一面，得到比以往任何时候都更有力、更蓬勃的发展。正是在麦金利击败布赖恩以后的20年里，美国的农业经历了1944—1945年战前和平条件下最繁荣的时期，也正是在这20年中，农业在立法方面取得了前所未有的成就。

不能将建立在旧有农业观念上的政治运动的失败，等同于作为一种经济利益的商业性农业的失败。确实，没有人会坚持认为，布赖恩在1896年若是获胜，就可以推迟这个国家的工业化以及农村农业人口的相对减少。但可以这样说，平民主义运动尽管失败了，却激活了一股农业组织与抗议的浪潮，这股浪潮随后逐步推进。要取得这些胜利，必须先使农业市场环境和国家政治气候自然发生变化。那种试图将农业至上主义发展为依托第三党意识形态政治的群众运动的做法，也必须被现有政党体系框架内的现代压力政治和游说手段所取代。平民主义是美国农业政治发展过程中的一个过渡阶段的表现：它在最后一次重申某些旧有思想观念

① Hicks: *The Populist Revolt*, chapter xv; Hacker and Kendrick, op. cit., pp. 257, 352–353.

的同时，也预示着一些新的观念。美国农民领袖们因其成就受到激励，也从其失败中得到教训。这根本不是农民的彻底失败，而是有效农业组织发展过程中迈出的不确定的第一步。

美国农业组织一直在两个行动目标之间左右摇摆：一个是要解决地方和区域问题，一般是采取无党派行动解决。而另一更广泛、更综合的目标实现则往往要通过第三党。1870 年的格兰其运动主要在州的范围里进行，只是 1875 年和 1876 年在人数和威望都开始下降的时候，这个运动才踌躇地把目标转向全国立法[①]。标志着平民党开端的各种“农民联盟”，也都是从各种商业、教育和社会组织中发展起来的，是明显的无党派组织。跟格兰其分子不一样，这些农民联盟迅速且目标明确地转向了政治行动。随着 19 世纪 80 年代末，大批农民踊跃加入联盟运动，成立第三党的可能性越来越大。在 1890 年州议会和国会选举中赢得初步辉煌胜利以后，平民党人带着更大的热情准备参加 1892 年的总统选举。南方的联盟运动主要是通过民主党发生作用，但是，1892 年民主党提名格罗弗·克利夫兰为总统候选人，这表明两大政党实际上都是由那些不同情农民的保守派操纵，这坚定了人们发起全国性第三党运动的决心。

转向第三党政治的举措，似乎是使农民联盟的目标得以凸显的一种切实方式。与他们为敌的势力太强大，他们想解决的问题太复杂，任何比联邦政府更弱势或势力范围更小的组织都无力应

① Solon J. Buck: *The Granger Movement* (Cambridge, 1933), p. 122.

对，而两大政党对他们的要求又持极度漠视的态度。农业神话教导他们，任何不维护农业阶级利益的政府都是失败的，这使得农民领袖们摆脱了对流行的自由放任主义的忠诚，并毫无拘束地倡导一切似乎有助于农民的政府措施，无论是政府对交通运输业的所有权，还是政府仓储制度。

在美国，必须以有别于主要政党的标准来衡量第三党领袖的成功，因为如果以主要政党的标准来看，第三党向来是失败的。从来没有第三党曾成功掌控政府或取代任何一个主要政党（就连共和党也并不是从第三党发展为主要政党，而是从旧党派中演变而来）。第三党在美国政治中起着重要作用，但与执政党的作用性质不同[①]。主要政党的存在更多是为了获取利益而存在，而非为了坚守原则；它的目标是通过把各个利益集团联合起来而获得执政权，一旦执政就尽可能地协调各种利益以维持其权力。较小党派则附属于一些特定观念和利益，并且通常通过明确且易于识别的纲领和原则来表明立场。它们的职能不是赢得选举或执政，而是煽动舆论，展开教育，催生新观念，为我们的政治生活注入活力。当第三党的诉求深入人心时，就会被一个主要政党或两大主要政党同时采纳，第三党也就从此消失。第三党就像蜜蜂，一旦使用螯针，自己也就灭亡了。

如果用第三党的原则是否被采用来衡量它的成就，可以说它

---

① 见John D. Hicks: "The Third Party Tradition in American Politics," *Mississippi Valley Historical Review*, Vol. XX (June 1933), pp. 3–28; cf. also Arthur N. Holcombe: *The Political Parties of Today* (New York, 1924), chapter xi; 关于非主要政党的组织形式，见 Arthur M. Schlesinger: *The American as Reformer* (Cambridge, 1950), pp. 54 ff。

们在历史上的确取得过一些成功。甚至像反共济会党（Anti-Masonic Party）这样名不见经传的第三党也造成了我们政治制度中的一项变革，即党团会议由全国代表大会取代。内战前的“自由党”和“自由土壤党”，就曾因他们成功地使蓄奴制成为当时政治的中心议题而闻名。“社会党”和社会主义思想在进步时代所发挥的道德和思想影响力，从未得到充分认可。人民党——或称平民党——就是相对来说势力不强的力量通过第三党行动取得广泛影响的典型例证。

如果第三党的领袖们从一开始就接受第三党这种在成功中失败的奇特命运，他们就没有勇气发起讨伐运动。人民党的创始人对他们想做什么并不完全清楚，但他们似乎因为早期在地方上获得的成功，以及 1892 年总统选举时韦弗将军获得超过 100 万选票而踌躇满志，以为有希望成为主要政党。然而，历史学家清楚地看到，人民党几乎没有希望取代主要政党。1892 年，韦弗将军仅获得总票数的 8.5%——如果想衡量韦弗将军获得的支持程度，我们不妨参考一下这组数据：这个数字更接近 1912 年戴布斯（Debs）5.9%的得票率，而非拉福莱特（La Follette）在 1924 年获得的 16.6%的得票率。平民党获得的支持只局限于几个地区的情况很值得注意。韦弗在几个平原和山区州以及南部六个州实力雄厚，但是在拥有 55%选举人票的西部艾奥瓦、威斯康星和伊利诺伊三州，往东的中部大西洋沿岸各州和新英格兰地区各州，以及南部的弗吉尼亚州，平民党的影响力微乎其微，在每个地方的得票率都不足 5%。只有在 9 个州——其中几个州人口稀少——韦弗获得超过三分之一的选票。平民党显然可以在局部地区发挥主要政党的影响，或者在参议院形成一个小集团，但其影响力不可能超越这个限度。

人民党的吸引力有限不难理解。作为一场第三党运动，它的影响仅局限于农业不满情绪最激烈的地区，这些地区主要依赖单一经济作物种植模式，高度依赖出口市场，同时还伴随着突出的交通运输问题或高抵押负债率问题。除了人口稀少的山区各州，人民党在其他地方的影响力都十分微弱。中产阶级对把平民党描写成无政府主义者和社会主义者的歇斯底里宣传过于认真，不是嘲笑他们，就是害怕他们。工人还没有作为一个阶级，有意识地参加选举。劳工骑士团（Knights of Labor）正在衰弱下去，美国劳工联合会（American Federation of Labor）尚处于萌芽阶段，几乎谈不上有什么像样的劳工运动。[①]东部农民有他们自己的困难和不满，他们把西部农民看作敌人和竞争者，并且意识到平民党的纲领并非为满足他们的需要而制定的。[②]但是在平民主义的地方局限性问题上，最具决定性的因素或许是它没有在西北部农业州获得支持，就在十到十五年前，这些州还是农业不满情绪的主要中心。到 1892 年时，艾奥瓦、伊利诺伊和威斯康星各州早已过了最

① 伊利诺伊州的经验表明，劳工如果有了充分的阶级意识，就会采取与平民党观点不同的集体主义纲领。Cf. Chester McA. Destler: *American Radicalism, 1865-1901* (New London, 1946), chapters viii, ix, xi. Cf. Daniel M. Feins: *Labor's Role in the Populist Movement, 1890-1896*, unpublished M.A. thesis, Columbia University, 1939.

② Lee Benson: *The New York farmers' Rejection of Populism: the Background*, unpublished M.A. thesis, Columbia University, 1948. 美国的农民在意识形态上有许多共同点，但他们之间具体的利益冲突构成了农村的利益多元化。关于这个问题，见 Herman C. Nixon: "The Cleavage within the farmers' Alliance Movement," *Mississippi Valley Historical Review*, Vol. XV (June 1928), pp. 22–33。

激烈的投机阶段。在格兰其运动时期，这些州就已经和铁路公司以及掮客算清了债务，因此这些州的不满情绪远不如更靠近西部的州那么强烈。最重要的是，兴旺且现金流充足的乳制品产业和更稳定的玉米—生猪产业链——这两个产业不像小麦和棉花那样依赖出口和国际市场——在大片地区取代了小麦生产。[①]这些州已经形成了规模可观的本地城市市场，农业总体上更为繁荣。不光是韦弗在 1892 年失去了来自这些州的支持，四年后，在严重经济萧条期间以主要政党候选人身份参加竞选的布赖恩也失去了伊利诺伊、艾奥瓦、明尼苏达和威斯康星这几个可以决定他成败的州的支持。在这些州，奶牛业和肉猪业的稳定发展，与马克·汉纳[②]的政治贿赂在平定农业风潮上至少发挥了同等程度的作用。

在 1894 年国会和州议会的选举中，平民党达到了其力量的顶峰。但有证据表明，这个作为第三党的势力的真正的顶峰期实际

① 事实上，西部小麦种植的普遍程度和第三党活动的中心区域之间几乎存在着直接联系，见 Chester McA. Destler: Agricultural Readjustment and Agrarian Unrest in Illinois, 1880–1896, *Agricultural History*, Vol. XXI (April 1947), pp. 104–116; Benton H. Wilcox: An Historical Definition of Northwestern Radicalism, *Mississippi Valley Historical Review*, Vol. XXVI (December 1939), pp. 377–394; Benton H. Wilcox: *A Reconsideration of the Character and Economic Basis of Northwestern Radicalism*, un-published Ph.D. dissertation, University of Wisconsin, 1933, pp. 56–58，前两篇文章极好地介绍了种植多样化、乳制品业和玉米 – 生猪产业链所起的稳定作用，最后一篇文章论述了西北各地区间的差异。Clyde O. Ruggles: "The Economic Basis of the Greenback Movement in Iowa and Wisconsin," *Mississippi Valley Historical Association Proceedings*, Vol. VI (1912–1913), pp. 142–165, esp. pp. 154–157，这篇文章介绍了种植多样化和乳制品业的发展是如何削弱了绿背纸币主义的支持力量，就像后来它对平民主义运动所起到的削弱作用一样。关于繁荣的艾奥瓦州的情况，见 Herman C. Nixon: "The Populist Movement in Iowa," *Iowa Journal of History and Politics*, Vol. XXIV (January 1926), esp. pp. 3–45, 68–70, 99–100, 103–107。

② 马克·汉纳（Mark Hanna，1837—1904），美国著名实业家。麦金利竞选总统时，他集资 350 万美元为其做宣传。麦金利上台后立即任命谢尔曼为国务卿，让汉纳补缺成为参议员。——译注

上已经过去了。保守派一方面在国家层面掌控两个主要政党，同时在平民党势力强大的地方层面，他们也足够灵活，能够阻止这场运动的发展。在堪萨斯州，平民党曾于1892年取得了控制立法的决定性胜利，但是他们却在共和党人的引诱下，参加了一场无益的“立法斗争”，而没能确立任何重要的法律条文。[①]明尼苏达州和内布拉斯加州等其他地方的经历也清楚表明，每当平民党人制定了旨在解决当地农民主要不满的纲领时，他们的方案要么被两大政党充分采纳并实施，从而削弱了他们的影响，要么被他们自己纳入有缺陷的立法中，经不起敌对的保守派法庭的质疑而被否决[②]。在南方，黑奴问题被有效利用来分散人们对改革的注意力。平民党人在1893年后，被迫去寻找更有普遍意义的政治议题，以期引起全国的注意，团结分散力量，向相对僵化的两大政党全国性领导层发起挑战。

我们在此有必要探讨一下平民党领导层的性质。农民从来没有从自己的阶层中选举政治领袖，而是从专业人员、乡村编辑、有经验的第三党运动的活动分子和职业改革家等参差不齐的精英队伍中选择自己的领袖。这些人精于鼓动宣传的技艺，但是对担

① Elizabeth N. Barr, in William E. Connelley: *A Standard History of Kansas and Kansans*, Vol. II (Chicago, 1918), pp. 1167 ff.

② Hicks: *The Populist Revolt*, chapter x; 关于明尼苏达州的情况，见 on the situation in Minnesota see Hicks: “The People’s Party in Minnesota,” *Minnesota History Bulletin*, Vol. V (November 1924), pp. 547 ff.

负责任或运用权力却是门外汉[①]。引人注目的是，这场“激进”运动的领导层竟然包括许多出生于杰克逊时期的老人，头发灰白的他们是“格兰其”“绿背党”“反垄断”等数不清的运动中的老战士。他们中的许多人都像韦弗将军一样深爱正义，但是也有一些是在现存政治制度中没有立足之地的狂热分子和野心家。这些人长期忍受着不断的失败，他们觉得 19 世纪 90 年代的危机是其最终取得第三党运动成功的一个良机。主要政党的领袖们对他们渴望成功的心理洞若观火，因此可以轻而易举地劝说他们放弃许多主张，只要让他们感觉到这样做有利于他们自己的成功。

平民党的领袖们还有一个长期存在的弱点——缺乏资金，但这不是他们本身的错误：很少有人理解由于平民党领袖们太缺乏资金，因此他们的运动从一开始就很容易被金钱收买——不是出于腐败，而是出于必然性。而他们在银币利益集团中找到了买家。我们应当牢记，农民往往能慷慨付出热情，却很少能在金钱上大方起来。要让众多一贫如洗的农民真正拿出哪怕五分钱都并非易事，而农民联盟和人民党，还有无数作为该运动喉舌的小型报纸，

① 艾奥瓦州的农民是很富裕的，但在1844年到1938年间总共选出的419位国会议员中，只有 15 个是农民。其他代表都是专业人员（律师占 309 人）和商界人员。在 15 个农民国会议员中，有 12 个是在 1844 年到 1890 年被选上的，有 3 个是在 1932 年到 1938 年被选上的——在 1890 年到 1932 年一个农民也没有被选上。Johnstone: “Old Ideals versus New Ideas,” pp. 156–157. 关于领导层的问题，见 Hicks: *The Populist Revolt*, pp. 151–152。

对唐纳利档案的研究表明，在明尼苏达农民联盟组织中，农村中产阶级起着重要的作用。农民太忙了，没有时间听讲座或组织起来活动，但那些因其他商业活动而使务农事务受到一定影响的人——例如，那些卖东西给农民，因此依赖于农民的繁荣的小商人——能够承担起这些任务，能够把宣传和推销结合起来。这些运动对领导的需要也给了农村怪人们一个机会，让他们为自己的想法找到一个惬意的职业宣泄口。为此，我们常常不能断定，平民主义思想的极端表现到底在多大程度上代表农民自己，在多大程度上代表这些农村的鼓动者。

全部都是小本经营。例如，1890 年，农民联盟宣称拥有超过 100 万农民会员，而该年的财政报告上记录收到的会费只有 11231 美元。若按每人交 5 分钱，也应该有 5 万美元的会费收入。[①] 艾奥瓦的平民党在 1895 年参加州议会竞选时，反复呼吁筹集竞选资金未果，最后还要以每人 5 分钱的特别捐款募集资金，结果总共只得到 317 美元[②]。有时，实力雄厚的农民愿意出资，却又几乎完全无能为力，因为他们是只有土地的“穷人”。有一位农民写信给伊格内修斯·唐纳利说：“自从 1881 年 8 月 29 日以来我为生存做出的努力，使我现在无法为这个世界上最正义的事业出 1 美元。但如果你推荐一个人，他愿意以每英亩 35 美元的价格买我 240 英亩带庄稼的土地（总数是 8400 美元），我就可以捐出 800 美元……我不仅出 800 美元，我还愿意为这个运动不辞辛劳，直到最后取得胜利。”[③] 平民党在早期的政治运动中，经费确实少得可怜。1891 年，该党的某些领导人相信，他们手里若是有几千美元，就可以获得肯塔基州的全部选票[④]。到第二年的 8 月，平民党人为明尼苏达州竞选只筹集了 400 美元，尽管未兑现的承诺捐款数额要大得多[⑤]。1892 年，平民党人希望为阿肯色、佐治亚和佛罗里达三个州

---

① Orville M. Kile: *The Farm Bureau Movement* (New York, 1921), p. 28.

② Nixon: "The Populist Movement in Iowa," p. 81; cf. the lament recorded on p. 82.

③ A. L. D. Austin to Ignatius Donnelly, June 19, 1896, Donnelly Papers.

④ H. E. Taubeneck to Donnelly, July 2, 1891.

⑤ Donnelly to K. Halvorson, August 5, 1892.

的竞选活动筹集 2000 美元的活动经费[①]。

1889 年到 1893 年之间发生了三件事，极大地刺激了银币运动的发展。在 1889 年到 1890 年之间，爱达荷、蒙大拿、北达科他、南达科他、华盛顿和怀俄明等六个银币运动势力强大的州加入联邦，大大扩大了在参议院中的银币运动支持阵营。1893 年经济危机爆发，那些此前未受价格下跌灾难性打击的地区在劫难逃，于是人们恢复了对旧有济世良方的热情。同一年，联邦财政危机，格罗弗政府推动废除《谢尔曼购银法》，这下更激怒了白银通货膨胀主义者，导致西部的银矿利益集团开始采取行动。

自由铸银并不是人民党特有的主张，也没有被认为是人民党纲领中较为“激进”的一项。堪萨斯州的共和党人多年来一直提倡自由铸银，国会两大政党中都有支持银币运动的庞大阵营。众议院有几乎一半的民主党员投票支持一项旨在废除《谢尔曼购银法》的修正案，但最后没有被通过。金本位制毕竟从 19 世纪 70 年代才开始在美国推行，因此，19 世纪 90 年代初的美国人主张白银自由铸币完全可以说是回归旧有制度的举措，而不是异想天开的创造。自由银币运动不过是接过了内战以来绿背党人高举的货币通货膨胀主义的旗帜。尽管自由银币运动遭受严重嘲笑——鉴于它被当作 19 世纪 90 年代包治百病的灵丹妙药，理该受此待

① Taubeneck to Donnelly, July 27, August 4, 1892. 农民联盟自身的组织工作也遇到了相同的困难。一位组织者写信给唐纳利说：“组织农民联盟的最大障碍是缺乏 50 美分。”另一位写信给他说：“有时钱少得可怜，很难找到每人有 50 美分的 7 个人。”一位农民这样写道：“我们农民很穷，但我觉得每人能捐出 10 美分。”唐纳利的档案中到处是这样的例子。农民支付不起为联盟讲课的教员工资，领导人们就试图通过让他们担任冰雹和农作物保险的销售代理来解决这个问题。在明尼苏达州，这引发了一场关于此类保险公司控制权的争斗。

遇——我们还是不应忘记，从债务人的角度来看，银币通货膨胀虽有种种缺点，却并不是完全无益的权宜之计。

但是，对大多数坚定不移的平民党激进分子来说——如像亨利·德马里斯特·劳埃德（Henry Demarest Lloyd）这样的人，他们希望平民主义运动成为美国社会民主运动的第一步——自由银币运动是一个陷阱，一个妄想。平民党最初的纲领包括一系列旨在解决土地、交通和金融等核心问题的改革。那些支持这一全面纲领人，秉持着要求通信国有化和政府支援农业信贷的主张，他们认为自由银币运动是一种威胁，会分散人们对改革运动整体范围的关注。[①]然而，人民党中大多数“务实”且追求成功的领导人，如韦弗将军及其常任全国主席、来自伊利诺伊州的赫尔曼·陶贝里克（Herman Taubeneck），却认为自由银币运动是第三党争取更多选票的途径之一。党内展开了一场坚持最初“纯粹”的人民党纲领的少数派（这些纲领包括那些被认为是极端激进和集体主义的内容）和希望利用自由银币运动获得成功的多数派的斗争。

平民党的领袖们下定决心，一往无前地投入银币运动。他们把赌注押在这样一个前提上：到1896年，无论是马克·汉纳的共和党上台还是格罗佛、克利夫兰的民主党上台，都不会接受自由银币的要求，这样，两大政党中支持银币的势力就会脱离原党而形成一个集团（共和党中的银币势力的确脱党了），他们联合起来可以组成一个具有主要政党地位的新党，人民党的领袖们在其中必定起主要作用。简言之，这些领导人试图利用自由银币运动架

① Cf. Miller: *The Populist Party in Kansas*, pp. 144–147, 162.

起连接两大主要政党中支持自由银币力量的桥梁。他们确实成功地建立了这座桥梁，但结果过桥的人流却走向了与他们所希望的相反的方向。

正是在这一时刻，有组织的自由银币运动变得至关重要。关于这场运动的历史尚未有人撰写，此处所述的一切均基于零散的证据。而我们有理由认为，这场运动是我们历史上最成功的宣传活动之一。即使按照当时的标准，这场运动也没有充足的活动资金，但在所有持不同政见的势力中，它所拥有的资金已是最为可观的，而且运用得极为有效。这场运动资助了编辑、政客和宣传册作者，在联邦的几个州内组织了年度银币会议，通过美国复本位制联盟等组织向一切可能接受其观点的人宣传这样一个理念：这个国家最基本的弊病只要通过自由铸造银币就可以根除。

人民党领袖们所遇到的困难选择，是反对银币支持势力将银币作为改革运动的唯一议题，还是参与这场运动？接受银币议题意味着将淡化其他议题，这不仅是因为自由银币这剂万能灵药的声势会压过其他议题，还因为接受了这个议题，就意味着向反对人民党其他议题的保守势力求援（比如白银矿主的支持）。然而，务实的人民党领袖们还是一头钻进自由银币运动里。因为他们中间有许多人担心——陶贝里克在给唐纳利的一封信中曾表示过这种担心——如果他们脱离自由银币运动的浪潮，人民党不仅成不了新的左翼政党，还有可能成为“一个即将组建的大型第三党的铺路石，正如废奴党之于共和党”[①]。

① Taubeneck to Donnelly, January 29, 1894, Donnelly Papers.

当时间临近1896年民主党在芝加哥召开的全国大会时，局势已很明朗，与平民党的期待相反，银币运动势力已经取得主导地位。在民主党员以超过2:1的票数通过自由银币议案后，平民党人考虑应该提名已经与共和党分裂的支持自由银币政策的参议员泰勒，但当泰勒本人支持布赖恩时，平民党人立即处于孤立无援的境地。他们唯一的武器——银币问题，落到布赖恩和民主党人手里。他们清楚地知道如果他们提出自己的竞选人，强调自己的纲领，不仅会把大多数选票输给布赖恩，而且——正如他们所担心的——还可能会从布赖恩那里分流足够多的选票，导致他落败，麦金当选利。如果他们推选布赖恩，他们的独立的党派从此寿终正寝。对胜利的渴望最后占了上风，在圣路易斯市召开的平民党大会上，主张联合的人施展种种诡计，使大会选择支持布赖恩，这相当于自杀[①]。党内许多坚持原则的改革者早已看出将自由银币问题作为中心议题不足以成功，对他们来说，这是一颗难咽的苦果。对南方平民党人来说，则更是如此，他们是在顽固、无情地反对他们的民主党的虎口中建立自己的党派的。

亨利·德马里斯特·劳埃德坚持认为，大多数平民党人私下承认，“他们知道银币问题不过是改革计划中的最微不足道的一部分”，而且“许多人——相当多的人并不隐瞒他们知道这根本称不

① 关于银币力量的策略，见Elmer Ellis: *Henry Moore Teller* (Caldwell, 1941) and “The Silver Republicans in the Election of 1896,” *Mississippi Valley Historical Review*, Vol. XVIII (March 1932), pp. 519–534；关于银币运动与合并运动，见Hicks: *Populist Revolt*, chapters xi–xiv; Woodward: *Watson*, chapters xvi, xvii; Destler: *American Radicalism*, chapter xi; Nixon: “Populist Movement in Iowa,” pp. 67–100; Fred E. Haynes: *James Baird Weaver* (Iowa City, 1919), chapter xvi; Hicks: “The People’s Party in Minnesota,” pp. 548–558; Barnes: *Carlisle*, pp. 263–264 and chapter xvii, esp. pp. 433, 448。

上改革”。他抱怨说：“与会代表们都清楚地知道，银矿主们使用了大量金钱和政治手段，就是为了让他们做出眼下这些举动。”但他也得出结论说是因为他们渴望成功，担心改革力量中出现分裂而没有忠实、全面地执行改革计划[①]。他私下里承认，平民党人接受银币问题为中心议题是给自己铺好了下坡路：“我们使人民相信‘银币’就是主要的议题，他们必然会投票给坚持这个议题的最强大党派。”他清楚地看到改革运动的领导权过于集中了，不过他并不知道这与农业运动的历史有多么契合：“奇怪的是，我们的新党，改革党或称人民党，竟然比两个垄断的旧党有更受党魁操控，更因派系林立而腐败不堪。这个标榜自己是复决权与创制权的特别捍卫者的政党，竟然设置了一个终身制的全国主席的职位——这是其他任何党都没干过的事情！我们提倡的复决权和创制权，最好还是像行善一样，先从自己做起吧！”[②]

那些同情劳埃德和沃森的作家含蓄或公开地责备他们放弃自己完备、合理的改革主张而去迎合自由银币运动的口号。为证明最初纲领的合理性，他们指出，平民党的多项提议最后都成了法律：铁路法规，所得税，扩大的货币与信贷体系，货款法规，参议员的直选、复决权和创制权，邮政储蓄银行[③]，甚至包括曾经引起激烈争论的国库分库[④]计划。因为在不到20年的时间里，平民

① Henry Demarest Lloyd: “The Populists at St. Louis,” *American Review of Reviews*, Vol. XIV (September 1896), p. 303.

② Caro Lloyd: *Henry Demarest Lloyd*, Vol. I, pp. 259–260; cf. chapter xii, passim.

③ 1910年通过的法案，规定在特殊的邮局里的存款利率为2%。——译注

④ 即金库分立法，1840年通过的法案，使联邦储蓄独立于银行和私人银行之外。——译注

党纲领中的许多内容得以立法，我们有理由认为第三党的行动终究还是取得了相当程度的成功。人民党似乎完成了它作为第三党的职责，它改变了两个主要政党中的一个，并极大地影响了另一个主要政党，在不太长的时间里让自己的大部分纲领变成了法律。谁是最终的胜利者呢？银矿主最后没有得到自由铸币政策，韦弗、陶贝里克和唐纳利及其追随者的尸骨很快灰飞烟灭，无声地证明着第三党领袖们的牺牲价值。但这一事业本身依然在继续前行，“纯粹”的平民党满意地看着他们的纲领一项一项地被主要政党确立为法律，而这两大政党的领导人曾把他们看成疯子。建立第三党不会获得政权，但如果有耐心，它是解决问题的一条重要途径[①]。

二、黄金时代及之后

麦金利和汉纳给农业至上势力致命打击后不过两年，美国商业农民就迎来了史上持续时间最长的和平繁荣时期。西奥多·罗斯福总统的乡村生活委员会（Commission on Country Life）在1909年宣称：“美国的农民从未有过像今天这样富裕的时候，我们所指的不仅是他们的赚钱能力，还有他们所能获取的安逸和利

① 使得人民党最终能够取得成功的因素之一是，在该党成立之际，两大主要政党的民众支持率已处于一种微妙的平衡状态，而且这种状态已持续多年。在1880年、1884年和1888年的选举中，两党在总普选票中的得票率差距均未超过1%，1892年的差距也只略大于3%。选举人团中的票数平衡同样岌岌可危。由于两党之间的差距如此微弱，它们决不肯舍弃选民中任何利益集团的支持，因此，其中一党早早地向平民主义精神妥协是极有可能的。

益。"[①]颇具讽刺意味的是，随着工业主义对农民的“最终”胜利，美国农业迎来了黄金时代。后来的农业利益集团在为国家的农业政策制定目标时，总会满怀眷恋地回望这个时代。

在迅速兴起的工业化和城市化面前，农村人口不断减少。这种时候，农业的繁荣是从何而来的呢？答案是：美国工业和城市的发展并没有影响商业农民的繁荣，反而在很大程度上惠及了后者。在美国农业的黄金时代，农民的政治经济地位年复一年日益强大，尽管农民的数量和城市人口相比日益减少。

毫无疑问，最主要的改变是由价格上涨带来的。那罪恶之源——黄金首先给农民解了围，1897 年以后，新的国际黄金产量带来通货膨胀，而农民试图利用白银来战胜它。总体物价水平在 1896 年之前的 30 年中一直持续下跌，但在 19 世纪的最后几年中突然回升，一直持续到第一次世界大战后再次逆转为止。在美国，小麦价格从 1896 年的 72 美分一蒲式耳上升到 1909 年的 98 美分，玉米价格从 21 美分上升到 57 美分，棉花从 6 美分一磅上升到了 14 美分。

然而，拯救美国农民的不仅是黄金通胀，还有美国城市本身。正是在黄金时代的那些年中，农民的多数产品在海外市场失去了大片地盘。[②]维系其繁荣的正是常被引用来证明他们在政治上逐渐失势的东西——城市人口的迅猛增长。1890 年，573.7 万户美国农场养育着 2210 万美国城市人口。30 年以后，城市消费者增加了 3200 万，而农民只增加了 71.1 万。农场数量相对减少，但规

① *Report of the Commission on Country Life* (1909; ed. Chapel Hill, 1944), p. 36.

② E. G. Nourse: *American Agriculture and the European Market* (New York, 1924).

模更大、效率更高、机械化程度也更高，在过去没有的稳定、便利运输及金融条件下，这些农场生产的农产品在国内市场上销量得到了提高，而在海外市场上销量却减少了。确实，农业区域并没有像以前那样迅速扩张，但这一缓慢而稳健的扩张步伐本身就是农村繁荣的一个因素。剩余农村人口在迅速发展的城市中找到了安全出口。许多农民的儿子不再能适应农场经济而移居到城里寻找工作独立谋生[①]。

在农业组织内部，商业农民地位的改善，导致在提高利润的方法上，其主导理念发生了剧烈转变。战前黄金引起的通货膨胀，结束了使农民牵肠挂肚的货币问题，而这一问题在19世纪90年代的农业思想中无处不在。绿背党、平民党和布赖恩派因为固定不变的货币数量而群起寻求救治方法，提出提高货币流通量的立法方案，而现在采用的新方法却旨在降低和控制农产品的数量，以此维持或提高农产品的价格。

农业技术的发展和农场面积的扩张，毫无疑问超过了世界购买力的增长。随着人们发现全球市场的农产品已经供过于求，越来越多的人意识到，流通与销售过程中的成本、低效和浪费成了

① 对于城市发展成为农民不满情绪的安全阀门这一观点，香农（Fred A. Shannon）教授第一次作了详尽论述，见 Fred A. Shannon: "A Post Mortem on the Labor–Safety–Valve Theory," *Agricultural History*, Vol. XIX (January 1945) and *The Farmer's Last Frontier*, pp. 356–359。在我看来，这一概念有极大的价值，但我不能同意香农教授的观点。他认为，19世纪90年代的农业困境能用这一假说来解释："城市正趋于停滞状态"，城市安全阀门正在关闭。相反，1890年之后，城市继续以极高的速度发展，而这种发展在很大程度上促成了农业的复苏。

农业的核心问题[1]，1902年，两个新的农民组织应运而生：美国均平协会（The American Society of Equity）和农民联合会（The Farmers' Union），它们的目标在于控制产品的数量并改进配送方法。这些组织的领导人致力于通过仓储计划来调控生产，并使过剩产品进入市场[2]。这些市场控制计划，使人联想起后来新政时期所用的方法以及“常平仓”理念。不同的是，这些早期组织运动的理论家希望通过自愿联合促成这一事业，而不是通过政府的资助。

另一种解决农产品价格问题的思路，源于人们对中间商盘剥行为的新认识，这种认识得到了农民和关注生活成本高涨问题的城市进步派的认同。城市领袖们认为，要是能削减中间商过高的“抽成”，农民就能生产更多农产品，更便宜地卖给消费者，并赚取丰厚利润。1911年，由于农民联合会发起的有关此类议题的宣传工作的影响，在农业部成立市场管理署的法案在国会赢得了大量同情和关注。终于在1913年，独立的市场管理处（Office of Markets）成立了，后来被合并入农业经济署。那一年之后，戴维·F. 豪斯顿（David F. Houston）出任农业部部长，农业部的工作由于领导观念的转变而随之改变。农业部原来一直简单地致力于教导和帮助农民提高产量，现在则对其产品的流通给予更多的

① 参见一篇重要的文章，James C. Malin: "The Background of the First Bills to Establish a Bureau of Markets, 1911–1912," *Agricultural History*, Vol. VI (July 1932), pp. 107–129。

② 对这两个组织的讨论，见 Saloutos and Hicks: *Agricultural Discontent in the Middle West, 1900-1939* (Madison, 1951), chapters v and viii。再参阅美国均平协会的成立宣言，见 J. A. Everitt: *The Third Power* (Indianapolis, 1905)。

信息和指导[①]。

对产品流通问题关注的必然结果，就是农民合作社的发展，这类合作社从组织严密的乳制品业扩展到了其他领域。和其他许多事情相类似，19世纪90年代的10年标志了一种转折，而之后的20年则是快速发展时期。尽管统计数字并不完全可靠，但在农业部1925年所列出的10803个购销组织中，只有102个是1890年以前成立的。而1890到1895年之间成立的协会数量，比此前所有年份的总和还要多，而且此后一直到20世纪20年代初期，协会数量呈加速度逐年增加的趋势。1928年，包括信贷、互助保险、公共事业以及购销合作社在内的农民所有的各类商业组织的总数，估计达到了5.8万个[②]。

传统上一贯对托拉斯和垄断感到愤怒的农民，现在发现自己和反托拉斯法令的关系不再融洽（这充分证明他们正在成长为现代商人）。美国连续几代人都没有怀疑自己反垄断的坚定立场，而现在他们却不幸成为《谢尔曼反托拉斯法》针对的目标。1890—1910年，有许多起针对农民销售合作社董事及高管的起诉，虽然没有一个人因为操纵价格而定罪，但合作社的合法地位一直悬而未决，直到后来几个州通过法令对此做出明确界定[③]。根据1914年

① John M. Gaus and Leon O. Wolcott: *Public Administration and the United States Department of Agriculture* (Chicago, 1940), pp. 30–47; Edward Wiest: *Agricultural Organization in the United States* (Lexington, Kentucky, 1923), pp. 175 ff. A. C. True: *A History of Agricultural Experimentation and Research in the United States* (Washington, 1937), pp. 213, 233–234.

② 关于合作社和其他协会的成长，见R. H. Elsworth: *Agricultural Cooperative Associations*, U.S. Department of Agriculture Technical Bulletin No. 40 (Washington, 1928), esp. pp. 2, 6–8。

③ Saloutos and Hicks, op. cit., pp. 63–64, 288.

的《克莱顿反托拉斯法》（the Clayton Anti-Trust Act）条款，农民组织与劳工组织均明确豁免于国家反托拉斯法的约束。1922年的《卡珀—沃尔斯特德法》（The Capper-Volstead Act）进一步明确了合作销售协会的合法地位。但这些起诉真正重要意义在于：农业领导层不再把过多力量放在反大型企业组织的传统斗争上，而是更多地用来以商业模式构建自身组织。

随着对销售和组织建设的关注而来的是农民对专家们新的敬意。从1862年《莫里尔赠地学院法》通过到19世纪末，农民对他们所说的"书本务农"（book farming）一直顽固地保持敌意。在莫里尔增地学院，工科学生数量通常是农业专业学生数量的5倍[①]。20世纪早期，人们的态度迅速改变，应用科学开始影响许多农民。M. L. 威尔逊回忆道："1902年我到埃姆斯去学习农业。我并不是艾奥瓦的街坊中第一个上大学的孩子，但我是街坊中第一个进入农学院的人。10—15年以后，所有那些出得起钱的人都把进农学院当作是可以接受的事了。一些农民开始记账、计算成本、推算利润从何而来、亏损如何发生。还有更多的农民根据农业期刊上"饲养小贴士"里的建议，开始科学地饲养家禽家畜。苜蓿被引进，农民开始意识到土壤中氮肥的重要性。牛奶场开始饲养高产的荷尔斯泰因（Holsteins）新品种奶牛[②]。耐寒且抗锈病的小麦品种被越来越多的农民所接受。养猪户改良了猪的品种，

① I. L. Kandel: *Federal Aid for Vocational Education* (New York, 1917), pp. 98–106. 关于各个州对莫里尔资助金的早期运用，见 Earle D. Ross: *Democracy's College* (Ames, Iowa, 1942), chapter iv。

② 荷尔斯泰因牛，又名黑白花牛或荷兰牛，为大型奶牛品种。起源于荷兰北部和弗里斯兰地区，1795年首次由荷兰输至美国。——译注

为猪注射了预防霍乱的疫苗。最后大家都要求县里设置农技代理人——即由训练有素的专业人员向农民传授科学知识。”[①]商业农民对自己业务技术的长期漠视正逐渐结束。

随着农民市场地位以及经济技术的改变，相应而来的是政治地位的改变。19世纪90年代，农业组织不得不在一种不友好的环境中开展工作，在其他阶层和领域没有任何强有力的盟友。在进步时代，这种孤立状态被打破了，由于政治气氛和谐，一些过去的农业改革方案得以被两大政党所接受。此后，除了那些在1924年支持拉福莱特竞选的人以外，农民总的来说对全国性的第三党行动态度冷漠。(在州或地区的范围内，无党派联盟和明尼苏达农工党曾试图进行独立的政治行动，甚至还宣扬过去平民党的敌对情绪和言论。)

随着第三党行动的销声匿迹和城市化运动的兴起，农业至上运动的整个策略发生了根本性改变。一个多世纪以来，农民一直占人口多数，推崇农业至上论的思想家所着眼的是多数人原则，以及民主与农业至上密不可分的思想[②]。农民的政治行动一直旨在保护和支持广泛的大众民主，他们思想中一直渗透着对组织权力的强烈怀疑。现在随着农业在经济中作用的减弱，农民不再坚持多数人统治，开始不断地依赖少数派的行动——实际上最后甚至依赖少数派统治。很明显，少数裁定原则才是富裕农民的救星。

---

① M. L. Wilson in O. E. Baker, R. Borsodi, and M. L. Wilson: *Agriculture in Modern Life* (New York, 1939), pp. 224–245. 威尔逊对这一变化的时间定位，可能比事实所证明的要稍晚一些。

② 关于这一主题以及现代农业政治，见 Grant McConnell: *The Decline of Agrarian Democracy* (Berkeley, 1953), chapter i。

20 世纪美国政治最显著的特征之一就是农村人口虽然相对减少，其政治影响力反而不断增强，几乎与其在人口占比中逐渐被超越的程度成正比，他们变得更加团结，更加敢于发言，也更能取得实效[①]。1870 年，全国有 53% 的就业人口以农业为生，而在 1945 年，这一比例只有 15%，但当时农民中的上层群体作为一个阶层，其政治影响力反而比 1870 年更大。

农业力量增加的基础正是农业人口的减少。正如悲情的农业言论所描述的那样，工业主义和城市化的“无情”进程在 1896 年的持久失败中“碾碎”（crushed）了农民。然而，实际上它却使农民在立法机构中的代表比例逐年增加得越来越多，甚至出现代表权过剩情况。美国立法过程是在一个日益僵化的“腐败选区”体系[②]框架内进行的，这一体系使各州及全国的城市选区，长久地被农村卡住了脖子。如果立法机构被农村代表所领导，美国城市甚至都没法管理自己的事务。例如，哈特堡有 16.6 万人，考尔布鲁克有 547 人，但这两个地方在康涅狄格州众议院中各有两个代表。有 412.5 万城市居民的洛杉矶县，在加利福尼亚州立法机构中只

---

① 西奥多·萨娄托斯（Theodore Saloutos）在谈到支农集团时曾说：“很奇怪……当农民的数量达到历史上最低点时，他们却发现自己处于政治上的高峰。”见 Saloutos and Hicks, op. cit., p. 341。值得一提的是，平民主义成了原来许多农业领导人的领导训练学校。平民主义不仅教会了他们哪些事行不通，还把他们的注意力转向了通过立法行动解决问题的可能性。那些曾被平民主义运动唤醒并在其中经受历练的人，在后来的农民联盟、美国均平协会和无党派联盟等组织中发挥了重要作用。同上，chapter ii, and pp. 117, 221; Edward Wiest, op. cit., p. 475. 关于具有平民党背景的后期农业领导人，见 Gilbert C. Fite: “John A. Simpson,” *Mississippi Valley Historical Review*, Vol. XXXV (March 1949), pp. 563–584, and Theodore Saloutos: “William A. Hirth,” ibid., Vol. XXXVIII (September 1951), pp. 215–232。

② “腐败选区”体系（rotten-borough system）：19 世纪初英国议会改革者首先使用的专用名词，指那些人口已减少，却仍保留其在下议院所控制的席位的选区。——译注

有一个参议员，而有1.356万农村居民的因约县（Inyo）同样也有一个参议员。国会再现了这种不平等。一个拥有90.84万人口的俄亥俄选区有一个国会议员，而一个拥有14.8149万人口的南达科他选区也有一个国会议员。得克萨斯州的一个城市选区有80.2万居民，一个农村选区只有22.6万人，但这两个选区在国会的代表权是相同的。参议院最极端地代表了这种不平等。1940年，有着总人口2520万的25个最小的州有50个参议院席位，而总人口10650万的23个最大的州，却只有46个席位。因此，19%的人口选出了参议院的多数席位，而剩下的81%的人口则被少数派代表。南大西洋沿岸地区、东南中部地区、西南中部地区以及山区的24个州总的来说都是农业区，其人口占全国人口的35%，但是在参议院中却占了一半的席位。再考虑一下为坚定少数派增加权力的参议院章程，就能清楚看到农业人口的潜在力量[①]。我们在谈论大城市政治机器及其在政治中所扮演的角色时总是滔滔不绝，但对议会中农村集团过度膨胀的权力相对来说并没有十分注意，这恰恰证明农业传统仍然统治着我们。

然而，我这里主要关心的不是农村立法权对当下的影响，而是1896年之后，农民们如何能够利用其日益增强的代表权过剩

---

① 当然，有大量的文献讨论政治体制中的这一问题。我是从以下两篇表达不满的文章中选取的例证：Richard L. Neuberger: "Rotten Boroughs and Our Lawless Lawmakers," *The Progressive, December 1951*, pp. 22–24, and Senator Paul Douglas's speech in the Senate: "The Surrender to the Filibuster," *Congressional Record* for March 17, 1949。还可以参阅 George A. Graham: *Morality in American Politics* (New York, 1952), pp. 96–109。关于农村问题的任何讨论都有必要指出，随着农村非农业人口的大量增长，农村代表权过剩与农民代表权过剩已不完全是一回事。数量可观的农村非农人口同样享有过多的代表权。需要补充的是，城市保守派支持这种代表权过剩的状况持续存在。

现象，以及不断提升的政治与经济组织能力，去争取那些实际上早该实现的改革。1900年前后两个时期的对比给人的印象最为深刻。从1865年到世纪交替时长期的物价下跌和农业普遍陷入困境，但农民们并没有引起联邦政府的多少同情，也没有等来任何为他们提供救济的立法政策①。但在20世纪初，西奥多·罗斯福的“公平施政”和伍德罗·威尔逊的“新自由”政策促成了许多重要的农业立法。衡量联邦政府为农民提供的服务日益增多的一个指标是农业部预算，1920年的农业部预算是1890年的30多倍②。一些对农民有用的联邦措施，如随着1906年的《赫伯恩法案》开启的铁路有效监管和所得税修正案的通过，都使人联想到过去平民党的提案。

一系列支持农业的措施开始实施。其中最重要的是旨在扩大农业贷款的措施：通过1916年的《联邦农业贷款法》和《国家粮仓法》（后者体现了平民党国库分库方案的特点）。教育措施也占有重要地位。1914年的《史密斯—利弗法》开始为农民建立详细的示范教育体系，1917年的《史密斯—休斯法案》给农业职业学校提供了资助。另外还有关于农产品销售、分类和标准化的措施，

---

① 在内战时期，共和党通过了三项法案：《宅地法》《莫里尔赠地学院法》以及设立农业部的法案（当时农业部还不属于内阁层级），所有这些法案都体现了对农业发展的关注。但从这些法令通过的1862年到19世纪末，立法领域简直什么也没做。与农业相关的最重要的法案是《哈奇法案》（1887年），该法案推动了在赠地学院的指导下建立农业实验站系统。随着时间的推移，事实证明这项法案有着极重要的意义。1889年的一项法案还使农业部升到了内阁级别的地位。相关简要介绍，见 Arthur P. Chew: *The Response of Government to Agriculture* (Washington, 1937); cf. Donald Blaisdell: *Government and Agriculture* (New York, 1940)。

② Wiest, op. cit., pp. 31 ff., esp. p. 35; on the evolution of the Department's structure and functions see Gaus and Wolcott, op. cit., chapters i–v.

如《食品和药品监管法》（1906年）、《肉类检查法》（1907年）、《谷物标准法》（1916年）、《棉花期货法》（1916年）以及《乡村邮政道路法》（1916年）。

20世纪20年代，尽管有强大的支农集团和农业游说团体，但管控农产品价格的两个著名方案——平均费用方案和出口退税凭单方案——都被否决了。农民控制联邦政府实际行动的权力被削弱了，这主要是因为柯立芝总统的坚决否决。从20世纪50年代的角度来看，20年代这一相对贫乏的立法时期，只不过是对农业政治势力的暂时遏制。到20年代末，农民至少使以下思想得到了普遍的接受：农业是“一种特殊的国家利益，需要有特殊的公共政策”[①]。在“新政”时期，这一思想被制度化，政府亲自介入，做了私营农业组织不能做到的事——建立了旨在维持价格的全国性农业生产者组织。

农业游说团体的最大成就，是建立作为国家政策目标的平价原则——这一概念的含义是：政府政策的一个合理目标是保障国内某一利益集团的产品价格水平，使其所产生的购买力等同于该集团在近代最繁荣时期1909—1914年“基准期”的同等购买力。[②]要是说农业生产者自从制定这一政策以来，就一直享受着平价收入，也许是一种误解，但农业集团确实成功地为商业农民争取到了联邦政策层面的特殊权益，这一点毋庸置疑，而这种权益其他任何社会阶层都无法与之相比。能够使这样一个原则得到接受，

① Griswold, op. cit., p. 150.

② 关于这一概念的含义的讨论，见John D. Black: *Parity, Parity, Parity* (Cambridge, 1942); 关于这一概念的历史，见该书第5章。

并使政府让600多万农民以平价补偿的形式获得数十亿美元，这或许可以视为农业利益集团的极大胜利。1942年战争时期，支农集团以最惊人的方法表现了他们所拥有的惊人影响力。他们迫使国会在《紧急价格控制法案》中加入了一项条款：禁止物价管理局对农产品强加低于平价标准110%的价格上限。结果，许多农产品的价格下限比消费者的限价上限还要高。消费者按价格上限买东西，而政府不得不给予生产者补助以弥补价格的差距。这一越过平价措施本身的额外索求被罗斯福总统谴责为“偏袒社会中某一特别集团的行为”，充分体现了美国农业群体的政治力量。正像A.威特纳·格里斯沃尔德所说的那样，美国农业已经“从慈善的救济院发展成了能够追求自己利益的政治力量，甚至可以在战争时期凌驾于国家首脑之上”[①]。战后，平价问题一直是任何一届政府都必须小心翼翼对待的问题。在布赖恩失利半个世纪后，尽管有关农业的言论仍然把农民描写成“在工业化美国的虎口中”挣扎的人，但正是这同一个工业化美国，在持续创造社会盈余，而商业农民则从中获得补贴[②]。

---

① Griswold, op. cit., p. 157; cf. Black, op. cit., chapters iv, xviii, and passim.

② 经济体系中庞大的工业部门与小型农业部门并存，这又一次使农民得到了好处。由于城市部门在比例上占优势，与农民数量更多、城市人口更少的情况相比，它更有能力通过补贴来收买农民中的上层群体。这就是加拿大西部的农民比美国的农民更激进的原因之一。利普塞特（Seymour M. Lipset）曾对此做过颇具启发性的比较，见Seymour M. Lipset: *Agrarian Socialism* (Berkeley, 1950)。

三、乡下佬的消失

在平民党时期，美国农民的双重身份还没有解决。他们是“软”的农村传统和“硬”的商人角色的复合体。20 世纪经济、政治和社会的改变，使农民乐意接受其商人角色。当然，农业观念和平民党的思想并没有死去，在有些地方仍然存在，但它们所掩盖的是日益固化的保守主义。这种保守主义最明显的表现之一是农民与所有劳动者的传统认同感迅速减弱，大量农民越来越把自己看成商人和雇主。随着农业机械化程度的提高，水果蔬菜产量不断上升，农民比以前任何时候都更依赖于流动农业劳动力，大量农民越来越不把他们的工人看作普通劳动者和农业学徒。这一过程在不同地区发生的时间各异，但世纪之交前后这一转变加速发展。1890 年，一位马萨诸塞州的农民注意到：“老式的用语‘帮工’已经不再用了，而‘劳工’这个词的使用有一种特别的含义。”[①] 农民对新型农业劳工态度冷淡，对他们来说，这不过是一个纪律问题，或是其生产成本的一项开销[②]。平民党人相信，城市和乡村的劳动人民都是受压迫的阶级，因而他们认同包括农业劳工在内的所有劳动者。他们在 1892 年的纲领中写道：“财富属于创造财富的人。乡村和城市劳工的利益是相同的，他们的敌人也是相同的。”在 19 世纪农民的词汇中，“劳工”一词适用于所有在城乡做工的人，甚至在 1860 年，一位拥有 240 英亩土地且亲自耕种

① La Wanda F. Cox: “The American Agricultural Wage Earner, 1865–1900,” *Agricultural History*, Vol. XXII (April 1948), p. 100.

② Johnstone: “Old Ideals versus New Ideas,” pp. 147–152.

80 英亩土地的威斯康星州农民，在接受人口普查员的调查时，还把自己叫作“农场劳工”[①]。这一术语上的误用表示了一种还没有清除的心理上的联系。农民最初把城市的“机工”看作是一种处于萌芽状态的工匠兼商人，和自己十分相像，同样是贵族和剥削阶级的牺牲品。劳工骑士团对平民主义的兴趣表明，这一同情是相互的。然而到了 20 世纪，随着稳定的工会组织在工人中发展起来，农民采取更具商业性的经营方式，越来越把自己看成劳工雇主，这种认同感很快消失了[②]。尽管在个别问题上还偶有地方性合作，但劳工和农民的关系已经十分紧张。农民自己的工作时间很长，因此毫不同情城市工人缩短每日工作时长的要求，他们还忽视城市的生活成本，并且经常认为劳工对工资的要求过高。他们受到商业宣传者和保守领导人的影响，把劳工工资增长看作导致他们所购买物品价格高昂的主要因素。工会变得越有力，得到农民的同情就越少。正像一位研究农民习俗的学者所指出的：“一个世纪以前，美国农民喜欢把对城市的怀疑集中在富人和贵族身上，而现在，他越来越喜欢把失业者的懒惰和工会的各种手段看作是

① Joseph Schafer: *The Social History of American Agriculture* (New York, 1936), pp. 199–200.

② 现代农业中商业化雇主—雇工关系的发展并没有结束人们根据农业神话来描绘农业生活的习惯。1939 年，一位国会议员这样描写农场的劳动关系：“农业的风俗习惯必然和工业的不同。农民和雇工每天保持密切联系。在许多情况下，他们在一个桌上吃饭。他们的孩子在同一所学校读书。他们的家庭一起参加宗教活动。他们一起讨论经济政治生活中的共同问题，农民和他的家庭以及雇工作为一个整体在一起工作。在患难之时……农民和雇工必须肩并肩站在一起反对共同的敌人。这样就产生了在工业领域没有的利益共同体，这种利益共同体比任何法律都更能有效地解决劳工纠纷。”Harry Schwartz: *Seasonal Farm Labor in the United States* (New York, 1945), p. 4.

城市腐败的最明显标志。”①

在组织起来的富裕农民中（只有富裕的农民才会组织起来），社会同情心确实变得越来越冷淡②。平民党人曾以令人感动的方式宣传普遍性原则：他们自以为是为所有的劳动者，当然也为所有农民的利益而工作。实际上，在美国农民内部存在着多种多样的利益分歧，即便对他们自己而言，这种普遍性原则也很难适用。不过，平民党人对这一普遍性原则的口头支持，至少是对他们所信奉的农业民主传统的一种致敬。随着平民主义的消逝和20世纪美国农业的公开商业化，农民运动的调子已完全改变。如今的主调不再是劳动或农业利益的普遍性，而是聚焦于特定的作物、特定的技能、特定的问题、特定的地区，以及最重要的是农业人口中的特定阶层。现代农民组织——农民联盟是明显的例外——对那些在繁荣进程中被剥夺土地，弄得无家可归的农民的利益，没有任何同情，甚至还经常表示出很多敌意。③那些在边缘土地耕种的农民，那些被大型单位收购却无法迁移的农民，那些由于贷款困难、佃农身份、种族歧视和政治权利被剥夺而陷入困境的农民，那些带着一家老小从一个地方到另一个地方，收完一种庄稼又收

① Harry Schwartz: *Seasonal Farm Labor in the United States*, p. 152; cf. Saloutos and Hicks, op. cit., pp. 258–261.

② 见麦康内尔（McConnell）所列表格，McConnell, op. cit., p. 149。这一表格显示，在所有农场组织中，包括更“激进”的农民联盟，占统治地位的是经济地位较高的农民（经济地位中等的农民占比次之），而经济地位较低的农民在所有这些组织的成员中所占比例微乎其微。

③ 农民联盟执行了许多和其他现代农场组织一样的商业计划，但同时继续表达平民党的观点并支持自由派的措施。关于其活动的精彩概述，见 Carl C. Taylor: *The farmers' Movement, 1620-1920* (New York, 1953), chapter xiv。

另一种庄稼，使得农民能够以最低的劳动力成本和雇主责任实现季节性水果和蔬菜种植的到处流浪的农场工人，都是受商业农民唾弃鄙视的人。毕竟，美国农业群体中有一半无法享受到美国生活特有的物质和社会利益，而商业农民对这一大批人的态度始终很不友好。为解决这一问题而开展的最重要的组织行动——移垦管理局和农场局联盟所做的工作——受到农场局联盟的说客和幕后操纵者的坚决反对，这些人最终成功地阻止了这一行动。

20 世纪初期，美国商人被农村运动的反商业言论弄得心神不宁，但同时注意到农业繁荣和自己的利害关系，开始自觉拉拢农民，并在两大利益集团间建立友好关系。这种关系现在是美国政治中最典型的关系。这种倾向好像是从地方上开始的，主要与农业改革家西蒙 · A. 凯南普（Seaman A. Knapp）在农民中推广示范教育有关。[①]凯南普的目标是让农民了解恰当的耕种技术、特种庄稼，以及牲畜的饲养方法。在这一领域，大多数农民都极端保守。凯南普发现，为了使自己的号召得到广泛响应，必须赢得当地商人、店主和银行家的支持，因为这些人同农业繁荣有切身利益关系。他们以收回贷款威胁农民，强迫后者进行合作。靠这种方法，一大批在技术上很保守的农民被强制接受进步的农业。不久，铁路公司也开始加入进来，和农学院共同合作，把载有教育展品的农用列车派往各个乡村地区，举办教育展览。银行家们也有了兴趣。美国银行家协会成立了农业教育与发展委员会，用以稳固农民和银行家之间的友好关系（人们开始说“银行家一直被

① 关于这件事的经过，见 McConnell, op. cit., chapters viii, ix, x。

误解”)，并帮助推动农业繁荣的工作，以创造“一个更富足繁荣的民族”。银行家们还创办了一份公关刊物《银行家与农场主》。紧随其后是农业设备制造商，他们通过全国器械与车辆协会进行活动，再之后是遍及全国的铁路、工业和商业组织。1914年的《史密斯—利弗法》创立了庞大的全国性农业示范教育体系，这一法令的通过，是强大的商业游说团体支持的结果[①]。美国企业通过对农业技术和教育的支持，为农业的繁荣做出了贡献，最终为工业与农业联盟打下了基础。这一联盟至今仍然坚不可摧。

对于商业利益集团和农学院试图引导农民树立思维的做法，许多农民给予热烈的反应。当时，美国商业界已开始将注意力从扩大实际生产和建造新工厂，转向营销和推销技巧、企业整合、内部管理和市场整合。与此同时，农业领域也开始出现了类似的关注点。1907年，一名订阅者给《华莱士农民》的编辑写信说：“要是你多谈一些如何推销我们产品的这个话题，而不是唠唠叨叨地告诉我们如何生产更多东西，这样不是更好吗？”[②]这一点正是新型农业组织、农业部新型活动，乃至整个农业“新时代”的关键所在。

19世纪末的主流是促使农民把自己看作一个商人，并在管理及营销方法上效仿商人。许多农业期刊上的文章和农业组织的工作都顺应了这一主流趋势。这样的呼声甚至在南北战争以前就时有耳闻，不过现在变成了波澜壮阔的合唱。南方的一家农业期刊

---

① McConnell, op. cit., pp. 29–33。麦康内尔对商界的这一运动做了简明扼要的概括。关于示范教育运动，见 Joseph C. Bailey: *Seaman A. Knapp* (New York, 1945), chapters ix–xii。

② Saloutos and Hicks, op. cit., p. 56.

早在1887年就宣称："农民必须既是商人，又是农学家。这样的时代已经来临……他必须做好农场账目，清楚自己的支出、作物成本以及利润总额。"另一位作者在一篇题为"作为商人的农民"的文章里写道："……销售赢利最多的人是最成功的人……注意观察并研究市场以及市场经营者和各类商品经销商的手段，并学习'畅销的艺术'。"[①]1904年，一位作者在《康奈尔乡民报》上宣称："现在务农的主要目标不是为了活命，而是为了赚钱。为此，农业应当像其他生产行业一样按照商业原则来运作。"该杂志还称，在农学院召开的农民协会会议是"商人的商务会议"[②]。

新型农民组织的领导人，不再谈论卑微的受剥削的自耕农，而是敦促农民像工业领域老板一样行事，限制产量、防止过剩、控制市场，像美国均平协会的领导所说的那样，把农业生产置于"安全且有利可图的基础之上"，使其收益与其他商业活动的收益相当[③]。1919年，规模最大、最强有力的农业组织——农场局联盟成立。这一组织从一开始就代表着最保守、最富裕的农民的立场，并通过和农业部在全国范围内的县级代理人建立联系，形成与农业部的半官方关系。在该组织成立的时候，《华莱士农民》的编辑（后来成了哈定总统任职期间的农业部部长）亨利·C.华莱士，发表了一场富有影响力的演说。他呼吁："这个联盟如果想证明自己的存在，必须立即着手制定一个切实可行的商业计划。这并不是意味着把工作交给农民委员会，而是每一项工作都要由专家负责。

① Johnstone, op. cit., pp. 143, 145.

② Ibid., p. 145. Cf. Everett, op. cit., p. 42: "农民想生产的不是粮食而是钱。"

③ Saloutos and Hicks, op. cit., p. 114; cf. pp. 113–115.

美国最有资格的人应该被雇来管理其中的各个方面的工作。这一联盟不能沦为教育或社会机构，应该被造就成这个国家最强有力的商业机构。”[①] 像其他商人一样，联盟的成员应该设法雇用专家。他们出高薪留住身价高昂的领导人和能干的游说者，并且吸纳不是农民、主要利益也不在农业领域的有影响的人物入会[②]。

富裕农民的社会角色同经济角色一起经历了改变，虽然社会角色的转变不够彻底。我在前面说过，除了少数地区，19 世纪的农民都被剥夺了享受乡村文化和乡村社会环境的权利。农民特别是他们的妻子，强烈地感到了随之而来的物质、社会和文化上的孤独感。这是农村生活的一条鸿沟，格兰其、农民联盟、肖夸脱运动等想要填补的正是这条鸿沟[③]。20 世纪的社会变革发展迅速，消除了富裕农民和收入相当的城市市民间的一些文化差异。早期的农民被剥夺了纯正的乡村文化所带来的满足感，但他们的现代继承者却可以随时接触现代大众文化。乡村免费邮递、邮购商品目录、改善的道路、轿车和卡车、乡村电气化、电话和收音机，还有电影等接二连三地走进他们的生活，使他们享受到和城市中产阶级同样的娱乐。农民被看成乡下佬的时代一去不复返，农民自己也更难接受这种说法了。1921 年，一份为富裕农民办的期刊

---

① Orville M. Kile: *The Farm Bureau Movement* (New York, 1921), p. 123.

② Saloutos and Hicks, op. cit., p. 273；关于主要农民组织的讨论，见 DeWitt C. Wing: “Trends in National Farm Organizations,” *Farmers in a Changing World*, pp. 941–979。此外还应该指出的是，农业合作社领导人领取的工资并没有优秀的全国性游说者那么多。

③ 值得注意的是肖夸脱运动。这是一个乡村机构，自 19 世纪 80 年代起蓬勃发展。但到了 20 世纪 20 年代中期，随着农民的孤立状态成为过去式，这一机构迅速瓦解，见 Victoria Case and Robert Ormond Case: *We Called It Culture* (New York, 1948), and Henry F. Pringle: “Chautauqua in the Jazz Age,” *American Mercury*, Vol. XVI (January 1929), pp. 85–93。

登载了一系列全国知名漫画家的作品和评论，主题是“农民的真实模样”①。其观点一言以蔽之就是那戴着破边草帽、瘦骨嶙峋、胡子拉碴的庄稼汉的漫画形象已完全过时了。今天的农民看上去和其他商人没什么两样。

随着这些变化，在美国农村，贫富人群之间的生活水平和观念出现了两极分化，这种分化同城市中出现的任何分化都不相上下。处于社会边缘的农民和流动劳工生活在极度贫困和恶劣的环境中，而成功的农民却能按照美国奢侈的生活标准生活，并且能满足自己对奢华物品的欲望。汽车制造商在农业期刊上做广告时，可以把他们的产品描绘成“一款奢华至极的汽车……设计精美、做工考究、时尚度堪比巴黎和平街风格”。一名农业记者在谈到农场局联盟的代表大会时则表示：“看着……成千上万穿着考究、装扮时髦的农民和他们的妻子，就像是在游览大型的世界博览会或其他娱乐中心一样。”②

这幅画面和 19 世纪 90 年代的情形完全不同，和自耕农的旧形象更是相差万里。以下两段引文或许能说明这对农村消费观念意味着什么。1860 年，后来成为堪萨斯州演说家的玛丽·E. 利斯还是一个小女孩。那时候，一份农业期刊对城市女郎自以为是

---

① 该系列从弗里曼·蒂尔登（Freeman Tilden）的一篇文章开始，见 Freeman Tilden: “What a Farmer Really Looks Like,” *Country Gentleman*, Vol. LXXXVI (July 2, 1921), pp. 6–7。随后一直到 1921 年 12 月 17 日，每期都刊登了相关漫画。研究美国史料的学者能够在这些漫画中发现一件有趣的事：那些刻板印象的创造者相当刻意且自觉地他们的一项“创作”束之高阁。漫画家虽然愿意抛弃旧的刻板形象，但他们的能力不足以支持他们创造出一个新的形象。他们的文字评论清楚表明，一种古老的观念仍被广泛认同：农民实际上是宇宙的道德中心。

② Johnstone, op. cit., p. 162; William M. Blair in *New York Times*, December 16, 1951.

的优雅和做作大加渲染，描绘出如下图画："（她）缓缓从沙发上起身，同时打着哈欠，被迫早起实在太可怕了。她有气无力地站着。啊！站在我们面前的是一幅多么完美的美人图：皮包骨头，脸色苍白，毫无臀部线条，体形消瘦，头发稀疏，缺牙漏齿——真是一个'光彩照人'的美人啊……化妆打扮的仪式开始了。首先，把牙科医生的杰作放进嘴里。然后把迷人的卷发梳理得贴合她那'颇具古典韵味的头颅'，再把自己的各个部位进行适当的调整，以显出女性特征，穿上裙撑，套上腰撑，如此等等，一件接一件。接下来是大肆涂脂抹粉，给灰黄的脸色加上一层"永久的玫瑰色"。最后，把那件'致命的'裹身裙套在她精心塑造、独一无二的身体之上。"我们再来读一读 1935 年 4 月的《爱达荷农民》上一段给农民的妻子的美容须知："手必须保持足够柔软，才能与那些精致的新面料相得益彰。必须精心修剪指甲，不要选择色彩浓烈鲜艳的指甲油。更浅淡、更柔和的色彩更能彰显清新之感。要使你指甲的色调和嘴唇的红色和谐一致。同时还要留意粉饼和胭脂的颜色，确保它们在夏日强烈的光线中最贴合你的肤色。"[①]

尽管这种广告并没有告诉我们，即便在富裕农民的妻子当中，到底有多少人会有时间去摆弄颜色浅淡柔和的指甲油，但可以想见，无论是广告商、期刊本身，还是大多数农民的妻子，都不会觉得在一本农业期刊上谈论这些事情有什么可笑之处。这种理想的存在本身就意义重大。玛丽·E. 利斯曾习惯向那些身着褪色印花布裙、疲惫不堪的农妇发表演讲，如果让她知道现在竟然有这

① 关于这两段引文，见 Johnstone, op. cit., pp. 134, 162。

种涂着玫瑰色指甲油的指尖的说法，她会在九泉之下不得安宁吗？我不知道。她曾经的理想就是为农民及其家庭争取生活中的美好事物——也就是她那个时代所知道的美国生活标准。现在，生活标准已经改变了，我们很难说摆开架势的农民到底什么时候会停下来。历史的辩证法出人意料，狡猾地同人们开着玩笑。反抗者进行顽强的抵抗，最终却发现自己成为被反抗者。

第四章

地位革命和改革派领导人

一、财阀统治与共和党独立派

平民主义运动在乡村和地方广泛开展，改革主义运动则是城市的、中产阶级的、全美国性的。改革主义与平民主义的首要区别在于这一事实：城市的中产阶级不仅加入了抗议的潮流，而且取得了领导地位。布赖恩的老追随者仍保持着他们对某些改革的兴趣，同时又发现自己和迄今一直猛烈反对他们的大部分人走到了一起。随着对改革的呼声从农民蔓延到中产阶级，从平民党蔓延到主要党派，它变得越来越有力，越来越受到重视。平民党的敌人要给他们打上“疯狂的无政府主义者”的标签是可能的，特别是因为成千上万的美国人根本就没有见过平民党人或无政府主义者；但要给改革派加上这一被歪曲的形象就不可能了，因为改革派在全美每个地区都蓬勃发展，随处可见，切实可感，并受到近乎可怜的尊敬。

威廉·艾伦·怀特（William Allen White）在《自传》（*Auto-*

biography）中，带着些许夸张地回忆了他儿时和早年当记者时所看到的绿背运动、平民党大会的情形。作为中西部一名殷实的中产阶级公民，他这样总结道："那些农业运动过分依赖穷困潦倒的人以及和环境格格不入的人——那些失败的农场主，那些不是科班出身的律师和医生，那些不得志的教师，还有满怀仇恨心却没有持久热情的神经质的人。"几年后，当他分析 1912 年公麋党运动的成员时，发现其"基本与核心都是小资产阶级"。"公麋党运动是由小商人、专职人员、殷实的农场主，以及处于劳工组织上层的熟练技工所发起的一场运动……是由成功的中产阶级乡镇公民、住着漂亮房子的农场主、薪金优厚的铁路工程师，以及地方报纸的编辑所发起的一场运动。"①

怀特把自己看作其中的一个典型人物。用他自己的话说，在 19 世纪 90 年代，他是"一个出生于统治阶级的孩子"，"是一名勇敢无畏的年轻的反改革分子"。他和其他年轻的堪萨斯共和党人抱成一团反对平民党，并因为一句尖刻的反平民党的控诉——"堪萨斯人出了什么毛病？"而名扬全美。改革主义时期，他成了杰出的改革宣传家，著名的揭黑记者的朋友兼助手，热情的"公麋党"分子。他的思想历程是他所处的舒适社会中很大一部分人都经历过的，他是那个社会的典型且受人尊敬的代言人。那个社会给平民党和布赖恩打上疯子的标签，然后盗用了平民党的许多计划。正像怀特谈到其政治领导人时所说的，他们"趁着平民党游泳时偷走了那些人所有的衣服，除了自由银币那条破衬裤"②。

① White: *Autobiography*, pp. 482–483.

② 引自 Kenneth Hechler: *Insurgency* (New York, 1940), pp. 21–22。

很明显，现在全美广泛地感到政治和经济改革的需要，同时另一个隐蔽的过程也在进行中。这一过程可归结为美国党派体系的灵活性和机会主义，即要成功抵制以前的改革，就需要对以前的改革计划作部分的吸收。布赖恩式的民主吸取了大量的平民主义精神和一些平民主义计划，西奥多·罗斯福则通过将布赖恩的观点稍做调整后采用，逐渐使后者失去了影响力。就这样，改革主义在全美产生了影响并获得了两党的支持，同时拉拢了民主党和共和党，包围了乡村和城市，渗透了东部、西部和南部。在过去布赖恩曾驰骋过的乡村和新型城市的改革运动之间结成了一个有效的联盟。没有这一联盟，改革主义就不可能得到广泛传播，也不会有巨大的力量。改革主义的精神传播十分广，到1912年三足鼎立竞选总统时，处于“保守”候选人地位的塔夫脱总统所得到的选票，还不到“改革主义”的威尔逊和罗斯福合起来所得公众选票的一半。

1900年后，平民主义和改革主义已难分伯仲。但细心的学者仍会发现，改革主义时期有两种主要的思想流派：一种主要受平民主义传统所影响，另一种主要是城市生活的产物。当然，改革主义的特点是以新的眼光、以更亲近、更富有同情心的态度来关心城市中的问题，如劳工和社会福利、市政改革及消费者利益等。然而，这一时期那些有着全美意义并需要国会采取行动的成就，如关税和金融立法、对铁路和托拉斯的监管等，实际上都由从农村地区来的参议员的选票所决定，并以符合他们要求的方式实现。

对平民主义和改革主义思想作截然区分会扭曲现实。但中产阶级改革热情的增长以及专职人员和知识分子所作的贡献，确实使改革主义思想比平民主义思想更有见识、更稳重，也更复杂。另外，改革主义作为相对更繁荣时期的产物，也不再那么充满敌意。除了几个在内部引起争论的非常现实的问题上，平民党人在绝大多数社会问题上的思想一致地偏狭、刻板。而改革派更敏锐地意识到社会问题的复杂性，内部观点也各不相同。事实上，改革派的特点就是常常在许多问题上持两种观点。就大企业而言，一方面，改革派人感到它们是对社会的一种威胁，并且经常被不择手段的人所控制，但另一方面，很多改革派人十分明白，更新型的工业和金融组织是社会前进的产物，有其有利的一面，并将继续存在下去。就移民而言，他们经常也有平民党人的偏见以及对种族混合的恐惧，但他们似乎更愿意用对移民的某种责任感来约束自己的感情；他们认识到，移民的美国化是一个不得不用人道的、建设性的计划来解决的实际问题。关于劳工问题，他们也许比 19 世纪 90 年代的大多数平民党人更敏锐地感到，工会权力的增加对他们构成了一个实际问题，甚至造成了一种威胁。但同时，他们也懂得劳工组织是因为城市群众的真正需要而成长起来的，而这种需要必须以某种方式得到满足。他们也看到，在政治大佬身上、在机器及堕落的城市生活中存在着种种罪恶，但他们却十分乐意——或许太过轻易地——承认这些罪恶在很大程度上是他们自己的过错造成的。像平民党人一样，改革派也充满了道德义愤，但他们的道德义愤更受一种责任感，甚至是一种负罪感的制约，同时被更强的组织、立法、行政能力所支持。但是，为了避免以上所说的一切对平民党人显得不公平，这里还应补充一句：改革派通常没有 19 世纪 90 年代平民党人那样的勇气或独创力；改革派所做的大量政治工作只不过是颁布平民党人15年，甚至20年以前就起草好的提案。

奇怪的是，即使考虑到1907年的短暂恐慌时期和1913年的经济萧条时期，改革派运动也几乎完全发生在没有间断过的繁荣时期。多数中产阶级在19世纪90年代中期的危机时刻都满足于接受汉纳和麦金利的保守领导，但在随之而来的繁荣时期，中产阶级却抱成一团支持两党中的改革派。这一事实是对历史学家的一种挑战。中产阶级到底为什么会经历这样一种显著的觉醒？为什么这一觉醒发生在他们中大多数人似乎都共享的普遍繁荣时期？经济上的不满在改革派运动中有没有地位？改革在多大程度上是出于其他原因呢？

当然，改革主义得到了异质的大众的支持，其中各群体对各种不同的需求作出了回应，但我在此所关心的是改革派领导层中大量的具有眼光和谋略的人物。这一运动不管是在政治上、知识上还是在经济上，都依赖于这些人所作出的贡献，而他们的成员为阐述改革派的理想做了许多工作。我的观点是：这些可以被广泛地归为共和党独立派的人，之所以成为改革派，并不是因为他们在经济上受到了剥削，而主要是因为他们成了19世纪最后数十年和20世纪初在美国发生的社会地位剧变的牺牲品。总的来说，改革主义在很大程度上是由这样一些人领导的，他们由于当时的事件遭受了痛苦，但并不是由于财富的减少，而是由于地位和权力分配方式发生了改变。

到1870年，美国还是一个财富、地位和权力分配极为分散的国家。那些比较富裕的人能得到极大尊敬并施加许多影响，尤其是在许多小社区中。小商人或制造商，有名的律师、编辑或牧师，都是在地方上有威望的人。在那个时代，地方威信是很重要的。由于权力和威望能遍及全美的人寥寥无几，地方社区的支柱就成了十分重要的人物。亨利·亚当斯回忆他自己在地方任职时期的职权范围时说："直到1850年，甚至更晚，新英格兰社区仍然由专职人员所领导。律师、医生、教授、商人是作为阶层而不是作为个人而行动的。他们就像传教士，而每一种职业就是一座教堂。"①整个美国基本上也是这种情况。

南北战争以后，所有这一切都改变了。大城市迅速发展、大工厂的建成、铁路的建造、公司作为企业的主要形式的出现，改变了旧社会，打破了权力和威望的分配格局。19世纪40年代，全美还不到20名百万富翁；到1910年，百万富翁却占据了美国参议院的20多个席位②。19世纪80年代后期，这一过程已经发展到足以成为新闻的热点。1891年，《论坛报》（*The Forum*）刊登了一篇备受争论的文章，那就是由托马斯·G.希尔曼（Thomas G. Shearman）写的《即将来临的亿万富翁》。他估计美国有120个资产超过一千万美元的大富翁③。对富有阶级的批评变得十分时髦。1892年，受民众对富人日益高涨的批评声的影响，《纽约论坛报》

---

① *The Education of Henry Adams* (New York, Modern Library ed., 1931), p. 32; cf. Tocqueville: *Democracy in America* (New York, 1912), Vol. I, pp. 40–41.

② Sidney Ratner: *American Taxation* (New York, 1942), pp. 136, 275.

③ Thomas G. Shearman: "The Coming Billionaire," *Forum*, Vol. X (January 1891), pp. 546–557; cf. Thomas G. Shearman: "The Owners of the United States," ibid., Vol. VIII (November 1889), pp. 262–273.

（*New York Tribune*）列出了一份长长的名单，上面有 4047 名百万富翁；第二年，人口普查局的一位统计学家发表了自己研究财富集中情况的结果，他估计全美 9%的家庭拥有全美 71%的财富[①]。

新富阶层，自以为是或不顾道德的富豪，大公司的老板，在财富和地位上远远超过了共和党独立派——老绅士们、老字号商人、小型制造商、资深专职人员，以及早期的民众领袖。美国存在这样一个阶层：他们有着悠久的家族历史、受过良好的高等教育，在当地社群扎根世代，大多经营着家族企业，有政治领导传统，参加爱国主义协会和高级俱乐部，跻身于慈善和文化机构的上层，领导城市改善运动。现在呢，在几十个城市和上百个城镇中（特别是在东部，但也遍及全美），这些望族在基本政治经济决策制定方面，正失去昔日的威风，被排挤到一边。在个人职业和社群活动方面，他们也为新公司的代理人、立法机关的败类、特许权的购买者以及政治大佬集团所制约、阻碍和凌驾。在这不平等的斗争中，他们发现自己被自身的谨小慎微、对名声的注重和社会地位束缚住了。毫无疑问，他们所知道的美国并不缺少机会，但对有很高标准的人来说，似乎确实缺少最理想的机会。从严格

---

① Ratner, op. cit., p. 220. 西德尼·拉特纳（Sidney Ratner）出版了《论坛报》的名单以及1902《纽约世界年鉴》（*New York World Almanac*）编制的一份名单，同时他在自己的著作中写了一篇有价值的介绍文章，见 Sidney Ratner：*New Light on the History of Great American Fortunes* (New York, 1953)。《论坛报》的这份名单主要是为了向关税批评者证明，绝大部分财富是在那些并没有得到关税保护政策的企业中获得的。有关对《论坛报》的名单的分析，见 G. P. Watkins: "The Growth of Large Fortunes," *Publications of the American Economic Association*, third series, Vol. VIII (1907), pp. 141–147。这一时期财富迅速集中，人们感到惊恐不已，美国开始对国家财富和收入进行研究。关于这些研究，见 C. L. Merwin: "American Studies of the Distribution of Wealth and Income by Size," *Studies in Income and Wealth*, Vol. III (New York, 1939), pp. 3–84。

的经济意义上来说，这些人作为一个阶层并没有变穷，但他们的财富和权力同新崛起的有钱有势者相比较，简直是小巫见大巫。他们自己也很明白，今非昔比。

新富的洪流气势汹汹，地方绅士几乎无可为屏。当然，他们中资产更雄厚、地位更稳固的人发现自己仍然可以利用继承的财产和地位做交易，而且他们作为门面而言，对于他们赞助的企业是一笔资产，无论是什么类型的企业，无论是在商业还是其他领域。事实上，新富常常想方设法通过联姻挤进他们的圈子，或从他们那里买到社会地位，就像他们从政治大佬那里买取立法和特许权一样。绅士们至多也只能静态地保护自己，虽然从绝对条件上看，他们仍能守住自己的阵地；但相对而言，他们的立足之地正逐年流失。即使这一点，他们也只能在自己传统的势力范围之内才能办到。每一个人都能看到，名声的竞技场，像商品市场一样，已经被扩展到整个国家的范围，单纯的地方威望已失去了往日的辉煌。一个在当地长期声名显赫的家族，面对地方政治大佬和运输大亨的傲慢，已经恼怒万分[①]。更使他们无法忍受的是，在这个时代，任何财富、职业、名声似乎都相对微不足道，因为它们是被与范德比尔特、哈里曼、古尔特、卡耐基、洛克菲勒和摩

① 在西部和南部，被仇恨的人经常是不在眼前的铁路或工业公司的老板。在距今更近的时期，这种地方上的仇恨和改革派时期相似的仇恨比较，采取了更有害而更少建设性的形式。西蒙·M. 利普塞特和莱因哈德·本迪克斯（Reinhard Bendix）指出，在那些谋生依赖大型国有公司的小城中，地方上层人物——他们只是在自己的社群中才是上层人物——在经济上变得虚弱不堪，权力也被外来者夺走，他们因此心怀仇恨。“全美的小工业家和商人在大工会主义和大工业斗争的虎口中挣扎。他们感到危在旦夕。这种地方声望和地方经济权力下降之间的差异，为一种思想提供了丰富的土壤，这种思想旨在对大工业和大工会主义进行攻击。”见 *British Journal of Sociology*, Vol. II (June 1951), p. 233。

根家族相比较的[①]。

共和党独立派对地位革命形势作出的第一次反应，与他们的改革派继承人所作出的反应迥然不同。在19世纪的整个70年代、80年代和90年代，有些企业上层人物和专职人员都表示了他们对机器政治、腐败以及企业粗暴干涉政治事务的厌恶。这些人虽然大多是共和党人，但独立性却很强，只要感到自己的原则遭到了背叛就会脱党。1872年，在倒霉的自由主义共和党运动中，他们第一次有组织地出现。1884年是他们最重要的时刻，在詹姆斯·G. 布雷恩（James G. Blaine）被提名候选人后，他们退出了共和党。人们普遍认为，他们这样做为格罗弗·克利夫兰在后来势均力敌的竞选中创造了有利的局面。

在那几十年中，共和党独立派在波士顿这一汇聚深厚财富与良知底蕴的城市中尤为活跃、引人注目。马萨诸塞州的一些最有名气的人，就出没在这些人中间[②]。共和党独立派在纽约等大都市中也很突出，在印第安纳波利斯和芝加哥以及其他的中西部城市中也有某些势力。他们对新英格兰的文化理想和传统仍然十分重视，但又不

① 这一时期，也是大量爱国协会成立的时期。这有着重要的意义。在1783—1900年间成立的105个爱国协会中，34个创始于1870年以前，71个在1870—1900年间成立。一大部分美国爱国协会对成员的出身和家庭在美国居住的时间和历史有很高的要求，经常明确要求其家庭参加过某种国家大事，如美国革命等。在地位革命时期强调血统的爱国协会的增加暗示了这一事实：许多老家族的美国人正在失去社会地位。也许在转向过去的家族荣誉时，他们找到了令人满足的心理补偿。当然，大多数这类协会是在19世纪90年代民族主义爆发时成立的，但这些协会也可能和地位革命有着微妙的心理上的联系。西奥多·罗斯福等人对大富翁中缺少爱国主义和激进的民族主义表示轻蔑。关于爱国协会的成立，见Wallace E. Davies: *A History of American Veterans' and Hereditary Patriotic Societies, 1783-1900*, unpublished doctoral dissertation, Harvard University, 1944, Vol. II, pp. 441 ff。

② 特别是Charles Francis Adams, Jr., Edward Atkinson, Moorfield Storey, Leverett Saltonstall, William Everett, Josiah Quincy, Thomas Wentworth Higginson。

止于这种文化理想和传统。他们大多数是新教徒和盎格鲁–撒克逊人，通常有着新英格兰血统；即使不是，他们也更愿意从新英格兰历史中找出文学、文化和政治的典范，以及道德理想主义的榜样。立国之父为他们树立了治理国家的高贵榜样，银币运动中雄辩的伟大政治家，如韦伯斯特（Webster）、萨姆纳（Sumner）、埃费雷特（Everett）、克莱（Clay）和卡尔雷恩（Calhoun）等为他们确立了治国的理念。他们理想的领袖是一位富有、受过良好教育、品格高尚的公民，有足够的钱财以避免他们经常所说的“愚蠢的唯物主义”动机，同时在美国历史和地方社群中有很深的家族历史。他们认为，这样的人正是那种把国家利益和人民的利益置于个人动机和政治机会主义之上的人。然而，正如亨利·亚当斯反复强调的那样，这种人在美国政治生活中最不可能找到一席之地。共和党独立派能够在大工业、大公司中找到职位，他们被许多形式的企业物色和聘请，以增加企业的体面。但他们在的企业中担任职位，常常要么没有赋予他们自主决策权，要么让他们时常感到自己的行为和自己的最高理想背道而驰。他们不再发号施令，不再拥有过去的威信。他们被剥夺一空，尽管在经济上并非如此，但在道德上却已面目全非。

他们认为自己被最粗鲁的新人取代了。事实上，镀金时代典型的大商业领袖大多出身于生活优渥或享有特权的家庭[①]，但共和

① 参阅 William Miller: “American Historians and the Business Elite,” *Journal of Economic History*, Vol. IX (November 1949), pp. 184–208; “The Recruitment of the American Business Elite,” *Quarterly Journal of Economics*, Vol. LXIV (May 1950), pp. 242–253; C. Wright Mills: “The American Business Elite: a Collective Portrait,” *Journal of Economic History*, Vol. V (Supplemental issue, 1945), pp. 20–44; Frances W. Gregory and Irene D. Neu: “The American Industrial Elite in the 1870’s,” in William Miller, ed.: *Men in Business* (Cambridge, 1952), pp. 193–211。

党独立派最看不惯的是这些公司巨头的后来居上和粗鲁野蛮。共和党独立派和改革者一样，对大商业领域进行辛辣的讽刺，从中得到满足。一个人只要翻翻“现实主义作家”——威廉·迪安·豪威尔斯（William Dean Howells）、H. H. 博伊森（H. H. Boyesen）、亨利·布雷克·富勒（Henry Blake Fuller）、罗伯特·赫里克（Robert Herrick）等人的作品，读读他们在社会小说中所描写的世纪交替时的资本家，就能看到支配着共和党独立派想象的工业巨头的形象是什么样子。工业家被认为愚昧粗鲁不开化、不负责任、没有根基、道德败坏、缺乏风度，没有任何高贵的感情。亨利·德马里斯特·劳埃德在评论强盗贵族时写道：“要是我们的文明像麦考莱（Macaulay）所预言的那样真的毁灭了，那将不是因为从底层来的野蛮人。我们的野蛮人来自上层。在短短的一代人之间，我们那些赚钱大王就跳上了国王也不曾知晓的权力位置。力量和财富都是新的，给新人以机会。这些人没有文化、经验和自尊心的束缚，甚至没有家族阶级地位所传承的小心谨慎的作风；他们在陶醉中认为，他们是浪潮而不是随波逐流之物，他们以为自己创造了造就他们的商业世界。对他们来说，科学不过是大自然为辛迪加储藏起来的永无止境的投资库，政府不过是特许权的源泉，国家不过是成群结队的顾客，100 万是为他们定制的衡量财富的全新基本单位。他们宣称拥有无限的权力，通过各种形式秘密地加以运用，同时使其藏而不露，万世流传。一旦他们开始使用这种权力，他们的欲望便再也不能满足，在他们面前有着各种各样的可能性，不断扩展，从不间断。即使有了 10 亿，他们也不会因满足而洗手不干。”[①]

然而，和劳埃德的观点不同的是，典型的共和党独立派对于经济政治的观点是保守的。毫无疑问，他们蔑视那些不择手段的新富，就像他们蔑视那些为他们服务的投机钻营、贪赃枉法、玩弄关税的政治家那样。但对于镀金时代形成的经济秩序中最严重的弊病，他们要么完全忽略不顾，要么把它当作生存斗争或大众鼠目寸光与懒惰的必然结果，无所谓地接受下来。[②]一如既往，他们教条地致力于盛行的自由放任主义理论经济学。他们的经济计划不外是关税改革和健全货币——那些依靠商业活动和专门职业获得财富，而不是依靠工厂和新型企业获得财富的人更容易接受这两个计划。他们的政治纲领基于建立诚实高效的政府和公民服务改革。用传统眼光看，共和党独立派是“自由主义者”。他们认为，关税改革是对抗正在发展的大型企业联合体的最有效的补救办法。他们中有一名杰出的记者兼哲学家 E. L. 戈德金（E. L. Godkin），那位宣传自由贸易的《民族报》（*The Nation*）和《纽约晚报》（*New York Evening Post*）的可敬老编辑。他最喜欢的政治家是格罗弗·克利夫莱，那位把关税称为“托拉斯之母”的人。他认为，只要不是无可救药的经济弊病，大多都能靠自由贸易进行补救，正如他相信良好政府的关键在于由诚实能干的人进行诚

---

① Henry Demarest Lloyd: *Wealth against Commonwealth* (New York, 1894, ed. 1899), pp. 510–511. 其他作者对财阀也作了某些富有特色的描述，见 t 来自下述文章的详细引文，Lloyd: “Plutocracy,” in W. D. P. Bliss, ed.: *Encyclopedia of Social Reform* (New York, 1897), pp. 1012–1016。

② 要具体了解这一派的观点，见 Alan P. Grimes: *The Political Liberalism of the New York NATION, 1865-1932* (Chapel Hill, 1953), chapter ii。

实的交易一样。

布赖斯勋爵谈到共和党独立派运动时说这一运动的“重要性在于参加者所拥有的知识和社会地位，而不在其选举的力量”。[①]事实上，正是共和党独立派的才智和社会地位把他们和拥有选举力量的人民隔开了。他们用挑剔的眼光看待掠夺性的资本家及其政治集团，更蔑视“激进的”农业运动和领导这些运动的“民众领袖”，反对由“工会代表”领导、反抗雇主的城市工人，以及流入城市的移民和使这些移民懂得美国公民生活秘密的“不择手段的政治大佬”。他们是完美的立宪主义者，但美国政治的命运又使他们成为同样坚定的贵族分子。选举结果出来后，他们就对普选权的好处抱有怀疑[②]。他们最不情愿的事是呼吁民众起来反对财阀统治，而呼吁他们起来反对地方政治大佬通常是毫无结果的。共和党独立派的社会矜持和业余性，加上公开的保守主义观点，把他们和人民隔离开来了。他们是以贵族主义的眼光来寻求大众支持的。

改革主义在世纪交替时出现是有原因的。其中主要原因之一，是共和党独立派与群众支持的隔离终于结束了。多年的障碍烟消云散，为何如此就是本章主要探讨的问题。共和党独立派是如何得到追随者的呢？这是一个复杂的问题，但在此必须指出的是：只有共和党独立派自身做了某种改变，否则就不可能赢得支持。共和党独立派的后代和继承者不得不质疑他们父辈的观念，改变他们对自由放任主义的教条式服从。他们对平民政府的热情令人惊讶地复活了，并用这股热情代替了父辈对贵族的偏好。他们在

---

① *The American Commonwealth*, Vol. II, p. 45; 请看pp. 45–50对共和党独立派的简明综述。

② Grimes, op. cit., chapter iii.

应对不满者的要求时发挥了更大的灵活性。正因为如此，他们才能发起那场统治改革主义时期政治生活的运动。

然而，虽然哲学和精神革新了，社会类型和社会不满却依然如故。共和党独立派已开拓了自己的活动领地。我们不必惊讶于见到当时两个主要党中的改革派领导人有很大一部分是富人，他们的个人情形使人联想到了上一代的共和党独立派。正像乔治·莫利教授（George Mowry）所说的那样："在美国历史中，几乎还没有什么改革运动得到过更多的富人的支持。"[①] 我们可以不提乔治·W. 珀金斯（George W. Perkins）和弗兰克·芒西（Frank Munsey）这样的人，因为人们也许会责备他们参加改革派运动主要是为了磨掉其锋芒。查尔斯·R. 克雷恩（Charles R. Crane）、鲁道夫·斯普雷克尔斯（Rudolph Spreckels）、E. A. 法林（E. A. Filene）、平肖家族（Pinchot）和威廉·肯特（William Kent）这些改革者也可以被作为特殊例外而不加考虑。但在考察这一时期改革者的生活和背景时，我们仍然会对那些拥有相当资产的人的数量，特别是对那些继承财产的人的数量留下深刻印象。迄今对两主要党中的改革领导人还没有做过任何研究，但 1912 年改革党领导人的现有系统资料是很有代表性的。小艾尔弗雷特·D. 钱德勒（Alfred D. Chandler Jr.）调查了全美 260 位改革党领导人的背景和职业，注意到他们绝大多数是城市中产阶级。他们几乎全部是本土的新教徒，其中大多数是专职人员和大学毕业生，其余是商人和颇具实力的企业家。没有一个是农场主，只有一个是工会领

① George Mowry: *Theodore Roosevelt and the Progressive Movement* (Madison, 1946), p. 10.

袖，大型工业和运输企业的白领阶层和拿工资的经理则没有任何代表。毫不奇怪的是，他们中的大多数人以前的政治经验主要是地方性的，但总的来说，就像钱德勒所观察到的那样，他们“经历过任何形式的制度性约束。从这一意义上说，虽然他们生活在城市中，但并不是典型的城市人。所有这些人几乎无一例外地曾经是，并将继续是他们自己的老板。作为律师、商人、专职人员，他们为自己工作，并且在一生的大部分时间一直如此。改革派领导人是不熟悉制度性约束和控制的个人主义者，尽管有彻底的城市背景，却代表了更陈旧、更乡村的美国思想”①。另一份唯一可比较的研究——乔治·莫利对加利福尼亚改革派的调查中，也得出了基本相同的结论。普通的加利福尼亚改革派，用那时的行话说，是“家底很厚的”。他们通常是共济会成员，几乎都是城镇商会的成员。……很明显，至少到1900年，他们都是保守的共和党人，满足于麦金利和共和党前辈们的统治②。

---

① Alfred D. Chandler, Jr.: "The Origins of Progressive Leadership," in Elting Morison, ed.: *The Letters of Theodore Roosevelt*, Vol. VIII (Cambridge, 1954), pp. 1462–1465. 钱德勒发现，这260名领导人分布如下：企业家95名，律师75名，编辑36名；其他职业的（大学教授、作家、社会工作者等）55名。钱德勒也发现分布随地方起重要变化。在东北和老西北的城市中，知识分子和专职人员起的作用很大，而商人主要是那些管理老牌企业的人。然而在南部，一群由有进取心的新商人组成的社会精英正在崛起。在西部和乡村地区，律师和编辑支配了党的领导层，而商人则往往来自中等规模的企业，如牛养殖、不动产、木材、出版及小型制造等行业。

② George Mowry: *The California Progressives* (Berkeley, 1951), pp. 88–89. 还可以参阅第四章，这一章简明扼要又富有启发性地介绍了47位改革派领导人。他们中四分之三的人受过大学教育。律师17名，记者14名，独立商人和不动产经纪人11名，医生3名，银行家3名。就他们的意识形态而论，莫利观察到他们主要反对“由巨型公司代表的非个人的、集中性的、被认为是特权的财富。他们怀念老美国，寻求重新获得并巩固政治、经济、社会生活各阶层中过去的个人主义价值”。

虽然一些更富有的改革家，像约翰·P. 阿尔盖尔特（John P. Altgeld），底特律的市长、密歇根的州长黑曾·平格里（Hazen Pingree），以及被称为“黄金法则琼斯”的托莱多改革派市长塞缪尔·琼斯（Samuel Jones），都是靠自我奋斗成功的人物，但更多的是富豪的子孙们，或者是有一段时间失去了社会地位又重获财富的人，值得注意的是汤姆·约翰逊（Tom Johnson）和约瑟夫·费尔斯（Joseph Fels）。归根到底，改革主义的思想始终对“负责任”和“不负责”的富豪做出区别，这似乎与两派人的对抗密切相关。其中一派人一直有钱，现在可以慎重、明智地运用这些钱，另一派人刚刚获得财富并肆意挥霍。

一位有才华的改革派同代人沃尔特·韦尔（Walter Weyl），在他深刻而现在却差不多被遗忘的《新的民主》（*New Democracy*）一书中，描述到这两类富人的区别在美国城市中是普遍可见的。他写道:“随着财富的积累，那些正在变富的人和那些已经富有的人之间的情感裂痕扩大了。以前辛辛那提的老富户和暴发户（实际的猪肉包装商）之间的区分，今天反映在了纽约隐退的百万富翁和克利夫兰、波特兰、洛杉矶或丹佛的那些正在或期望成为百万富翁的人身上。标准铁路公司的金边债券持有者对偷伐木材的人是不会有什么同情的，虽然前者的财富在几代人以前或许正来自对铁路的破坏，或奴隶贸易和牙买加朗姆酒贸易。而棉花厂主的那些有教养的后代对最近的特许权买卖中获得了大笔钞票的人进入他们的社会圈，感到愤愤不平。一旦财富因为流逝的岁月而神圣化……它便很自然地转而反对新的可恶的财富积累方法，反对那些有希望向上爬的人所采用的各种权宜之计。在反对财阀统治的斗争中，老富翁并不是财阀的忠诚同盟，他们即使不喜欢民主计划，至少也有意于温和的改革计划。……在有些城市，财富正在被争夺，财阀统治和民主统治之间进行的战斗是激烈的。但在那些已积累了财富的集团能施加缓和影响的城市中，两者之间的战斗就变得温和多了。遗产所起的作用也是相同的。一旦财富从最初的积累者那里分离出来，拥有财富的人便对积累财富的方法嗤之以鼻[①]。

另外，韦尔意识到，大部分满腹牢骚的公众反对美国财阀统治的主要原因，并不是他们在经济上受到了剥削，而是财阀超越了他们。在由高消费生活方式所带来的互相竞争的舞台上，新财阀树立了十分奢侈的生活水准，以至比较之下其他人都感到自卑。财阀给人的这种压力不仅就整个国家来说确实存在，而且每一社群和每一职业的内部财阀，也引起了同样模糊的怨愤。美国对财阀的不满是十分普遍的。韦尔发现，"最奇怪的因素"是，一大批比以前更富有的人反而感到一种不断增加的苦恼。这批人不是苦于绝对意义上的衰退之境，而是苦于相对来说缓慢的财富增加速度。他们反对的是财阀发展得太快，在他们迅速发展的过程中挤压了作为邻居也在增加财富的他们。财富增加是正常的，但人们说财阀增加财富的手段是绝对不道德的……财阀做些什么并没多大关系，关键的是他们是财阀，这才是他们遭到憎恨的原因……主要引起反感的正是财阀统治的存在本身，同时代的富人本身。我们过度富有的邻居导致我们人格相对贬值。当然，在财富的消

① Walter Weyl: *The New Democracy* (New York, 1914), pp. 242–243.

费方面和生产方面都存在着“非竞争性群体”，一个一年赚 2000 美元的人并不需要像古尔德或古根海姆那样去消费。然而，不管百万富翁做的是好事还是坏事，我们对他们都似乎同样怀恨。我们慢腾腾的马被他们大马力的小汽车超过了，我们不得不吃他们留下的灰尘。

“由于疯狂的竞争性消费，我们的富裕程度被分成了无数的等级（财阀统治不可避免地和这些等级相关），这些等级加剧了社会摩擦，产生了尖锐的社会矛盾……我们的社会正在孕育新型的穷苦人——没有汽车、没有游艇、没有新式别墅的人。最精致的奢侈品变成了必需品，没有它们的人心怀不满。如今，即使在上层社会，这种不满也达到了剧烈的程度……

“因为这些原因，财阀统治遭到了谴责，人们说他们断送了我们旧时代的平等。……我们工业的发展（托拉斯只不过是一个阶段）正在朝着加剧落差的方向前进。显赫人物的地位变得高得令人炫目；生活的目标被提高了，但也被缩窄了。虽然律师、医生、工程师、建筑师和专职人员总的来说赚的钱比以前要多得多，但相比之下，一位年挣 10 万美元的律师就会使成千上万个每年靠 1000 美元艰难度日的律师显得贫穷不堪。竞争范围的扩大也加剧了差异，使成功和失败形成尖锐的对比，而结果就是不平等和对社会的不满。”[①]

① Walter Weyl, op. cit., pp. 244–248.

二、专职人员的异化

在现代社会中，无论什么时候发生重大变化，大部分知识分子、专职人员和舆论制造群体都会觉察到新时代的潮流，并把力量投入到他们认为是进步和改革的一边。这些阶层在任何历史运动中所起的作用，都没有像在改革主义运动中所起的作用那样引人注目。毫无疑问，那些知识分子和专职人员之所以支持改革主义运动，部分原因和其他中产阶级成员相同。他们对事物的看法，也受他们职业本身的显著变化的影响，以及社会日益复杂和地位革命引起的社会地位改变的影响。

在前一时期，即 19 世纪 70—80 年代工业和政治冲突的时期，受人尊敬的舆论制造群体在大多数问题上几乎无条件地持极端保守立场。例如新教牧师就是“保护现状的几乎牢不可破的庞大阵线”[①]。大多数大学教授宣扬自由放任主义的伟大真理，对社会达尔文主义作保守的辩护，对工会和社会改革者大声斥责。律师们都踌躇满志，只有极个别的小城镇里的律师出来为抗议的农民和小商人说话。整个新闻界几乎微澜不兴，只是偶有一位报纸编辑发动一场偶然且通常是关于地方问题的争论。

从 19 世纪 90 年代开始，在以后的 20 年里，这些专职人员越来越多地抛弃了南北战争后的顽固保守主义，加入了开明思想的主流，并取得了道德和知识两方面的领导地位。这一变化的原因是复杂的。但如果说专职人员思想转变并忠诚于新的观念了，那

① Henry F. May: *Protestant Churches and Industrial America* (New York, 1949), p. 91.

并不是对国内问题发生性质变化的简单反应——实际上在 1897 年后，美国生活中的问题在许多方面已经不那么尖锐了——而是因为他们变得容易看见他们以前忽视的事情，并促使自己去关心他们以前不屑一顾的事情罢了。在此，我感兴趣的不是美国社会变化的外部条件，而是专职人员内在的社会和心理状态，这一状态使他们中许多人变成改革运动的谋士和讨厌鬼。专职人员的异化实际上是许多发展的综合产物，其中，地位革命的影响应该被给予重视。虽然职业条件各不相同，但所有自以为有学问、有技术的群体都有一种共同的羞辱感和对财阀的不满。

从 19 世纪 70 年代和 90 年代牧师态度的对比中，我们就能看出这一变化。1873 年大恐慌之后的艰难时期，最终造成了广泛的劳工运动，其高潮是 1877 年的铁路工人罢工。新教新闻界当时的反应是残酷的，劳工们被描写成“野兽”和“亡命徒”。有些宗教报纸提出，要是他们不能被棍棒打服，那就应该用加农炮和格林炮把他们轰掉。在 19 世纪 80 年代的社会冲突时期，牧师们表现的态度仅仅是稍微不那么歇斯底里。到 19 世纪 90 年代，虽然主要的宗教报纸仍然对罢工充满了敌意，比如对 1894 年普尔曼罢工中的美国铁路工会就是如此，但少数开明人士开始对罢工表达了比较温和的观点。这时候，观点的实际转变已经开始，社会基督教和社会福音派的思想深刻地修正了主要教派中许多牧师的观点。从 1895 年到整个改革主义时期，“由［早期社会福音派］那一代发展起来的教条……日益成为美国新教徒中最具表达性的群体的主导教条”[①]。

牧师也许是地位革命中最明显的损失者。他们不仅像大多数中产阶级成员那样，在所有外在方面都失去了立足之地，而且在19世纪最后30年发生在美国社会和知识分子生活中的大规模世俗化运动中，他们作为道德和知识领袖的地位也被严重动摇。一方面，他们被会众中一些富人的态度所冒犯并不时遭到打击[②]；另一方面，他们看到，教会正在以巨大且不详的规模失去劳动阶级的支持。不管在什么地方，他们的决断似乎不再那样有分量。宗教本身似乎年复一年地变得越来越不重要了，甚至就社群内道德和知识领袖的地位而言，牧师们也不得不与科学家和社会科学家共同分享。例如，在南北战争前，他们对控制高等教育占有显著的优势。现在，他们在大学董事会中的位置被商人、银行家和律师取代了[③]。在那些用大企业的钱成立的更新、更世俗化的大学里，社会科学家的言辞开始拥有牧师曾经拥有过的某些权威。在许多学科领域中，大学教育都带有进化科学那新鲜且日益增长的权威性，而牧师们好像只能宣讲陈旧的教义。

以下事例可以最清楚地显示人们对牧师角色所持敬意的普遍减退。1897年后，由于复杂的都市生活条件和这一时期物价的不

---

① May, op. cit., pp. 202–203.

② 一件有趣但绝不具有代表性的事例是纽约市圣乔治（圣公会）教堂的教区长W. S. 雷恩斯福德（W. S. Rainsford）和他的教区代表J. 皮尔庞特·摩根（J. Pierpont Morgan）之间的争议，见 Rainsford: *Story of a Varied Life* (Garden City, 1924), p. 281。

③ 据厄尔·麦格拉思的抽样调查，1860年，私立学院的理事会中有39%是牧师；到1930年，只有7%，见 McGrath: “The Control of Higher Education in America,” *Educational Record*, Vol. XVII (April 1936), pp. 259–272。改革主义时期，牧师也开始在学院院长和大学校长的职位上被非神职人员所取代。

断增长，新教教会的平信徒理事想要维持他们牧师生活标准的努力都相继失败了。牧师不仅不再被视为思想的塑造者，而且被期望以日益微薄的报酬继续他们热心的传道，并且顺从听命于远比他们富得多的教区代表[①]。

据此，把牧师向批评改革和社会转变的态度归结为他们对社会问题的无私洞察、他们改良世界的诚挚愿望，以及这一事实——作为在地位革命中受损害的人，他们能够理解和同情其他被剥夺了既得利益的集团的困境，这个结论也许不是不公平的。1890 年后，牧师十分清楚地表现出对社会福音运动的日益强烈的兴趣，从许多方面来看，这是他们试图通过对世俗事务的领导以恢复某些精神影响、权威及社会威望的表现；由于社会地位秩序的剧变和社会的世俗化，牧师们已经失去了这些东西。

开明教士通过把他们自己变成改革主义队伍中的强大力量，成功地恢复了一些声望。这一点是不会被任何美国社会基督教历史的学者否认的[②]。作为实际参与者、思想家和敦促者，牧师突出了自己。改革主义很大一部分的影响及其轻率的乐观主义和天真，都可归于他们在改革派议会中的地位。从这一立场看，改革主义实际上可以被看作是新教良知历史的一段历程，是近代一次的新教复兴。开明政治和开明神学都是宗教对社会世俗化作出的内在

① 1918年，《文学文摘》（*Literary Digest*）的一篇调查显示，在美国17万个牧师中，只有 1671 个人上交了超过 3000 美元的收入税。1920 年，一份由跨教派世界阵线（Interchuch World Movement）作出的调查显示，牧师的平均年收入是 937 美元，见 *Christian Advocate*, Vol. XCV (July 22, 1920), p. 985。牧师们很清楚，他们已经到了这么一个地步：他们的工资比许多技术工人，特别是石工、铅工、泥水匠、瓦工的工资还要低。关于牧师的工资，见 *Homiletic Review*, Vol. LXXXVI (December 1923), p. 437; Vol. LXXXVII (January 1924), p. 9。

② May, op. cit., chapter iv, "The Social Gospel and American Progressivism."

回应。美国政治历史上没有任何其他重要运动（除非把废奴和禁酒也算作重要运动）曾经得到过这么多教士的认可。杰斐逊主义摆开战场，和强有力的教士对阵；杰克逊主义是在没有得到教士任何帮助的情况下，赢得了胜利；然而，改革主义的新军得到了教士们的全力支持。

教授的情形和牧师的情形成了鲜明的对照，却殊途同归。当牧师的地位不断下降时，教授却在崛起。他们在世纪交替时对社会现状不断提出挑战。教授阶层的成员、自信心不断增强，职业地位不断提高，形成了一个不断进步的团体。在社会科学领域，教授们尤其活跃。现代社会心理学者指出：不管是在社会地位上升的社会群体中，还是在社会地位下降的群体中，某些社会 - 心理的紧张状态都会加剧①。这也许可以解释为什么命运如此不同的两个群体——教授阶层和牧师阶层，在对改革进行意识形态上的支持时却十分相似。

---

① Cf. Joseph Greenbaum and Leonard I. Pearlin: “Vertical Mobility and Prejudice,” in Reinhard Bendix and Seymour M, Lipset, eds.: *Class, Status and Power* (Glencoe, Illinois, 1953), pp. 480–491; Bruno Bettelheim and Morris Janowitz: “Ethnic Tolerance: a Function of Personal and Social Control,” *American Journal of Sociology*, Vol. IV (1949), pp. 137–145.

建筑师与教授阶层也形成了有趣的比较。在进入 20 世纪前的那些年，建筑师的社会地位和标准就已经显著提高了。但在 1902 年，我们却发现一名老建筑师抱怨，说当他是个孩子时，“建筑师算个人物……他和法官、首席律师和著名医生平起平坐，社会地位比仅仅成功的商人或经纪人要高几级”。

见 F. W. Fitzpatrick: “The Architects,” *Inland Architect*, Vol. XXXIX (June 1902), pp. 38–39。一个事实是，建筑师地位的上升和都市企业的发展令他得以和财阀阶层密切接触，这种接触使他们感到渺小。除此之外，还有什么导致了对这一职业地位下降的不真实感受呢？他们不幸福并不是因为他实际上失去了什么，而是因为他们用以衡量地位的“参照群体”不同了。当然，基于职业考虑，他们和客户之间也存在一定的疏远，这也是他们不满的因素，见 F. W. Fitzpatrick: “Architect’ s Responsibilities,” ibid., Vol. L (October 1907), p. 41。

和牧师不同的是，美国学者在1870年前的美国没有任何广泛的公众影响，也没有任何职业传统或职业的自我意识，甚至谈不上有任何严肃的职业标准[①]。然而，现代大学在19世纪最后30年中的突然涌现，改变了美国学者的地位。在那些曾经只有寥寥无几的教会学校的地方，建起了大规模的高等学院，这些学院拥有充足的图书馆、实验室、大笔捐款、研究生院、专职学院和上涨的工资。教授阶层的人数正在猛增，他们提高了职业标准，薪酬待遇和职业保障也不断提升，并在教室内外都获得了一定程度的影响力和威望。这些是他们旧时代的老前辈们做梦也想不到的。但普遍的不满仍然存在。过高估计学院团体的激进主义程度，是一种没有多少真实性的传统认识。改革主义时期学院团体的主要作用仍然是赞同和保护事物的现存秩序，并使之合理化，但重要的是，这一时期有着巨大创造力的少数人出现了。他们挺起胸膛，充当了改革主义运动博学多识的智囊团。改革主义时期杰出的社会科学家，都是以批判既得利益和或持改革事业而闻名的杰出人物：经济学有约翰·R. 康芒（John R. Commons）、理查德·T. 依利（Richard T. Ely）、E. R. A. 塞利格曼（E. R. A. Seligman）和索尔斯坦·维布伦（Thorstein Veblen）；政治学有查尔斯·A. 比尔德（Charles A. Beard）、阿瑟·F. 本特利和 J. 艾伦·史密斯；社会学家有 E. A. 罗斯（E. A. Ross）和莱斯特·沃德（Lester Ward）；哲学家有约翰·杜威；法学家有罗斯科·庞德（Roscoe Pound）（虽然他带有正统的保守主义）。教授们一方面与财阀有密切的交往，

① Richard Hofstadter and Walter P. Metzger: *The Development of Academic Freedom in the United States* (New York, 1955), esp. chapters v, vi, ix.

同时又对他们愤愤不平，这正应了沃尔特·韦尔的精辟评论——百万富翁的善行几乎引起了和他们的恶行一样多的敌意。美国教授们一直是处于被雇用的地位，除了偶尔对此短暂抗议，从来没有足够的职业自尊心去表达任何意见。现在，他们的职业情形正在改善，他们却反从自己身上找到了对地位进行抱怨的材料；他们不满他们的职业事务处于财阀的控制之下，因为校董往往就是那些因为掠夺成性和不道德的生活而在其他领域遭到怀疑的商人[①]。此外，讲授社会科学的教授们发现自己常常被迫调整自己在意识形态上的立场。由于一系列自由学术活动，他们关于社会地位的自我意识增强了。新兴社会科学的杰出代表——理查德·T. 依利、爱德华·A. 罗斯、J. 艾伦·史密斯和其他一些人会领导这些学术活动。1915 年，教授们日益增强的自我意识最终促成了美国大学教授协会的成立。

如果说教授们对社会不满有着自己的动机，那么，社会科学家对改革运动感兴趣，则是基于特殊理由的。具有管制性且人道的立法，需要律师、经济学家、社会学家和政治学家在制定法律以及为行政和监管机构配置人员方面，具备大量专业知识。对这些问题的争论为专家著书和撰写文章开辟了一个新的市场，并引起了人们对专业化知识的新的敬意。改革产生了新的智囊团。早在世纪之交以前，威斯康星州的拉福莱特政权（La Follette re-

---

① 参见1902年约翰·杜威（John Dewey）的哀叹：“老式的大学教职工以自己的方式，确实享有过绝对的民主。大学选择教师经常是基于其杰出的个人特质，而不是因为纯粹的学问。每一个人都坚持自己的立场，并为自己而战。”见“Academic Freedom,” *Education Review*, Vol. XXIII (January 1902), p. 13。这一对过去的过高的理想化是这一职业兴起的产物。关于这一理想化的虚假，见 Hofstadter and Metzger, op. cit., chapters v and vi, and passim。

gime）和麦迪逊州立大学就有密切联系，预示着后来所有智囊团的发展。伍德罗·威尔逊以前就是教授。1918 年，这位总统带着好几个知识领域的专家，组成大型顾问团去了巴黎。当时，人们把这一顾问团叫作总统咨询团（The Inquiry）。大学学者的重要性从此在全美得到了承认。

美国律师业与美国政治的关系比其他任何职业或行业都要更为密切。在企业社会的发展中，该行业的地位变化是中产阶级职员中最典型的。许多律师的矛盾处境——为了获得利益而服从于公司业务，但在个人感情上却和公司业务背道而驰——对改革主义思想的塑造和增加改革派的领导力量起了至关重要的作用。许多律师是接受了别人的委托，以顾问身份参加改革派运动的，但还有许多其他律师，由于职业本身的变化，也感受到了普遍要求改革的冲击。

20 世纪的最初几十年，美国律师业被一种内部危机所困扰。早期的律师业独立性更强，现在，旧有的律师业形象同现代商业化的律师业之间发生了冲突，这一冲突造成了律师的自尊危机。从历史上看，美国律师业有四大特点。首先，在最稳定的社区中以最佳的状态实践时，律师业是享有作为学术职业地位，有着自己的调查和批评的标准，有着自己的思想和伦理体系。律师的名声和财富主要来自法庭辩护、办案能力及其学问和风度。其次，律师业是有着特别的公众影响和权力的职业。托克维尔指出，如果除去稳定而体面的富裕阶层，那么法官和律师是最接近美国贵族的阶层了。这一著名论断也许有点夸张，但对 19 世纪中期这一职业的地位还是公正的评价——当时的律师业是大多数美国政治家和一批又一批活跃从政者的摇篮。再次，在律师业的道德和知识传统中，一直存在着对公众的责任感——这种感情体现在如下观点中：律师不仅仅是某个诉讼当事人的代理人，而且本质上是“法庭官员”，是公众的仆人。最后，法律业一直是最平坦的职业大道之一，沿着这条大道，一个从普通社会地位起步的没有资本的人可以通过晋升到有钱有势的地位，这一点在美国尤其突出。进入律师业的民主途径一直被小心翼翼地保护着，以至于产生了从事法律工作是“天赋权力”的特殊观念，也令许多律师业的领袖人物感到，进入这一职业的标准被定得太低了。

世纪之交时，律师作为整体，远不如他们 50 年前那样纯洁了。这一职业中成功的大事务所甚至开始被叫作律师工厂。这些事务所由富有的、有影响的，且通常是十分保守的少数律师所领导。这些律师在律师协会中是最引人注目的。在他们的事务所中，许多才华横溢的青年律师把时间花在廉价的劳动上。在小城市，规模不大却有牢固基础的律师事务所不断出现，形成了律师的第二梯队。这些律师通常依附新企业家或小商人，并同他们有着同样的世界观，经常参与并控制地方政治活动。律师的第三梯队则由小型合伙企业或个人开业者所组成，通常能捞什么就捞什么，勉强维持生活。由于个人开业者的处境越来越糟，他们经常不得不主动追踪事故受害者，收取风险代理费。与企业有关系的富裕律师在律师协会大谈什么提高律师的伦理标准，他们这样做是无情的，是以牺牲比他们弱的同行为代价，踩着他们来提高这一职业的声誉。

在执业律师队伍之外，以讲授法律为职业的教师团体也发展成为律师业内部的一支独立力量。朗丹尔案例法（Langdell's case method）是当时最有效的法律教学法，它逐渐在最好的大学法学院成为主导的教学方法。朗丹尔的见解是：要教法律，正确的培训不是法律实践而是法律研究。一边教学一边开业的律师在法律教学中已不再那么吸引人，专门教学的律师正在取而代之。法律教师的独立意识和职业意识再次得到加强。正像对公共服务最感兴趣的律师往往会进入政治和行政管理领域一样，对法律领域中知识性和专业性的方面最感兴趣的律师往往会选择从事教学工作。例如，查尔斯·埃文斯·休斯（Charles Evans Hughes）在年轻时暂时放弃了在都市开业的大好前景，去康奈尔大学法学院做了一名工资低得多的教授①。法律教师开展了一系列的运动，如对法律服务提出更广泛的见解、提出新的法律概念、对法律程序进行改革、培养更深刻的职业责任感、对法院提出适当的批评等。这些运动使法律教学变得十分重要。教师成了职业道德的守护者；他们极力把律师对社会的作用，灌输进从优秀法学院毕业的青年人的头脑中。

随着公司工业主义和金融资本主义的兴起，特别是在能够得到让人羡慕的奖赏的都市中心，律师业正在成为受到控制、丧失独立性的职业。律师们不断表示，法律行业已失去了明显的专业性而成了一桩生意。在他们的哀叹声中到底有多少是真的，如今我们无法证实，因为我们对这一职业的历史知道得并不多。且不管他们的结论是否来自前一阶段对律师业过分的多愁善感，许多

① Merlo Pusey: *Charles Evans Hughes* (New York, 1951), Vol. I, pp. 95–104.

律师确信，他们职业的知识水平以及道德和社会地位都下降了。世纪之交前后，成功的律师工作越来越集中于为客户提供咨询和商业建议，因此，律师们一再表示，法庭辩护和撰写辩护状的职业技能已经成了“失落的艺术”。通用型才能和多才多艺再也不像旧时代那样受到需要，而是被律师事务所内部的专业化实践和分工所代替。企业本身的规模越来越大。集中和合并的商业过程使有利可图的咨询业务局限于少数大律师事务所，造成了律师领域也出现了同样的集中现象。大都市的律师事务所，随着规模和利益的增加，和大型投资公司、银行、工业公司建立了更密切的联系。许多律师成为专门的“公司内部顾问”，这些公司给他们提供了绝大多数的生意机会。这种联系是律师利益的来源，代价是杰出律师独立性的丧失。那些独立的小律师还被另一种更严重的情景所影响：他们中大部分人的工作被不动产公司、托拉斯、保险公司、代收款公司和银行所取代，这些机构把越来越多曾经完全是律师的事务揽下[①]。1911年巴尔的摩律师协会会议上的一位发言人估计，律师业有70%的成员没有过上体面的生活。他说：“做着我们生意的公司正在……让我们受到损害。它们缓慢但持续地把律师推向绝境。他们做广告拉客，通过公司的影响和财富垄断了法律领域。”[②]

律师职业的高贵和独立性已经被大大损害了，这一话题在律师和消息灵通的外行人士中成了老生常谈。在1904年芝加哥律师

① Joseph Katz: *The American Legal Profession, 1890-1915*, unpublished M.A. thesis, Columbia University, 1953. 此文对这一时期律师业的倾向作了具有启发性的讨论。

② “Corporate Monopoly in the Field of Law,” *15 Law Notes (1911)*, p. 22.

协会上，一位有名的律师在演说中讲道："我们听过无数次律师业已商业化了，今天的律师永远失去了 75 年前或者 100 年前属于律师的地位和影响了……"他接着否定了所谓的"商业化"之严重的说法——有许多律师是不会同意他的话的——但是他承认，律师确实因为"社会和工业情况的变化"而受到了损害。他说，这些变化"不仅在法律事务上，还在其他方面夺去了律师的某些威望和影响"，就这一点而言，它们"还以同样的方式同样程度地影响了其他需要学问的职业，实际上也影响了所有受过教育或出类拔萃的人物"。[①] 几年以后，另一位律师在一篇题为《律师业的死亡》("The Passing of the Legal Profession")的文章中，把这一问题提得更尖锐："律师以前作为一种经济因素在社会中的地位，已经被（公司）这一靠律师才能创造出来的人造物所取代了，而他们自己现在只不过是拿着这个怪物给的一份工资的职员。"[②]

布赖斯勋爵把 1885 年的美国和托克维尔时代的美国作了比较，得出结论说："律师业不再像过去那样作为指导和制约力量

① Lloyd W. Bowers: "The Lawyer Today," *38 American Law Review (1904)*, pp. 823, 829. 着重号为作者所加。

② George W. Bristol: "The Passing of the Legal Profession," *22 Yale Law Journal (1912-1913)*, p. 590. 有关这一问题及相关问题的其他讨论，见 George F. Shelton: "Law as a Business," *10 Yale Law Journal (1900)*, pp. 275–282; Robert Reat Platt: "The Decadence of Law as a Profession and Its Growth as a Business," *12 Yale Law Journal (1903)*, pp. 441–445; Newman W. Hoyles: "The Bar and Its Modern Development," *3 Canadian Law Review (1904)*, pp. 361–366; Henry Wynans Jessup: "The Professional Relations of the Lawyer to the Client, to the Court, and to the Community," *5 Brief (1904)*, pp. 145–168, 238–255, 335–345; Albert M. Kales: "The Economic Basis for a Society of Advocates in the City of Chicago," *9 Illinois Law Review (1915)*, pp. 478–488; Julius Henry Cohen: *The Law: Business or Profession?* (New York, 1916); John R. Dos Passos: *The American Lawyer* (New York, 1907); Willard Hurst: *The Growth of American Law: the Law Makers* (Boston, 1950), chapter xiii。

起作用了，它不再能通过规则和先例来调节民主中的粗鲁和草率了。”进入20世纪后不久，他又说，律师“和以前相比不再是有特殊学问的学者，一门特殊艺术的实践者。他们似乎不再是有着自己特色的职业阶级了”。[①] 路易斯·D. 布兰代斯（Louis D. Brandeis）在1905年评论布赖斯的观察时说：律师不再在人民中拥有他75年前甚或50年前所拥有的那么高的地位了。他肯定其原因并不是缺少机会，而是律师业不再能维护其作为独立的道德中心的地位了。“能干的律师不是在富人和人民之间拥有独立的地位，随时准备制止两边的过度行为，而是在很大程度上让自己成为大公司的附庸。他们忽视了为保护人民运用权力的义务。如今，我们经常听说‘公司律师’，却几乎听不到什么‘人民律师‘。”[②]

任何律师都能理解律师业内部的现状，作为公民，他们也能看到外界的形势。因此，在政治上有着决定意义的律师业中有一大批人能够理解要求变革的冲动。贫穷的青年律师和小城律师、为小企业做事的律师，以及学校里的法律教师，经常从批评大公司的立场来对待法律和社会问题。他们这样做是不奇怪的——虽然在这些成员中，只有教师的观点是始终一贯和明确的。更值得注意的是，即使在某些杰出的公司律师身上，我们也能偶尔找到心态矛盾的证据。这些律师忠于现状的要素，但他们同时又为这种现状被一些律师未被纠正的滥用行为而忧虑，并对现状中最粗

---

① Louis D. Brandeis: *Business—a Profession* (Boston, 1927), pp. 333–334.

② Louis D. Brandeis op. cit., p. 337; cf. Woodrow Wilson: “The Lawyer and the Community,” *North American Review*, Vol. CXCII (November 1910), pp. 604–622. 布兰代斯对律师在两种社会阶级间扮演的调解角色的兴趣可与托克维尔对这一职业的作用所作的评论相比较，见 Tocqueville: *Democracy in America*, Vol. I, chapter xvi。

鄙的代表表示愤怒。那些高阶层的律师有着重要的战略地位，是工业巨头不可或缺的策略来源。他们很有可能享受着历史上的律师从来没有得到过的财富和权力，但他们再也不能独立地施加影响了。他们的影响要通过公司、银行、商业领袖才能发挥作用。正像 A. A. 伯利（A. A. Berle）所说的那样："社会发展的可靠领导权从律师那里转给了商人"，而律师业的主要作用变成了"捍卫、维持这一剥削性的发展并使其合法化"[①]。公司律师天天要和商人打交道。这些商人富得惊人，受教育程度相当低，有时肆无忌惮。由于职业的传统和训练，律师往往能用公正的眼光看待发生的事情。虽然他们的责任是为商人提供服务和提出建议，但有时却退缩不前。伊莱修·鲁特（Elihu Root）曾说："一位正直的律师有一半时间用于告诉潜在客户，说他们是大笨蛋，应该悬崖勒马。"[②]他在 1898 年写信给一位记者说："许多公司雇我为律师，但我从来没有忘记，在它们和政府及公共事务的联系中，存在着种种政治性的和社会性的危险。"[③]像鲁特这种人是带着解脱感投入公共事业的。鲁特发现，在麦金利手下做战争部长，使他的生活中出现了"一千种新的兴趣"。同他在内阁工作的成就相比，他的律师生涯似乎徒劳无益[④]。同样，亨利·L. 史汀生（Henry L. Stimson）在与

① A. A. Berle: "Modern Legal Profession," in *Encyclopedia of the Social Sciences*.

② Willard Hurst, op. cit., p. 345。此书并没有讨论律师与委托人之间关系的复杂性。关于律师与委托人之间的疏离，见 David Riesman: "Some Observations on Law and Psychology," *University of Chicago Law Review*, Vol. XIX (Autumn 1951), pp. 33–34, and "Toward an Anthropological Science of Law and the Legal Profession," *American Journal of Sociology*, Vol. LVII (September 1951), pp. 130–131。

③ Hurst, op. cit., p. 369.

④ Ibid., p. 369.

耶鲁同学的第二十次聚会上告诉他们，他发现律师业“从来没有彻底令人满意过……其原因就在于纽约的普通律师把自己的生活献给了赚钱——而且并不总是能成功。……就我所接触的法律来看，只要公众利益和私人利益相冲突，私人利益总会比公众利益得到更充分的代表和维护”。他在私人执业的最后三年里，处理着“纽约大公司”的事务；当他作为一名美国律师开始为联邦政府工作时（他早期的重要工作是处理针对回扣的起诉），他说到，他的“第一感觉是我已经走出我一直徘徊的黑暗领域，看到星光，找到了方向。……这里有着我更感兴趣的伦理因素。我感到，我比以前任何时候都更接近生活中的问题，工作也更有意义。当一个人感到他在为正义的事业工作时，他会感到心情舒畅得多”[①]。

有人可能会反对说，如果不顾道德的公司律师拥护改革主义，那么，改革主义一定是相当保守的。但事实是，这并没有和改革主义运动的主调相冲突。特别是在东部各州，公司律师的领导还起着很重要的作用。改革主义是一场温和明智的运动，其目的不在于迅速改变社会结构，而在于造就负责任的杰出人物。这些人物负责处理民众对改革的冲动，并将这种冲动引导进温和的和“建设性的”渠道中去——就像布兰代斯恰当形容的那样，这种领导将在“富人和人民之间拥有独立的地位，随时准备制止两边的过度行为”。

① Henry L. Stimson and McGeorge Bundy: *On Active Service in Peace and War* (New York, 1948), p. 17. 史汀生（Stimson）的背景为我们了解共和党独立派的道德气氛提供了一个很有趣的视角。他父亲出生于纽约的老家族，曾是银行家和经纪人。在赚取了不算多的财富后，他放弃了经营转而学习医学并开了诊所。他生活简朴，与慈善组织合作展开医疗工作，见 Ibid., p. xvii。

三、从共和党独立派到改革派

到目前为止，我所讨论的地位革命的冲击力，也许能解释改革主义运动的起因，但却不能解释它为什么在当时发生。有一个相关的问题仍然需要回答：既然地位革命至少从南北战争就开始了，到19世纪90年代已取得了相当的发展，那么为什么真正有力的反抗和改革只在20世纪的前15年才爆发呢？为什么中产阶级在6年的公民焦虑条和3年的激烈而不详的经济危机之后，仍在1896年十分信任汉纳和麦金利，给他们投了大量的选票呢？然后，在这种信任似乎被事实上重现的繁荣证明以后，当全美的安全感和力量感被约翰·海（John Hay）所说的“我们辉煌的小战争”①的迅速胜利加强时，当轻松的乐观情绪又一次占主导地位时，他们为什么又转而给予那正在用批评扫荡美国生活的力量以热切的支持呢？

我们常把美国生活的某些领域中的现象与改革主义时期联系起来。但我必须指出，这些现象在1900年前就十分明显了。事实上，大约在1890年，改革主义运动就已经在有限的、局部的范围内展开了。为某些商业利益而发起的要求廉价运输及反垄断的运动，已强大到足以推动犹豫的国会在1887年通过州际商务法，在1890年又通过了谢尔曼法②。同样，城市改革运动在19世纪90年代也得到了充分发展。一大批地方组织不断涌现，致力于各种改革，希望建

① 指美西战争。——译注

② 在这些问题上，传统上对农业不满的强调转移了注意力，使人们忽视了商界对此施加的压力，见 Lee Benson: *New York Merchants and Farmers in the Communications Revolution*, unpublished Ph.D. dissertation, Cornell University, 1952。

立良好的政府。在一些城市中，他们已经取得了不可轻视的改革成就[①]。国家立法机构开始通过各种社会性立法——如劳动时间和条件的规定等。这些法令后来得到了改革派的更有效推进[②]。

所有这些行动都是一场大运动的前奏。这场大运动直到1901年后才形成了遍及全美的规模。19世纪90年代发生的事把中产阶级吓得够呛。他们做梦也不敢认真对待那些对既定的做事方式构成根本挑战的思想。中产阶级的这种胆怯成为新生的改革运动继续前进的障碍。改革主义在很大程度上总是对那些感到确实有所失的人最有吸引力。被广泛描绘成"西方国家威胁性社会主义"的平民主义、霍姆斯特德（Homestead）和普尔曼（Pullman）罢工以及它们所表现出的狂暴和阶级仇恨、柯克西部队的游行、商业活动的灾难性的萧条，以及不断加长的领取救济金的穷人队伍，所有这些情况都像是社会革命的前兆；在胆小的资产阶级的想象中，布赖恩、阿尔盖尔特（Altgeld）和德布斯（Debs）就是即将来临的暴动中的丹东、罗伯斯庇尔和马拉。中产阶级面对这种形势不知所措，他们觉得只有在可以安全表达的时候，才会把他们心中的不满和牢骚散发出去[③]。

---

① Clifford W. Patton: *The Battle for Municipal Reform* (Washington, 1940), chapter iv. 对超过70个这样的组织所作具有启发性的总结，见 William Howe Tolman: *Municipal Reform Movements in the United States* (New York, 1895)。

② 1900年前后在这些领域的立法可在伊丽莎白·布兰代斯（Elizabeth Brandeis）对这一主题的论述中作比较，见 John R. Commons, ed.: *History of Labor in the United States*, Vol. III (New York, 1935), pp. 399 ff。1900年前，州立法机构进入的主要领域是童工、妇女劳动时间和雇主责任。

③ 例如，在东部城市选区，通常民主党占绝对优势。1896年，布赖恩的选票与之前和之后的正常水平相比，出现了猛烈的下跌。

也许更相关的事实是，在地位革命期间出生和成长的第一代人是改革主义的开路先锋。1890年，统治的一代仍然是那些在19世纪30或40年代出生的人，由于习惯的力量，他们仍然用19世纪中期人们所有的那种更快乐的眼光来看待发生的事情。随后20年，一股新兴的主导力量崭露头角，这股力量源自那些在19世纪90年代时仍十分年轻的群体。彼时，一些棘手的新问题刚刚浮现，而他们的思维方式深受这些问题的影响。对于在横贯大陆的大开发时代成长起来的老一辈人而言，这些问题既无先例可循，他们也拿不出令人信服的解释。90年代的危机是一次烫伤般的经历。1893—1897年的经济大萧条使我们国家受到了深深的震撼。全美各地的人们开始渴望在国家发展中出现一个转折点，通过这次转折，人们能够摆脱19世纪统治美国生活的理想和愿望的框架。美国人是在自己平和的假设中成长起来的：他们认为，美国的发展和其他国家的情况十分不同，正在困扰着其他国家的社会冲突，决不会在美国成为主要问题。但到了19世纪末，年轻的美国人开始感到，欧洲工业发展所有的那些灾难将降临到美国头上，而他们的命运就是生活在这些灾难中。在亨利·布莱克·福勒1895年出版的《与时俱进》（*With the Procession*）中，有位角色说道："一代人以前，我们以为……我们历史的和平进程表明，我们的社会科学已得到了全面发展。但今天，我们有了欧洲旧世界所拥有的一切元素。我们必须像旧世界一样接受它们所产生的一切。我们终于有了完整的工作设备，同时也要承受这些设备所带来的噪声、废物、臭气、污染、危险和爆炸。"①

① Henry Blake Fuller: *With the Procession* (New York, 1895), p. 245.

改革派的一代是90年代刚进入成年的一代。同时代的人们经常看到，在平民党集会上，大部分的领导人是头发花白的过去金融改革运动的老战士，而现在，改革主义的旗帜传到了年轻人的手中——威廉·艾伦·怀特在自传中说，他记得他们是“无数20岁、30岁或刚进入40岁的年轻人”，他们对美国社会中“不平等、不公正和根本弊病”的认知觉醒成为改革的动力[①]。西奥多·罗斯福是入主白宫的人中最年轻的一位。他就任总统是年轻一代即将来临的时代象征，这代人的见解和他们父辈们的截然不同，他们所感到的是对新哲学和新政治的渴求[②]。1890年，罗斯福32岁，布赖恩30岁，拉福莱特35岁，威尔逊34岁。大多数改革派领导人和那些对改革主义思想作出了极大贡献的揭黑记者，在19世纪最后关键的10年开始时，都只有30岁多一点，有的也许更年轻，因而，当改革主义真正开始时只有40岁左右[③]。

改革派领导人是共和党独立派精神上的儿子，但他们是扔掉了父母亲大部分思想包袱的儿子。共和党独立派即使不在关于政府的正式理论中，也在精神上赞同贵族统治，而改革派宣传的是把政府还给人民；共和党独立派绝望地抓住自由经济和自由放任主义的陈词滥调，而改革派则只要能达成目的，就会利用国家进行干预。共和党独立派总的来说始终缺少公众有力的支持，而改

---

① White: *Autobiography*, p. 367.

② 由于一代与一代之间的观点截然不同，世纪交替时的家庭冲突往往带有意识形态的色彩。欲知最流行的改革主义小说家是怎样处理这一主题的，见 Richard and Beatrice Hofstadter: “Winston Churchill: a Study in the Popular Novel,” *American Quarterly*, Vol. II (Spring 1950), pp. 12–28。

③ 莫利曾写道：“总的来说，加州改革派领袖都是年轻人，通常不到40岁。……在1910年，实为最杰出的改革派人士的平均年龄是38岁。” Mowry: *The California Progressives*, pp. 87, 313.

革派有着一批几乎热情得发狂的追随者。共和党独立派除了个别情况下，和全美其他阵线没有联合，而改革派则在大量的国内问题上有着可靠的盟友，这些人是农业反叛者，是共和党独立派所蔑视的群体。从许多方面来看，共和党独立派是应追随者的各种要求改造而成改革派的。我将在后两章讨论是什么样的环境唤醒了大众，为改革派领袖提供了大量的城市支持力量，但在此我可以预先提出，至少有一系列的事件具有极重要的意义，这些事件所围绕的中心是价格趋势的逆转。没有组织的中产阶级发现自己成了价格周期中的稳步上升趋势的牺牲品。这一趋势是与美国的工业和劳工组织的不断增加相联系的。价格在1897年后开始上升，并在整个改革主义时期继续稳步上升，在随后的战争时期上升得更加猛烈。在1897—1913年，生活成本大约上升了35%。我们这些曾忍受了过去15年通货膨胀的人，也许会对这一小幅的上升不屑一顾，但1897—1913年的价格上升趋势并没有被经历了它的那一代人——特别是那些缺少门路增加收入以抵御冲击的人和那些发现大部分增长的收入都被更高的生活成本所吞噬的人——满意地接受。正如1865—1896年间价格的下跌使农民产生了不满情绪，这一时期价格的上升也加剧了改革派的不满情绪。

价格的上升本身已足够令人困扰了，但高昂的生活成本具有更大的意义，因为它在公众的头脑中是同其他两种不受欢迎的倾向联系在一起的。一是规模虽小但势头迅猛的劳工运动突然兴起，二是美国工业的托拉斯化进程急剧加速。在1898年至1904年这数年间，这两件事都以惊人的速度发生。约翰·穆迪（John

Moody）把 1898 年作为“现代托拉斯的真正开始形成的一年”[①]。企业的普遍繁荣、上升的价格、活跃的股票市场促成了托拉斯的迅猛发展。在穆迪 1904 年所列出的 318 个托拉斯中，总资本达 1 亿 9670 万美元的 82 家是在 1898 年以前组成的；但总资本超过 60 亿美元的其余 234 家，都是在 1898 年 1 月 1 日到 1904 年 1 月 1 日之间组成的。[②][③]近四分之三的托拉斯和近七分之六的总资本就是在这么短的时期内产生的。麦金利政府的最后几年和罗斯福政府的最初几年，通过合并形成的巨型企业出现了；它们中有美国钢铁公司、标准石油公司、联合烟草公司、联合铜业公司、国际航运公司以及美国冶炼公司。一些主要的地方性联合公司也同时在电话、电报、煤气、运输、电力、电灯领域成立。

劳工组织的发展远没有那么壮观，但却同样引起了中产阶级心理上的不安。在 1865—1896 年的长期价格下跌时期，工人的工资每年以 4%的平均速度稳步上升[④]。但随着 1897 年价格上升趋势的开始，这些每年增加的收入不仅停止了，而且原来的工资也贬值了。无组织的工人发现自己跟不上日用品价格的稳定增长的步伐。在 1900—1914 年期间，工人每年的基本工资略有上升，但每小时的基本工资却几乎没有变[⑤]。在价格上升的刺激和良好的商业条件支持下，年轻的美国劳工联合会抓住这一机会，组织起了技术工

① John Moody: *The Truth about the Trusts* (New York, 1904), p. 486.

② Henry R. Seager and Charles A. Gulick, Jr.: *Trust and Corporation Problems* (New York, 1929), pp. 60–67.

③ 原文数据如此。——编注

④ Black: *Parity, Parity, Parity*, p. 74.

⑤ Paul H. Douglas: *Real Wages in the United States, 1890-1926* (Boston, 1930), p. 111.

人。到 1911 年，美国所有工会的成员加在一起是 1897 年人数的 5 倍，而美国劳工联合会的成员几乎是 1897 年人数的 7 倍。工会会员的总数从 44.7 万增加到了 238.2 万[①]。和工业界的情况一样，大部分的劳工组织都是在 1894 年到 1904 年迅猛的组织化运动中集中发展起来的。劳工组织运动的标志，是罢工次数的大量增加。

1897 年后的价格上升是一种世界性的趋势，是和新发现的黄金资源及精炼过程相联系的。价格上升的原因到底有多少是由于工业组织的增加，这是一个悬而未决的问题。然而，此处最重要的是，躁动不安的消费大众不愿意把高昂的生活成本归因于那些非人为的原因。普通的中产阶级感到的是自己的钱包紧缩了[②]。一方面，他们看到托拉斯几乎每天都像雨后春笋般地冒出，于是推测它们和他钱包的问题肯定有点什么关系；另一方面，他们看到大部分的工人阶级组织起来保护自身，于是推测这大概也对高价格起了点什么作用。他们感到，消费大众是孤立无助的，因为他们数量极多，但却没有组织，而他们认为自己就是这些人中的一员。他们认为自己完全懂得伍德罗·威尔逊所说的“高昂的生活成本是由个人认知所安排的”[③]是什么意思。他们变得愤愤不平。反对托拉斯的运动有了新的意义和力量。毫无疑问，中产阶级一直在情感上反对托拉斯。人们反复地说，托拉斯在排除了竞争者

① Leo Wolman: *The Growth of Trade Unionism* (New York, 1924), p. 33. 该书中所有工会成员的数量均为估算，且不包括公司工会成员。

② 那些拿固定工资的中产阶级损失最大。他们中值得注意的有邮政雇员、许多文职人员、政府雇员和牧师，见 Harold U. Faulkner: *The Decline of Laissez Faire* (New York, 1951), p. 252。

③ *The Public Papers of Woodrow Wilson*, Vol. II (New York, 1925), p. 462. 关于当时对生活成本问题的讨论，见 Frederic C. Howe: *The High Cost of Living* (New York, 1917)。

后将进而压榨消费者，这一论调已经不光为一代人所熟悉。以前，价格一直在下跌，这一恐惧就没有什么紧迫感。现在价格上升了，这一恐惧很快就成为美国生活的重要主题①。

正是在改革主义时期，城市消费者第一次作为真正自觉的因素进入了美国的社会政治。沃尔特·李普曼在1914年写道："我们听了许多关于劳工产生阶级觉悟的话。我自己的观察是，在美国，今天的消费者觉悟得更快。"②流行期刊每周都刊登关于抗议，或猜测当前某个困境的成因的文章，在这一困境中，高额保护关税、中间商与分销商的盘剥，有时会与托拉斯高管的阴谋性决策一起，成为被谴责的对象。西奥多·罗斯福和E. A. 罗斯这些人大声呼吁，反对把"最好的"美国老家族分裂成小家庭，并警告美国要防止出现"种族自杀"的危险。但女性作家们却在期刊上表示：房租、食物和燃料的高价格使小型家庭的出现不可避免③。

消费者的实际组织是几乎没有的，因为消费者的合作只不

---

① Cf. Walter Weyl, op. cit., p. 251："价格的普遍上涨开始影响到消费者了，他们好像遭到了无数蚊子的攻击。托拉斯伤害了消费者，这就是它的主要罪过。"

② Walter Lippmann: *Drift and Mastery* (New York, 1914), p. 73; cf. pp. 66–76.

③ Christine T. Herrick: "Concerning Race Suicide," *North American Review*, Vol. CLXXXIV (February 15, 1907), p. 407. 此文辩论说，要养活大家庭同时又维持足够的生活水平是不可能的，特别是职员、牧师、报社记者和作家，她感到这些人受通货膨胀之苦最大。

1907年，《独立报》刊登了一位纽约妇女写的文章，她说她为了补充丈夫的收入，被迫去工作。在作了家庭预算的详细分析后，她用如下直率的宣言结束了全文："现在，先生们，你们这些统治我们的人，我们是你们的'工资奴隶'。……你们这些统治我们的人可以拿起我们的积蓄到欧洲去挥霍，或者用它们在保险和铁路运输中耍花招，让我们摸不清它的去向。你们可以稳步提高我们的食物价格和房租，就像你们前几年一直在做的那样，但却不提高我们的工资。你们可以拒绝给予我们任何工作、工资和养老保障。我们无法自救。但有一件事情是你们不能让我们做的，你们不能让我们为你们的工厂生育粮食。"见"A Woman' s Reason," *Independent* (April 4, 1904), pp. 780–784。

过是一种行为方式，在美国没有任何传统。由于缺乏组织，消费者的不满往往集中到政治问题上。这件事标志着相当大的改变。1897年，当路易斯·D. 布兰代斯作为消费者代表，在众议院筹款委员会前反对丁利关税（Dingley Tariff）时，受到一片嘲笑。[①]1906年，《食品和药品监管法》引起了争论。有一点已很清楚，那就是消费者的利益至少在政治上开始有了重要意义。1909年，共和党叛乱分子以“美国家庭妇女”的名义进行反对佩恩·奥尔德里奇关税的斗争时，参议员奥尔德里奇置消费者的利益于不顾，狡辩道：“谁是消费者？除了极少一些只消费不生产的人，难道还存在任何消费阶级吗？”[②]已完全和公众的感情背道而驰了。结果佩恩·奥尔德里奇关税引起了严重的后果，同当时的其他错误一起，造成塔夫特政府的崩溃[③]。

消费意识虽然还很模糊，但已经有了重要意义——各阶层的人们是很难在具体的问题上统一意见的，消费意识成了统一他们政治思想的基础。它是必须考虑家庭预算的所有阶层的共同利益的中心。它打破了职业和阶级的界限。19世纪的美国仅仅从生产者的立场来看待政治问题，现在消费意识为打破这种传统的习惯作出了贡献。在讨论很多问题时，人们现在很少再听到谈论这些问题对工人阶级、中产阶级或农民阶级的影响了，而是更多地听到谈论“老百姓”、“普通人”、“纳税人”、“底层消费者”和“小

---

① Alpheus T. Mason: *Brandeis* (New York, 1946), pp. 91–92.

② Hechler, op. cit., p. 106.

③ Cf. Henry F. Pringle: *The Life and Times of William Howard Taft* (New York, 1939), Vol. I. chapter xxiv.

市民”等。这种趋势是美国经济和生活重要转变的象征。以前，人们一心一意考虑的是生产，现在消费作为生活的一个方面，被人们开始给予同样的关注。这种趋势使改革派提出的许多问题得到了群众的拥护，从而加强了其政治力量，也为改革派领导人开辟了一条接近大众的广阔道路。

第五章

进步主义的冲动

一、城市景象

从 1860 年到 1910 年，美国城镇像雨后春笋一样，奇迹般地涌现出来。大城镇成为大都市，小城镇变成大城市，新城镇在荒无人烟的大地上蓦地建立起来。半个世纪中乡村人口翻了一番，城市人口则几乎是之前的 7 倍。居民人数超过 5 万的城镇由 16 个增加到了 109 个[①]。中西部的大城市疯狂地膨胀。芝加哥在 1880 年到 1890 年的十年内人口翻了一番不止，而被称为“双子城”的明尼苏达的明尼阿波利斯城和圣保尔城的人口则是原来的三倍。其他城市像底特律、密尔沃基、哥伦比亚和克利夫兰的人口则增加了 60%—80%不等[②]。

---

① 我采用了最近的普查指标，把居住有 2500 人以上的地方称为“城市”。乡村人口从 25,226,000 增加到 49,973,000，城市人口则从 6,216,000 增加到 41,998,000。人口在 10 万以上的大城市增长速度最快，见 *Historical Statistics of the United States, 1789-1945* (Washington, 1949), pp. 16, 25, 29。

② Arthur M. Schlesinger: *The Rise of the City* (New York, 1933), p. 64.

城市迫切地需要运输、卫生、治安、照明、煤气和公共机构方面的新设施。这就为美国商业提供了规模宏大的内部市场。企业寻找着稳赚不赔的买卖和特许经营权，特别是寻找有利可图的特许权和尽可能多的偷税漏税机会。能够得到公众支持而又利用公共特权的城市大佬，成了举足轻重的实权人物。随之而来的是各种弊端、恶行。自由主义黑幕的揭露者对这些罪恶了如指掌：企业大加买卖特许权，政治大佬建造起严密的城市政治机器，成千上万愚昧民众的选票被操弄，不断滋生的贫穷和不断增加的贫民窟，过多或过少的城市服务投入，政治和商业相互勾兑——一言以蔽之，各种各样的地下操作和光天化日之下的卑鄙行为，给热衷于改革的新闻记者们提供了十分丰富的材料。

即使拥有最好的社会管理传统，要解决城市发展带来的复杂而多变的问题也困难重重。工业化世界的其他城市发展也非常迅速，速度几乎和美国的一样快。然而，在北美第一个白人村成立以前，许多欧洲城市已有好几百年的历史了，因此，在私企肆意生长的时代来临之前，它们就有了政府和行政管理的经验。所以，虽然工业化使城市变得毫无人性，但城市管理者却能应付困境，在地方管理和城市规划方面树立榜样。美国的后发城市既羡慕又想复制这些经验[①]。美国城市仅由村庄演变而成，它们主要在加工厂、制造厂和铁路周围组织建立起来，这里居住着各色人种的流

① 城市改革家弗雷德里克·C.豪（Frederic C. Howe）的著作仍然值得研究，见Frederic C. Howe: *The City: the Hope of Democracy* (New York, 1905); *The British City* (New York, 1907), esp. chapter xv; *European Cities at Work* (New York, 1913), esp. chapter xxi; and *The Modern City and Its Problems* (New York, 1915). 关于城市的发展，见 Lewis Mumford: *The Culture of Cities* (New York, 1938)。

动人口，无法吸引有行政管理能力的统治阶级前来定居。人们发现城市扩大的步伐和他们的管理才能远不相称。“美国的麻烦，”塞恩洛说，“在于大城市在短短几年内就拔地而起。”[①]

管理系统的不发达和城市的蓬勃发展使得快速而短命的即兴政策成为主流，相关行动也缺乏考量——这正中城市政治大佬的下怀，非正规政府也发展起来。后果的确不堪设想。布赖斯勋爵认为，市政府是“美国明显的失败”[②]。安德鲁·D. 怀特在 1890 年宣称：“除少数特例，美国的市政府是基督教世界中最糟糕的——它们开销最大，最无能也最腐败。”[③]

要想知道 19 世纪末 20 世纪初的美国人在想些什么，我们就必须清楚，美国城市的很大一部分由不断涌入的村镇人口组成。当过惯了乡村生活的人来到城市，城市生活的拥挤、贫困、罪恶、腐败、冷漠和种族问题带来的冲击深刻影响了这一时期美国思想的倾向。对于那些在相对平静的环境和福音派新教宣扬的高尚品德中成长起来的乡村移民，城市不仅是一种新的社会形式或生活方式，而且是对文明本身的威胁。乔赛亚 · 斯特朗等预言者的警言在这个时代回响：要是不设法驯服城市，整个国家就会崩溃。“美国的第一座城市，”斯特朗写道，“就是由谋杀者建立的，从开始起，罪行、邪恶和悲惨便充斥其中。”[④]

在城市中，拥有扬基—新教背景的本地人见证了移民的到来。

---

① 见他为布赖斯（Bryce）的《美国共和国》（*American Commonwealth*）写的论城市政府的章节，Vol. I, p. 652。

② Ibid., p. 637.

③ *Forum*, Vol. X (December 1890), p. 25.

④ Josiah Strong: *The Twentieth Century City* (New York, 1898), p. 181.

从南北战争结束到第一次世界大战爆发，在美国工业发展和限制移民政策缺失的情况下，移民们源源不断地涌入城市。1907 年，128.5 万新移民让这一趋势达到高潮。到 1910 年，有 1334.5 万个在国外出生的人生活在美国，几乎占总人口的七分之一。这个国家已经习惯了大量移民，但土生土长的美国人却没有料到移民来源的大转向。特别是在 1900 年后，移民从熟悉的英格兰人、爱尔兰人、斯堪的纳维亚人和德国人、大量的南欧和东欧农民，变成了大批的波兰人、意大利人、俄国人、东欧犹太人、匈牙利人、斯洛伐克人和捷克人。本土美国人既惊讶于新美国人艰苦的生活条件——破旧的草房、可怕的拥挤、令人寒心的肮脏，以及异国的语言和宗教等，又对地方政治机器利用他们的选票感到愤慨。[①] 因为正是政治大佬看到了引进移民的必要，并使移民成了城市政治机器的工具。政治机器为移民提供了快速入籍的条件，使他们获得了工作和社会福利且能够接近权力。这一机器也把他们从法院的监管下解放出来，保护了他们的民族自尊心。作为回报，移民为政治机器提供了选票。新公民成群结队地来到投票处——这是他们对既得福利表达感激和对老道政客表示臣服的方式。

在许多大城市，扬基人发现自己被淹没在移民的海洋中。巴尔的摩是绝无仅有的例外，在那里，土生土长的美国人仍然多过移民和他们的孩子们。而东部和中西部的波士顿、芝加哥、克利夫兰、纽约、费城、匹兹堡和圣路易斯，是人口被超过的典型城市。

---

① “那时，有教养的城市公民说：正是那愚昧的外国败类塞满了城镇，使城市政治变得这样糟糕。这些公民相信，并且毫无疑问是按这一理论行事的。”见 Lincoln Steffens: *Autobiography* (New York, 1931), p. 400。

在这些城市中，外国移民和他们的孩子大大超过了本土美国人①。扬基们感觉自己被推回到自己的聚居区里了，这也许是因为他们自命不凡，但同时也因为他们的政治无能②。站稳脚跟的爱尔兰移民成了精通权术的政治家，他们观察美国形势，投身其中并如鱼得水。扬基们却苦恼于"爱尔兰人对城市的征服"，怀疑传统的美国民主就此完蛋了③。资本家和移民都不把公共利益放在个人利益之前，政治超然派对这种行为感到万分愤慨。他们一直考虑着无限制的移民可能带来的长期恶果，并对移民的同等选举权表示担忧，认为传统的民主会因种族分立而陷于危险④。早期的城市改革有着强烈的本土主义色彩。

政治光谱中的两端——极端保守分子和那些受人民党传统影响极大的进步派——对移民的仇视最为严重⑤。激进的平民党公然

---

① Frank Julian Warne: *The Immigrant Invasion* (New York, 1913), facing pp. 118–119.

② Cf. Thomas Bailey Aldrich："吉卜林把纽约描写成是外国人的专治地盘，被外国人统治，为外国人而立。这种专制偶然被体面的本国人的反抗所调和。他的描写，准确地道出了美国城市的管理状况。"见 Ferris Greenslet: *Life of Thomas Bailey Aldrich* (New York, 1908), p. 169。

③ Cf. John Paul Bocock: "The Irish Conquest of Our Cities," *Forum*, Vol. XVII (April 1894), pp. 186–195. 这篇文章列出了一大串被占人口少数的爱尔兰族裔统治的城市。"费城、波士顿和纽约曾经被贵格会教徒、清教徒和荷兰移民统治。从城市政治动乱开始，爱尔兰美国人便获得了财富和权力。之后这些城市被统治得更好了吗？当然，那些胆小怕事，不和爱尔兰人争权夺利的人，是最没有立场来咒骂爱尔兰人所获得的成功的。" Ibid., p. 195.

④ John Higham: "Origins of Immigration Restriction, 1882–1897: a Social Analysis," *Mississippi Historical Review*, Vol. XXXIX (June 1952), pp. 77–88; and Barbara Miller Solomon: "The Intellectual Background of the Immigration Restriction Movement in New England," *New England Quarterly*, Vol. XXV (March 1952), pp. 47–59. For the views of historians see Edward Saveth: *American Historians and European Immigrants* (New York, 1948).

⑤ 在1912年的竞选中，塔夫脱共和党对限制移民采取模糊的态度，而进步派则谈论着帮助、保护，并使移民美国化的必要性。民主党，包括城市机器的运营者和激进的农场主，很明显地站在不同的立场上，骑墙观望，对这一问题保持沉默。

表达了他们对移民的厌恶，并用流行的“自由式”语言写成的论据来攻击无限制移民的热潮。许多工人领袖为这种观点站台[①]，不少学者也如此。因为反移民情绪提供了学术上的支持，爱德华·A.罗斯、约翰·R.康芒斯和爱德华·比米斯三位激进的学者失去了教职[②]。前平民党成员罗斯现在是进步主义的主要思想家之一，威斯康星大学拉福莱特智囊团坚定不移的成员。1914年，他就移民问题写下小册子《新世界中的旧世界》，站在盎格鲁-撒克逊进步主义的立场表达了他的反移民主张。他虽然包容地讨论了老一代移民，但却对正从南欧和东欧源源涌来的移民极度苛刻。他说，移民对于那些富人和雇主是有用的，对于目光短浅的专职阶层是无足轻重的（因为移民没法和其匹敌），但对于本土工人却是灾难性的。移民是“工贼”和烂疮疤，他们降低了工资水准，把生活水平拉低到了“猪圈模式”，正如他们把社交标准降低到了“互相谩骂和动物性的快乐”上一样。他们肮脏、酗酒；他们是文盲、精神有问题；他们道德败坏，寻衅滋事；他们的民族问题降低了政治的格调；他们养活小报和黄色杂志，降低了新闻的水准；他们用“粗野农民的性哲学”让女性不安；他们建立的教区附属学校破坏了教育体系；他们让城市疯狂扩张，并为生活上的保障和自身的利益出卖选票，让城市更受控于政治大佬；超强的生育能

① 移民死命抓住种族忠诚的一条理由是他们不能够产生任何阶级忠诚。工会把他们拒之门外。工会的态度证实了他的直觉：他和他们不同。有关塞缪·戈姆佩斯（Samuel Gompers）对“种族纯洁”的观点，见 Arthur Mann: “Gompers and the Irony of Racism,” *Antioch Review* (Summer 1953), pp. 203–214。

② See, for instance, Commons’s *Races and Immigrants in America*; cf. Higham. op. cit., pp. 81, 85.

力让他们的人口迅速超过了本土美国人，因此，“美国血统”被威胁，美国文明被破坏[①]。

罗斯的书思路清晰，这个受过大量教育的人替那些没什么文化的和羞于表达想法的美国人发泄了情绪。为了将来考虑，任何追随优越的盎格鲁–撒克逊文明方式及美国政治文化的人都不禁对大量移民带来的后果深感忧虑，而这些移民的生活方式和他们自己的截然不同。罗斯的论断是无情的，他要唤起美国的“种族骄傲”。但总体而言，在解决移民的问题上，高知的进步派更趋向于采取使移民入籍并让其美国化的方案[②]。中庸的保守分子和自由派进步人士也支持让移民美国化的举措——让他们学习英语，对他们进行教育并为其灌输公民意识。从进步派有关移民的最佳表述中我们了解到：信奉本土主义的共和党独立派的老旧偏见，正在被进步派的坚定信念和不懈努力所抑制；体面的盎格鲁–撒克逊自由派人士时刻提醒着自己，要看到人性的光芒、移民的勇气，他们艰难的现实和受到的残酷的隔离，也应该了解移民的故国也有灿烂的文化，他们作为美国人拥有极大的潜能。最重要的是他

① Edward A. Ross: *The Old World in the New* (New York, 1914), passim, esp. pp. 219, 220, 226–227, 237, 272, 279–280, 286–287, 304, and chapters vii, ix, x. 关于“种族”问题的一些胡言乱语，见 William Allen White: *The Old Order Changeth* (New York, 1910), pp. 128–130, 197–199, 252, 但该书对未来持更乐观的看法。罗斯（Ross）的观点还可以与社会主义党派内部的种族主义、反移民派系的观点进行比较，参见 Ira Kipnis: *The American Socialist Movement, 1897-1912*, pp. 276–288. 1936 年罗斯出版了自传，在书中否定了其早期作品中的一些种族主义暗示，见 *Seventy Years of It* (New York, 1936), chapter xxvii。

② Edward G. Hartmann: *The Movement to Americanize the Immigrant* (New York, 1948). 平民党谴责商人对移民在美国生活状态的漠然视之是完全不正确的，像北美民间移民服务联盟（The North American Civic League For Immigrants）这种组织就从商人那里得到了大力支持。这些商人感兴趣的是让移民融入美国生活，并使他们免于被煽动。

们意识到，移民做着美国工业和城市生活中大部分的脏活累活。那些投身于工业区实际政治中的进步派也意识到，要想取得长久的成功，就必须给予移民尊严，并迎合他们的兴趣。

但典型的进步派和典型的移民是绝对不同的。他们之间的鸿沟在进步主义时期并未被完全填埋。移民并没有以预想的速度褪去其欧洲身份，开启美国化的进程。他们可能愿意得到夜校和英语课的好处，并且力所能及地显出新的国家身份，学会美国的生活方式。然而，即使他们没有感到敌意，也察觉出了那些努力帮助他们的人屈尊俯就的态度①。他们经常不配合移民局的工作人员和移民美国化事务官的工作，而到别的地方寻找与美国政治及公民生活的最初联结。他们转向政治大佬——在不询问任何问题的情况下，后者毫无门槛地接受了他们。

因此，在政治中，移民通常不喜欢美国进步派的改革抱负。移民和美国的保守派及政治中立者形成了强有力的集团，限制了进步主义的范围和成就。移民选民对政治大佬的忠诚，是地方改革的胜利极其短命的主要原因之一。扬基改革者和乡村移民之间的政治文化有着天壤之别。扬基的政治行动思想要求大众民主，即公民热切地参与政治。对他们来说，政治是大事，是责任，是所有人的天职。政治是实现普遍道德原则的舞台，甚至是改造个人习惯的舞台——禁酒和改革风化运动的情况就是这样。对比之

① 关于移民的精神状态，见 Bagdasar K. Baghdigian: *Americanism in Americanization* (Kansas City, Mo., 1921)。移民的反应在战争期间变得极为明显。热衷美国化的人们突然认识到移民对故国十分忠诚。他们不得不为加速移民美国化的进程而努力。1919 年的一份移民报纸说："移民一点也不笨，他感到了美国人对他采取的俯尊屈就的态度，因此从来不打开他的心灵。" Hartmann, op. cit., p. 258.

下，移民几乎都是农民出身，生活在充满封建残余的专制社会中，他们根本不习惯积极主动的公民角色[①]。他们希望执行政府的命令，而不是成为政治中的活跃分子。对他们来说，政府意味着对个人行动的限制，对生活的任意规定，对法律的远离和对强壮者的征用。政府就是神秘的法律，是统治阶级的工具，他们为统治阶级的特殊利益而行动，和自己的利益毫不相关，或是完全相反。在他们的眼里，政府并不是抽象原则和法律规章的化身，而是有着特殊权力的特殊人物的行动。政治关系不是由抽象原则把握的，它们是极度个人化的[②]。

没有受过参与意识教育的移民，并不急于在刚入籍时就运用选举权；他们对动议权、投票权和罢免权等改革也没有什么兴趣；这些改革只有站在盎格鲁美国人参与意识的立场上看才能理解。当移民最终扮演公民的角色时，不是出于对旧世界的忠诚（这在第一次世界大战期间及其后成为一个棘手的问题），就是出于他在美国城市中挣扎生活的迫切需要——他需要得到工作、慈善和法

① 我这里综合了奥斯卡·韩德林对移民政治的洞见，见 Oscar Handlin: *The Uprooted* (Boston, 1951), chapter viii。

② 亨利·卡伯特·洛奇（Henry Cabot Lodge）抱怨说，爱国主义的思想——对国家忠诚——来自罗马，而对皇帝作为国家首脑的忠诚这一思想则来自拜占庭。他说：东方移民们带来的正是拜占庭的遗产。见 Henry Cabot Lodge: "Immigration—a Review," in Philip David, ed.: *Immigration and Americanization* (Boston, 1920), p. 55。

政治大佬的个人忠诚和改革者对公民理想的执着两种准则是难以调和的。当政治大佬和改革者互相交往时，不可弥补的误解就产生了。新泽西的伍德罗·威尔逊和密苏里的约瑟夫·福克（Joseph Folk），都是通过和政治大佬达成协议而成为州长和首席检察官的。上台后，他们却都掉转枪口对准了恩人。威尔逊的政治纲领和官职任命权都是反政治机器的，而福克竟到了对贪污行为提起公诉的程度。对吉姆·史密斯（Jim Smith）和埃德·巴特勒（Ed Butler）这些政治大佬来说，威尔逊和福克是忘恩负义的流氓。但改革者心中却充满了正义感，他们认为自己把公民理想和人民信仰放在微不足道的个人恩惠之上。

律保护，需要得到小贩执照。美国城市的需求很多——建筑工人、马路清洁工、警察、消防队员和各种各样的服务人员——这些职业既为移民提供了谋生之道，又为政治大佬提供了必要支持。总而言之，移民依赖政治并不是为了实现高尚的道德，而是为了具体的利益。这些利益通过个人关系寻得。政治大佬（特别是爱尔兰裔的）深谙个人关系和个人忠诚原则的作用，他们能用移民的眼光看世界，亦能操纵美国的大环境[①]。政治大佬自己也鼓励移民把政治看作合法追求个人利益的手段。实际上，这也是他们自己的指导思想：政治是一笔交易，为它工作就应该适当地得到报酬。坦慕尼厅的哲人乔治·华盛顿·普伦基特就曾说过，所有的政治机器都懂得"从政的关键：当一个人搞政治时，他就应该从中得到点什么"[②]。老谋深算的美国政治大佬们知道，要在政治中追求个人利益，首先就得自尊自重。当改革者和提倡移民美国化的人催促外来者进行美式实践的时候，政治大佬却在乐此不疲地钻研移民的生活方式：参加他们的婚礼、洗礼（带着适当的礼品）和葬礼。他们将自己变成移民生活的同情的观察者，并在一定程度上成为参与者。改革者坚持不懈地斗争，但他们缺少手段。政治大佬

---

① 罗斯转述了一位新英格兰改革者的话："德国人想知道哪个候选人更有资格就任，而在爱尔兰人中间我从没听到过这种话。他们一般问：'是谁想选这个候选人？''背后是谁？'我列出一大堆支持政府候选人的爱尔兰人名单，但我从不提出一件事或一位候选人本身的优点。我用个人的呼吁'为我做这件事！'接近了我的爱尔兰朋友。"见 The Old World in the New, p. 262。

后来，当新移民集团更加美国化后，他们开始对爱尔兰人垄断政治领导的倾向愤愤不平，并形成了自己的派别。爱尔兰领袖又学会了和这些派别搞好关系。

② William L. Riordan: *Plunkitt of Tammany Hall*, ed. by Roy V. Peel (New York, 1948), p. 52. 这是一本收录了普伦基特言论的著作，初版于 1905 年。把此书的基本思想和改革者的思想做比较是很有启发的。

因为各种勾当而腰缠万贯，自然可以慷之慨之。他们给企业家许多便利，因此他不但能够让私企为我所用，而且能够为选民提供工作机会。改革派将爱国主义视为明智的公民行动与克己奉公，而政治大佬则满足于将其限制于恪守党纪。大量文章指出，用选票换取个人利益是一种败坏公德的行为，但政治大佬对此毫无愧色。

政治大佬运用他的实用主义才能和小恩小惠的举措很快吸引了移民，但改革派对移民来说却仍然是个谜。后者经常为了那些在移民看来是完全荒唐的事情挺身而出，例如妇女权利和星期日法令，以及被移民认为是公然侮辱人的禁酒法等。他们运用的抽象概念——公民权、责任心、效率，如政府、经济节约、行政效率等——对移民实在没有吸引力。移民想得到的是人情，而不是效率，而相关的经济措施让他们赖以生存的工作岌岌可危。改革者对政治大佬的攻击让移民和后者的关系更加紧密。另一方面，进步派则谴责移民对普遍原则以及法律统治和公民利益的漠视。这样，两派间再无有效的沟通渠道。激进的改革从更为不满的本土美国人那里取得了极大的支持，它们聚焦于大城市周边的乡村和小镇选区居民所关心的议题。由此，进步派失去了人口中最受剥削的移民的支持，所以尽管他们主张人道主义，有勇气和想象力，但他们的改革计划并不能大刀阔斧地推进，这也让他们显得温和、中庸而不冒风险。

当然在有些问题上，特别是那些和劳动阶级的福利直接相关的问题，比如工伤赔偿，政治大佬也会和改革派不谋而合。改革派就这些问题大做文章，而政治机器则将其想法付诸法律。不错，正是一位城市政治机器型的模范政治家——艾尔·史密斯——在改革派和政治大佬的人道主义主张间架起了第一座桥梁。但这种趋势在进步主义时期发展缓慢，在大战之后史密斯当上纽约市长后才达到高潮。理想主义的改革派和实用主义的政治大佬脆弱而局部的联合偶尔有效，并模糊地预示着一种趋势，这种趋势在富兰克林·D. 罗斯福的领导下达到了高峰。[①]

二、揭黑运动：新闻革命

进步主义运动在相当大的程度上依赖新闻业。美国进步主义最重大的成就就是揭黑运动，而新闻业给富有创新精神的记者提供了阵地。几乎可以毫不夸张地说，进步主义运动基本由新闻主导，有社会责任感的记者兼改革者作出了进步主义运动的主要贡献。耙粪者是这个运动的核心人物。人们在行动前必须有信息、有动力，不满的情绪必须有发泄的对象。耙粪者刚好提供了这一

① 以上我所说的绝对不表示：那些基于移民支持的城市政治机器是首个或唯一为了自身的经济利益而开发他人政治参与意愿的群体。毫无疑问，整个 19 世纪局部利益的争夺、关税贸易和政治分赃的过程，都证明以上观点是错误的。值得一提的是，这一政治传统的代表人物是盎格鲁–撒克逊政治家，他们中的许多人有着乡村背景。政治家应该是品格崇高的、毫无私心的服务领域，这一观点被 19 世纪末共和党独立派的理想主义者所复兴（它在美国绝不是什么新说法）。在随后的进步主义时期，这一观点成为一种信条，有了许多信奉者。我之所以将进步主义时期“政治大佬—政治机器—移民”与“改革者—个人主义者—盎格鲁–撒克逊”这两个复合体之间的对立理念作为现象单独挑出，并非认为这是当时存在的唯一斗争，而是因为它能作为一种政治感情潜流的典型被解说；这一政治感情潜流正在变得特别重要。（想要了解这方面的发展情况，请移至第 7 章第 2 节。）我们需要进一步研究，在美国蓬勃涌现的政治组织类型及其使它们得以维持的各种忠诚标准。这种研究至少要考虑五个主要方面：不仅要研究移民政治机器和改革运动，还要研究持久的改革机器、19 世纪中期的本土利益—政治机器以及 18 世纪中后期由地方名流联合参政而产生的政府模式。

切，他们把社会普遍的不满情绪聚焦到具体的问题上来。

揭黑新闻本身并不是这个时期的发明，揭黑新闻的成功也不是因为它有什么新思路。公众早已了解无所不在的贿赂，政商之间的腐败关系及其黑幕。从19世纪70年代开始，揭露时弊一直是美国政治生活中不变的主题。地方报纸经常出现讨伐运动。亨利·亚当斯及其兄弟查尔斯·弗朗西斯曾揭露了伊利铁路圈和“黄金阴谋”[①]。《纽约时报》《哈珀周报》和托马斯·纳斯特在70年代继承了坦慕尼[②]的传统。90年代，揭露时弊的文章大量涌现：帕克赫斯特和莱克修委员会在纽约十分活跃，W. T. 斯泰德的《假如基督来到芝加哥》一书在那里引起了轰动。亨利·德马里斯特·劳埃德1894年出版的《富人：国家的威胁》一书，是揭黑的精彩典范。哈姆林·加兰的平民主义小说《变质》，显示出人们对州政府的腐败是多么熟悉。实际上，在19世纪的最后30年，这种小说大量出版。因为都对准了腐败这一主题，它们被称作“前揭黑”小说。[③]

进步主义时期的揭黑新闻既没有新思想，也不是新现象。与以往的区别在于程度——它的影响遍及全美，举国瞩目。它拥有行销全国的媒体和巨大的资源。揭黑杂志的发行量高达几十万，能为记者的调查提供大笔资金。S. S. 麦克卢尔估计，依达·塔贝尔那些著名的揭黑文章每篇要花费4000美元，而林肯·斯蒂芬斯

① 伊利铁路高层勾结政府，操纵股票和铁路运输价格。“黄金阴谋”指当时华尔街投机黄金，造成投资人亏损。——译注

② 当时纽约的一个慈善组织。后来成为政治大佬的工具，操纵纽约州和纽约市的选举，安插亲信到政府岗位。——译注

③ John Lydenberg: *Premuckraking*, unpublished Ph.D. thesis, Harvard University, 1946.

的每篇文章要花费2000美元[①]——这些超越前人的记者的过人之处，在于不仅能揭露美国企业和政治中的不法行为，还能指出行为的实施者及其具体罪状。以前只有酒吧老板、检察官、政党基层干部、警察、地方法官、妓女和公司律师才能亲历的黑幕，现在只要认字，就能通过揭黑新闻了解真相。

在揭黑运动之前，新闻业经历了漫长的变革，主要是报刊和杂志的蜕变。美国高速的城市化进程极大地扩大了日报的发行量。1870年，全国有574家日报；1899年增至1610家；到1909年，已经有2600家了。[②]在同一时间内，日报的发行量由280万份增加到了2420万份。[③]这一巨大的发行量为出版商提供了发展的千载良机，新闻界的一系列变革也随之而来。

很快，报社老板和编辑有了新的角色。他们对传统的新闻报道驾轻就熟，现在又肩负着更重大的使命：为在城市中未曾立足的农民和村民创造一个精神世界。进城后的乡村移民发现这是一个陌生、冷漠和残酷的世界：到处是腐败和罪恶，但又变幻无穷、颇具魅力。他们习惯于质朴的人际关系——家庭、教堂和邻居——但现在被抛入了一个虚伪且人际关系冷漠的环境中。此时的报纸不仅提供对新环境的解读，也在某种程度上填补了疏远的人际关系的空缺，以及城市日常生活中所没有的亲密感。报纸上的小道儿消息替代了村子里的街谈巷议。报纸紧跟瞬息万变的城市生活，

① S. S. McClure: *My Autobiography* (New York, 1914), p. 245.
② Alfred McClung Lee: *The Daily Newspaper in America* (New York, 1937), pp. 716–717.
③ Ibid., pp. 725–726.

不断捕捉个人的兴趣，为读者提供间接的人际关系。[①] 农村人来到大城市，最常见的反应就是震惊。报纸则毫不迟疑地利用了这一点。在 70—90 年代，迎合大众趣味的报道与日俱增，编辑们用有人情味的故事、改革运动、访谈和各种噱头，以及营销手段扩大发行量。随着发行量的日益增长，大型报纸不再那么依赖政党。在政治上独立和半独立的报纸不断涌现，出版商比以往更倾向于挑战政党和其他机构。揭黑运动扩大了发行量，获得了大量利润；出版商和记者不再害怕被报复；新闻业得到前所未有的重视。报刊上广告的版面越来越多。此时，出版商和编辑们不再满足于报道新闻，还开始创作新闻：他们创作可报道的事件，不管是通过内莉·布莱 [②] 周游世界，还是帮助煽动美西战争；他们也放大事件，通过巧妙而充满感情色彩的报道，将新闻记者认为不值得注意的小事抬高到新闻事件的水平。总而言之，他们充分利用了人们的好奇心。这种策略从流行一分钱报纸的时代就有了——也许大家还记得老詹姆斯·戈登·贝内特 [③] 是如何利用自己善于夸张的天赋的。但现在对好奇心的利用大大超过了以往，涉及范围更广，手法也更为巧妙。更关键的变化出现了。以前，记者通过富人的逸闻趣事来撩拨普通人的心，现在则更多是报道穷人，挑起生活无忧的人们的好奇。贫民区速写和有关城市底层人民的报道充斥

---

① See Helen MacGill Hughes: *News and the Human Interest Story* (Chicago, 1940).

② 内莉·布莱（Nellie Bly，1864—1922），美国调查记者。布莱撰写了大量揭露真相的文章。其中最引人注目的是，1887 年，她以病人的身份卧底纽约市一家精神病院，随后记录了那里的恶劣状况。1889 年，她以 72 天的时长打破了当时最快环游地球的记录。——译注

③ 贝内特（James Gordon Bennett，1795—1872），对现代新闻事业有贡献的美国编辑。——译注

报端[①]。正是富裕阶层对下层世界的兴趣催生了揭黑报道。

因为关注点都涌向了新闻采访和揭黑文章，优秀记者变得十分重要，从而降低了社论和相关版面的重要性。早在1871年，一位新闻观察者就发现："对大多数读者来说，报纸的主宰是记者，而不是编辑。"[②]南北战争前的老编辑们十分看重自己专栏作者的身份，他们通过社论成为思想观点的制造者。现在，他们的后辈意识到，社论已经不能再影响大众的思想，如何制造新闻才是重点。但是，寻找新闻，特别是揭黑或者书写温情故事，却是记者的工作。现在迫切需要大胆的创意报道和出色的报告性写作。1890年记者的收入是1870年的两倍。受过良好教育的人越来越多地被吸引到这个抢手的职业，并且比较容易站稳脚跟。[③]嘲笑过大学毕业生的编辑们现在开始需要他们了。美西战争是新型新闻业的胜利，其最精彩的战役出现在报纸上。战争记者人数众多，他们装备优良，几乎可以在紧急时变身成为军事增援部队。记者的社会地位提高了，光环也增强了，越来越多的有着严肃的文学抱负的年轻人加入了这一行列，用当记者的收入来继续追求文学梦。这些人给新闻业带来了更多的理想，更广阔的视角，以及一种属于文化人的社会责任感。

---

① 现代报纸的读者常常厌恶地躲开粗俗的、滥用感情的感伤新闻。也许这种写作表面是为了销量而利用情感，但其却悄无声息地帮助创造了一致的城市精神，给城市生活的粗野化倾向加了一些限制。报纸的读者都会注意到，人们几乎每天都要给予某个广泛公开的个人灾难十分慷慨的同情。即使像《纽约时报》这样的高层次报纸，也得对城里的"万户贫家"作生动的报道。以此，读者们慷慨解囊，充实了慈善基金。需要感伤新闻的文明是可悲的文明，但不能生产感伤新闻的文明更加糟糕。

② Frank Luther Mott: *American Journalism* (New York, 1947), p. 385.

③ Ibid., pp. 488–490.

最后，记者的职业生态位也会给人很多启发。他们不仅眼观六路耳听八方以得悉内情，还能同时关照对丑恶现实的报道和社论式的抽象的道德说教。他们看到了报纸在讨论社会责任感时的义正词严，也目睹了报社管理者为了获得新闻和广告时的不择手段。就像当年的年轻记者西奥多·德莱塞回忆的那样，他们对虚伪的工作环境感到警惕，甚至变得有些愤世嫉俗，但最主要是认识到了社论版的崇高理想和公共操守与报社办公室以及编辑部的肮脏现实之间的巨大鸿沟。[①] 在这个鸿沟中，爆料者投入了所有的探索真相的热情。

当然，站在揭黑运动前线的是流行杂志，而不是日报。但揭黑杂志被报纸新闻深刻影响。备受尊敬的老牌杂志，如《大西洋》、《哈珀周刊》、《世纪》和《斯克里布纳》，一直保持着高雅和严肃的格调。杂志 35 美分一本，只有约 13 万的发行量送达其数量有限的读者手中。这些杂志由文学界人士主办，内容中隐含着如下观念：杂志是定期出版的书籍，归保守的出版社所有。与此形成对照，在世纪交替时涌现出的新型杂志可以卖到 10 美分、12 美分或 15 美分一本，有着 40 万到 100 万的读者。它们的出版商不是文人而是生意人；它们的编辑通常是以前有过处理大量记者报道经验的报纸编辑。可以说，这些杂志就是定期出现的报纸，它

---

① “编辑在办公室里准备最花哨的道德社论，讨论人的价值，进步、品格、宗教、道德的价值，家庭、慈善等内容的神圣。事务办公室和新闻室则根本不关心这些美好的理论。事务办公室全是生意，他们只考虑如何赚钱。在城市新闻室里，假面被摘下，手套被褪去，生活被用潦草塞责的态度处理着……这里没有装模作样。在这里实现人天性中的某种诚实是不可能的。慈善就是某些人有利可图的生意。道德只不过说给公众听。”见 Theodore Dreiser: *A Book about Myself* (New York, 1922), pp. 151–152。因此报纸本身就是进步派的道德与“现实”之间的分裂的典型案例。

们的很多点子是从日报新闻和星期日增刊中获得的。它们不仅刊登文学作品，也刊登类似新闻的专题报道。像日报一样，它们不久就开始创造新闻，并且自成一股政治力量。

作为商人，这些杂志的出版商弗兰克·芒西、S. S. 麦克卢尔、约翰·布里斯本·沃克等人效仿了那些日报新闻业富于经销意识的先驱者——E. W. 斯克里普斯、约瑟夫·普利策和威廉·伦道夫·赫斯特等人。对他们来说，揭黑是他们用以扩大发行量最成功的手段。不管是揭黑的出版商和编辑，还是揭黑记者，初心都并非揭露邪恶、改革社会。《妇女家庭杂志》、《芒西》和《星期六晚报》并没有认真投入揭黑事业，却依然拥有巨大的发行量。但是揭黑新闻必然成为大众杂志发展的一个副产品，甚至可能是一个不可避免的副产品。揭黑运动的导火索《麦克卢尔》杂志，在揭黑运动前便已经大胆运用流行小说和依达·塔贝尔讲述拿破仑和林肯生活的连载而扩大了发行量。揭黑杂志本身也只是贡献出一小部分版面来刊登相关文章。只有在揭黑文章被证明受欢迎后，其他杂志，特别是《汉普顿》杂志，才以批量刊登揭黑文章的方式扩大了发行量。

揭黑活动往往开始于偶然发现的线索。一个重要例证就是塔贝尔小姐对标准石油公司的著名系列报道。麦克卢尔在后来的自传中说，《麦克卢尔》杂志在 90 年代后期刊登了一系列的文章，其本来的目的是颂扬“最伟大的美国企业的成就”。他认为“普通人对托拉斯怀有敌意，但对托拉斯却所知甚少”。[①] 他和编辑们

① S. S. McClure, op. cit., pp. 237–238.

认为研究托拉斯中最大的标准石油公司会起到教育的作用。因此，他们将依达·塔贝尔叫了回来。塔贝尔“在宾夕法尼亚石油生产中心地区生活了许多年，亲眼看见了标准石油托拉斯奇迹般的发展”①。无巧不成书，塔贝尔小姐一家也同其他小型石油生产商一样遭受过灾难性打击，因此她对这些破产的小型企业主抱有强烈的同情。②标准石油公司所运用的手段太容易遭人非难了，很难用轻描淡写掩饰过去。虽然她希望自己的调查“会被当作一种正常的历史研究来接受。……但使我懊恼的是，我发现自己被列入了一个新的群体，那就是揭黑记者。她想过完全放弃调查新闻这个工作，并且怨恨读者们要她继续揭黑的要求——“我在不久后发现，大多数人要的是攻击。他们对公正的调查毫无兴趣。”③她随后在关税政治方面做了一些调查报道。她后来回忆：“我的良心开始折磨我。作为一个新闻工作者，难道我只能报道负面内容而不能报道正面的吗？”她察觉到，由于揭黑新闻的影响，“公众开始相信，大企业的运营必然导致对劳工的剥削、压榨、轻视与欺侮，而唯一的希望就是摧毁制度”。她开始报道企业的成就和发展——当然，揭黑记者的名声给她带来了相当不利的影响。她逐渐变成了一个企业的赞美者，最后还为实业家加里法官写了一本辩护性的传记。④麦克卢尔先生原打算宣传企业取得的成就。他的愿望兜了一个圈子，终于还是在塔贝尔这里实现了。

---

① S. S. McClure, op. cit., p. 238.

② Ida Tarbell: *All in the Day's Work* (New York, 1939), pp. 202 ff.

③ Ibid., p. 242.

④ Ida Tarbell, op. cit., chapter xiv, pp. 364 ff.

揭黑运动的参与者，大多数只不过是受委托的作家和记者，他们迫切需要圆满完成任务。虽然其中的有一些人，比如厄普顿·辛克莱和古斯塔夫斯·迈尔斯，确实对资本主义制度深恶痛绝，但大多数人都是在销售意识强烈的编辑和出版商的驱使下，被雇来或被命令进行揭黑活动的。如果不算社会主义者，最有社会思想的和最喜欢寻根究底的揭黑记者可能要数林肯·斯蒂芬斯了。但即使是他，对美国城市的揭黑也或多或少出于偶然。麦克卢尔要求他必须先了解这个国家，否则不让他坐上编辑的位置。[①] 其他人都是勉强进入揭黑活动的。比如，雷·斯坦纳德·贝克（Ray Stannard Baker）最初的愿望是当一名小说家。他被《麦克卢尔》杂志招聘来写间谍故事，并出版了一本赞美美国繁荣的书。在从事揭黑活动以前，他的文章基本上是赞美美国大企业和托拉斯的！滑稽的是，人们的记忆会因为某些目的被重新编排。多年后，当路易斯·菲勒研究揭黑运动时，贝克却给菲勒提供了自己早期的文章，并且真诚地认为这些也算揭黑行动的一部分。事实上，贝克的第一件揭黑工作的性质与典型的揭黑行为截然不同——他揭发了工会内部的腐败。《疯狂的金融》一书的作者托马斯·劳森是一位失意的投资者，他心怀怨恨，鄙视民主。[②]《参议院的背叛》一书的作者戴维·格雷厄姆·菲利普斯，正是在为《星期六晚报》写小说而日进斗金时，开始在《大都会》的编辑贝利·米勒德的劝说下书写揭发美国参议院的文章的。菲利普斯刚开始十分抗拒，坚持要有另一个人帮他“收集证据”，直到那位社会主义作家古斯塔夫斯·迈尔斯被

① Lincoln Steffens: *Autobiography*, p. 364.

② C. C. Fegier: *The Era of the Muckrakers* (Chapel Hill, 1932), p. 130.

雇佣后，他才表示同意。不过，当他真正投入其中，便开始产生真正的兴趣。

如果说，从编辑和记者的角度来看，揭黑运动的开始或多或少有些“偶然”，那么，运动的结束则是必然。作为企业经营组织，以揭黑作为主业的大型杂志是脆弱的。出版公司规模大，但产品却不赚钱，只能高度依赖广告和贷款，因此很难抵挡来自企业界的压力。广告客户在自身利益或相关利益受到威胁时，会毫不犹豫地撤销订单。银行对杂志采用歧视性的贷款政策，甚至那些老牌的、业务很稳定的出版社有时也拿不到小额贷款。为了搞垮《汉普顿》杂志，甚至有人打入其内部。1912 年，当所有其他杂志均已落入新人之手并更改政策后，《皮尔逊》杂志仍坚持揭黑，其活力一直持续到第一次世界大战期间。有人用这家杂志来证明揭黑的热情不是瞬间熄灭的，而是被敌对势力掐断而逐渐消亡的。[①] 这是一个可供参考的观点，我认为不一定是定论。当时也许还有着足够的揭黑热情来支持一家办得很好、有很大发行量的杂志，但同时支撑好几家大型杂志和一批小型仿效者是不可能的。企业界肯定是有敌意的，并且让人们感受到了这种敌意。揭黑的情绪在逐渐消退。到 1912 年，这一运动已经高速发展了 9 年。如果认为它可以永远存在，那就误解了它的实质了。

让我们来审视一下耙粪者到底是谁，他们的目的以及他们做

---

① Filler, op. cit., pp. 370–373. 有关揭黑运动的衰退，值得一篇长篇大论。研究的重点不仅要放在企业集团的阻碍上，还要放在公众情绪、杂志内部管理和推销方法等因素上。关于后者，见 Walter A. Gaw: *Some Important Trends in the Development of Magazines in the United States as an Advertising Medium*, unpublished doctoral dissertation, New York University, 1942。

了什么。这些调查记者对美国社会的弊病火力全开时，其观点是非常尖锐和激进的。然而，他们本人却是温和派，根本就没有激进的社会改革方案供人使用。他们手法大胆，目标却很温和。从一开始，他们便受困于两者的不和谐之中。他们在一个繁荣时代工作，主要诉求不是响应迫切的社会需求，而是面向责任、道义和负罪感等公众情绪。几乎没有人想把这些情绪转变为改变社会的激烈行动。实际上，人们在那个社会中过得比较舒适，耙粪者也意识到这一点。1906年，《麦克卢尔》一些主要的揭黑记者离开了杂志社，转而创办了《美国杂志》[①]。就像雷·斯坦纳德·贝克的回忆说的那样："这些人更注重理解和确认，而不是做乌托邦的梦……我们'揭黑'并不是因为我们仇恨这个世界，而是因为热爱它。我们并不绝望，我们并不愤世嫉俗，我们也不愤愤不平。"[②]他们的第一条宣言就保证新杂志是一本"激动人心和让人愉快的月刊，内容包括小说、幽默、情感等各种好玩的内容。它将描绘一个幸福、抗争和与社会作战的世界，并且好人最终会取得胜利……我们的杂志健康，充满希望并鼓励人们积极向上……"[③]

---

① 在他们的回忆录中，大多数人对这一事件避而不谈。最详尽的记述来自 Ida Tarbell, op. cit., pp. 256–257; cf. Steffens: *Autobiography*, pp. 535–536。

② Ray Stannard Baker: *American Chronicle* (New York, 1945), p. 226.

③ Ibid., pp. 226–227. Cf. Miss Tarbell's recollection that the American Magazine："《杂志》几乎没有真正的揭黑精神。……有一种思想进入了编辑室，那就是在工业关系中，有一种从根本上来说是健康美好的东西。这种东西在许多地方已远比劳工和改革者正在寻求的东西重要。如上思想成了对老问题的新进攻。"Op. cit., p. 281. 另一位杂志社成员威廉·艾伦·怀特在1906年写信给编辑约翰·S. 菲利普斯："依我看，你面前最大的危险就是你极强的目的性。人们期待的是苍白的脸色、紧闭的嘴唇和一连串的情感失控。你应该愚弄他们，给他们'猪就是猪'一类的东西。从内容简介中，他们就能判断你将要生产一批'单薄的勇于牺牲的英雄形象'，与此同时，你应该有的是一批滑稽剧的时髦拥护者。"见 Walter Johnson: *William Allen White's America* (New York, 1947), p. 159。

最后有必要指出，在有限的、可能的改革框架内，且不颠覆美国社会结构和经济体制的情况下，耙粪者的努力确实改善了立法和一些表面现象。他们确实能获得某种成就感。总的说来，为《麦克卢尔》杂志写作的早期作家比社会主义作家，如古斯塔夫斯·迈尔斯、厄普顿·辛克莱和查尔斯·爱德华·罗泰等人更贴近大部分中产阶级读者。而那些社会主义者的目标是把揭黑运动得出的结论推向其终极目标。

三、现实与责任

耙粪者对美国思想的影响远大于对法律和道德的影响。即使没有创造出一种全新的批评方式，他们至少通过新闻观察强化了它。进步主义时期的思想基调可以被概括为“现实主义”。这种现实主义被当时的文学和新闻所孕育，最有影响力的当代思想家也将其带入了哲学、法学和经济学领域。虽然美国西部独特的乡村式民族主义对现实主义写作亦有贡献，但其主要来自都市以及都市的新闻业。从马克·吐温和威廉·迪安·豪威尔斯的时代起，绝大多数美国现实主义作家都接受过新闻工作培训，如斯蒂芬·克兰、西奥多·德莱塞、哈罗德·弗雷德里克、戴维·格雷厄姆·菲利普斯等；其他人则以不同的身份看到了记者所揭露的生活阴暗面，比如爱德华·柯克兰、爱德华·埃格尔斯顿、哈姆林·加兰和杰克·伦敦等。所有这些人——现实主义小说家、揭黑记者和富有批评眼光的社会科学家——都渴望挖掘“事情的真相”。

罗伯特·坎特韦尔曾经有一个观点：揭黑记者成功的主要原

因是文学而不是政治。在某种意义上，他们的工作和当时蓬勃发展的现实主义文学齐头并进。美国作家过去不写美国，尤其不写工业、劳工、企业、贫困和罪恶，但现在他们改变态度了。小说家们用哈姆林·加兰作品中的城市街道、屠宰场或苍蝇飞舞的乡村厨房的场景代替了老牌杂志的优雅旅行故事和浪漫史。坎特韦尔说："耙粪者的文章被广泛阅读，并不是因为他们揭露了例如明尼阿波利斯这种城市里的腐败堕落，而是因为没人描写过明尼阿波利斯。他们既没有蔑视这座城市，也没有赞美它，而是冷静明智地暴露它。总而言之，他们写的是自己所处时代的历史，这种历史触手可及、狗血不断、充满内幕。……他们调查警察、地下世界和政治大佬之间错综复杂的关系，还有新兴公司和立法机关及法院的秘密勾当。他们为美国社会的舞台提供了一大批包括政治大佬、职业政客、改革家、歹徒和工业巨头在内的新型人物。每个人都能识别出不同的类型，每个人都对他们略有耳闻。然而，这些人在过去一直没有被描绘过，他们的社会作用也没有被剖析过。同时，耙粪者描绘了人人都熟悉，但从未有人书写过的社会舞台——石油提炼厂、贫民区、红灯区和搞政治交易的旅馆房间。这些舞台常见、朴素而令人熟悉。美国丰富多彩的生活戏剧在这些舞台上日复一日地上演着。东部那些清高的杂志，刊登着英国著名小说家的散文和小说，怎么能够触及如此丰富的材料呢？"①

揭黑作家和现实主义作家在各自的领域工作时，理论家和社会科学家也在做类似的事情。学者们用"现实主义"方法，严格

① Robert Cantwell: "Journalism—the Magazines," in Harold E. Stearns, ed.: *America Now* (New York, 1938), p. 347.

地检验了早期的正统保守思想，并有时将它们批判得一无是处。经济学家正在认真思考如何运用维布伦的思想，让奢侈浪费的消费者和掠夺成性的工业巨头替代古典学派中的经济人。法学界的现实主义者用身着法官制服、满脑子偏见的有血有肉的公司律师形象，替代了早期法律理论家中“纯粹的”法律人。政治学家不再把国家尊崇为代表神圣主权的抽象概念，而是接受了查尔斯·A. 比尔德和阿瑟·F. 本特利等人的观点，即国家是负载着各种利益集团压力的一架机器。历史学家开始对历史作经济学的解释。新兴的学科，与社区救助工作以及基督教社会改革间联系密切的社会学，批判了传统的有关个体和道德的陈旧观念，发展出“现实主义的社会心理学”。约翰·杜威攻击了哲学中的形式主义，努力创造出更为具体和更为实用的哲学话语体系。[①]1913年，查尔斯·A. 比尔德出版的《美国宪法的经济学解说》批判了整个保守世界，堪称这场攻击传统观念热潮的最高成就。这一对传统象征的全面攻击使进步主义思想攻入了现存秩序的内部。崇拜宪法和先贤的人民因学者对开国元勋和宪法本身的批判和揭露而遭遇挑战。平民运动和进步运动的代表 V. L. 帕灵顿曾提出：“进步主义运动对美国政治思想的主要贡献，在于发现了联邦宪法的本质不具民主的特征。”[②]

但比尔德对开国元勋的批判也暴露出进步派在现实认知层面

---

① 关于这一代人的知识成就，见 Morton G. White: *Social Thought in America* (New York, 1949), esp. chapter ii。

② In his Introduction to J. Allen Smith: *Growth and Decadence of Constitutional Government* (New York, 1930), p. xi.

的某些局限性。当讨论开国者的经济利益和经济活动时，特别是用最高的道德标准看待问题行为时，他考据全面，见解深刻。但当讨论他们的民主观点时，他就比较随意了，他没有深入研究这个主题，满足于从宪法大会的争论中摘录一些零碎的句子，而且只看到了表面意思。① 在一定程度上，揭黑思想对现实的认识偏狭而刻板。威廉·迪安·豪威尔斯曾在一次讲话中不太恰当地称赞说，早期美国文学倾向于描绘“生活的微笑面”，并将此视作美国文学的真正特点。现实主义者对这种自满态度展开了进攻。在他们的笔下，现实是艰难和肮脏的。它被隐藏、被忽略，现于聚光灯熄灭的角落。现实主义者认为现实的本质是将目光锁定在最可能令人不快的一系列外部物质事件上②。现实是贿赂、回扣、用金钱换来的特权、售卖的伪劣食品，是人们在《丛林》、《章鱼》、《富翁：国家的威胁》或《城市的耻辱》等书里见到的现实。现实和道德理想是完全隔绝的，这种隔绝就像贫民窟婴儿死亡率的统计和报纸上赞美母性的文章那样毫不相干。

对于进步派时期的普通美国人来说，这种以现实面貌出现的丑恶事物并不能用“现实”一词做总结。对他们来说，现实是一系列非法阴谋，是邪恶和堕落的。这些罪恶能够统治美国社会是因为公民在道德上放松了警惕。因此，美国社会的衰败并不是人性本质必然导致的，它不应该是人类的生存状况，更不应该是美

① 我在以下文章中详细论述过这个问题，见“Beard and the Constitution,” *American Quarterly*, Vol. II (Fall 1950), pp. 195–213; the same essay is in Howard K. Beale, ed.: *Charles A. Beard* (Lexington, Ky., 1954), pp. 75–92.

② Cf. the discussion of “Reality in America” by Lionel Trilling, in *The Liberal Imagination* (New York, 1950), pp. 3–21.

国社会的现状。美国人民不能接受这样的现实或仅仅对这个现实做小修小补，而是应该竭尽全力与其斗争。首先，现实必须被赤裸裸地暴露；当大量的公民下定决心要实行改革时，就有办法对付这种现实了。就像乔赛亚·斯特朗所说的那样："若公众舆论在某一改革领域——无论是政治、社会、工业还是道德领域——得到引导，且大众良知觉醒到足以落实明智的想法，改革便能立见成效。只有这样才能有最根本的改革——要让民众知情并且调动他们的道德。"[①]首先，公民必须夺回他们出让的权力，若有必要，就改革政府机构。然后——既然美国人总是运用法律解决问题——那他们就会想方设法通过补救性的法律，而现行法律也会被坚定地执行。他们必须选道德高尚的人做政治领袖。他们认为这种道德品质是不可摧毁的：正人君子履职后仍是正人君子。一旦这种高尚的人掌权，道德的力量就不会减弱了。

在 1903 年 1 月的《麦克卢尔》杂志上，S. S. 麦克卢尔写了一篇社论，十分清晰地阐明了进步主义的精神[②]。在该社论中，麦克卢尔以全新的视角审视了自己的刊物，突然意识到他和同事正在从事的工作的本质。这一杂志刊登了林肯·斯蒂芬斯揭露明尼阿波利斯城、依达·塔贝尔揭露标准石油公司和雷·斯坦纳德·贝克揭露劳工问题的文章。麦克卢尔注意到，这些报道不约而同地反映了美国社会的一个突出问题，那就是资本家、工人、政治家和其他公民普遍不尊重法律。于是他问道，剩下的谁能维护法律？

---

① Josiah Strong, op. cit., p. 159.

② 我不仅从《麦克卢尔》杂志摘取了这篇社论，还摘取了这一杂志在整个时期的内容，以其作为普通杂志——读者精神交流的代表，也作为揭黑运动思想和感情的代表。

律师吗？有些最优秀的律师靠帮助企业谋划规避法律为生。法官吗？太多法官把对法律的尊敬变成了对谬论的尊敬，通过扭曲事实，他们释放了那些根据常识都要被渎职罪的人。教堂吗？“你们听说过吗？有一个历史悠久而富裕的教堂，要不是坦慕尼留下的卫生官员不断施压，神职人员才不会把租给穷人的住房收拾得符合卫生标准。”“大学吗？那些书呆子什么也不懂。”麦克卢尔得出结论说：“没有人了。所有这些人……做了最坏的事，却让公众付出代价。公众就是人民。我们忘记了我们就是人民。……最后，我们每一个人都要付出代价。”

他揭示了揭黑杂志的主题。首先是进步派对现实的看法——最受尊敬的人作恶是美国社会的“真正”特征；腐败无处不在。其次，轻罪的流行仅仅是因为法律被普遍破坏。我曾经讲过，盎格鲁-撒克逊民族重视法律条文的权威，而移民认为政治完全依赖于个人关系。进步派相信，假如法律是公正的而且能由公正的人执行，那么一切就会好转。[1] 他对法律、爱国主义等概念具备坚定的信心，认定不断规劝一定会产生效果。第三，他提倡每个人肩负起自己的责任并且承认个人罪行。

---

① “简而言之，只要托拉斯问题是一个法律问题，人们就会像总统一样相信，只要被一双干净、稳健的手和一颗忠诚、守法的心所掌控，那么它就是安全的。” L. A. Coolidge: “Attorney-General Knox, Lawyer,” *McClure's*, Vol. XIX (September 1902), p. 473.

“……人们冷漠麻木，从不坚持执行法律。” S. S. McClure: “The Increase of Lawlessness in the United States,” ibid., Vol. XXIV (December 1904), p. 163.

“唯一的补救办法就是严格执行所有法律，从始至终……” Ray Stannard Baker: “What Is a Lynching?” ibid. (February 1905), p. 430.

“……未能遵守法律的基本原则……” Burton J. Hendrick: “Governor Hughes,” ibid., Vol. XXX (April 1908), p. 681.

（转下页）

要理解改革者的思维模式，我们需要注意一个现象：他们不仅猛烈抨击托拉斯和政治大佬，也抨击兜售酒精饮品和卖淫嫖娼等改革对象。我说过，进步派思想基本上是新教思想；尽管进步派的大部分力量在城市，但却继承了乡村福音派基督教的道德传统。我们现在习以为常的城市中必定存在的现象，在当时却令进步派震惊不已。他们虽然生活于繁华之中，却感觉生活充满了邪恶。农业神话教育他们说，邪恶是城市生活不可避免的产物，但他们难以平静地接受它们。新教个性最重要的方面——个人责任感——在此显现。传统美国生活和农业神话建立在简单质朴的乡村生活与和睦的邻里关系上。在这个环境中，一个人的责任和道德不仅面向自己，也面向他人。[①] 基督教新教的伦理加强了个人责任感。耙粪者让美国新教徒了解到身边的罪恶，产生罪恶感和苦恼由此而生。新教的宗教机构没有提供任何让教徒处理和消化这

（接上页）“我希望以立法的方式让所有酒吧消失……” “The Story of an Alcohol Slave,” ibid., Vol. XXXIII (August 1909), p. 430.

“……我的主要建设性工作是建立一种制度，通过这种制度，我可以迫使手下的这群人——摒弃他们的旧习俗和明显的私利——真正地执行法律。” General Theodore A. Bingham: “The Organized Criminals of New York,” ibid., Vol. XXXIV (November 1909), p. 62.

在这一点上，这个时代较为成熟的思想与普通话语的偏差最为明显；当进步主义道德家和大众劝诫者要求回归“法律”这一光辉的抽象概念时，比尔德（Charles A. Beard）、本特利（Arthur F. Bentley）和古德诺（Frank G. Goodnow）等学者却试图表明：法律也会受到政治压力的影响并反映阶级利益。

① 罗斯（E. A. Ross）写了一本很流行的书：《犯罪与社会》（*Sin and Society*, Boston, 1907）。这本书的全部目的在于指出：新的生活条件要求新的道德准则。犯罪——做危及其他人的恶行——已经变成了集体的而非个人的。最典型的罪行不是出于侵犯，而是出于背叛。通常，犯罪的人在私人和个人关系中是完全良善的，现在的主要问题不是犯罪冲动本身，而是对道德的冷漠。现代罪人无法看到自己行为的结果，因为这些结果在时间和空间上都是遥远的。因此，在评价自己和他人的罪行时，必须比以前更富想象力。除其他事项外，公司董事应为其公司犯下的每一起可预防的错误行为承担个人责任。

些罪恶感的途径[①]。美国本土政治也缺乏能让人们作出妥协的强大的保守主义传统。集体参与政治的本土精神和公民意识——我说过移民对此十分陌生——都强化了一种思想，即每个个体都对现今的问题负有责任。

弗雷德里克·C. 豪的自传《一位改革者的自白》(*Confessions of a Reformer*)写得坦诚明了。怀着良好的自我意识，他分析了福音派教徒和共和党独立派的市民教育为进步派的责任感打下基础的过程。豪在位于宾夕法尼亚的米德维尔城长大。他的父母是虔诚的卫理公会教徒，经济上略高于中等水平。他在一家小型教会大学读书期间，正是达尔文主义盛行的世俗化时代。豪回忆说，当时的他对福音复兴运动失去了兴趣，但从幼年起就接受的“责任道德感和保持体面的观念”并不像一同教授的神学教义那样容易清除。[②]尽管我曾经竭力抛弃，但童年时被灌输的是非观仍然根植我心。我认为，这是我那代人最典型的精神特征。这解释了改革的本质，解释了道德和经济领域的法律法规，解释了为什么注重个人而不是机构，也解释了我们给其他国家释放的信号。传教士和舰队，禁酒运动和三 K 党，威尔逊和多米尼加[③]，这些奇怪的组合其实都反映了热衷于传播道德和文化价值观的福音派意志。

---

① 在福音派新教中，个人几乎要承担灵魂皈依和得救的全部重担。就这一目的而论，教堂为教徒提供的仅仅是劝诫工具。对比起来，在天主教和一些其他教派中，教堂的调解角色本身就极为重要，个人的责任感并没有被提到绝对的高度。罗马天主教徒可以通过忏悔和悔罪的形式来处理和从心理上控制内疚感。要是用政治关系来解释这种不同，进步主义的道德意图就更清楚了。

② Howe: *The Confessions of a Reformer*, p. 17.

③ 威尔逊总统倡导民主和民族自决，但是又派舰队占领了多米尼加。作者要表达的是这些相互矛盾的地方。——译注

这种意志也造就了美国。豪在约翰·霍普金斯大学读研究生时深深地被政治独立派的激情演说所吸引。在那里，伍德罗·威尔逊[①]谴责公民的冷漠和责任感的丧失；布赖斯勋爵充满理想地感叹政治体制的腐败、道德的堕落和民主的丧失。他提到，“在我认识的人中，责任感在消失，这给了我最深的印象：我认识的人选择忽视他们的责任”[②]。社会运动总是先发生在思想界的小圈子，80年代到90年代聚集在约翰·霍普金斯大学的那些优秀师生，提早几年就预知了不久将在社会蔓延的公民意识觉醒运动。豪是这样评价90年代霍普金斯大学的师生的：“我们感到肩负着整个世界。”[③]这也是不久后美国大部分人的心声。在世纪之交，最了解民众情感和心理的人，比如西奥多·罗斯福，号召所有人都肩负起前人已经放弃的公民责任。罗斯福说：“如何去实现改革，也许大家无法达成一致，但可以肯定的是，每一个人，不管他的社会地位如何，都应该以某种方式作出努力。”[④]

---

① 威尔逊总统曾任教于约翰·霍普金斯大学。——译注

② Ibid., p. 3.

③ Ibid., p. 8.

④ Theodore Roosevelt: “Reform through Social Work,” *McClure's*, Vol. XVI (March 1901), p. 454.

“从最终意义上讲，只有选民才能决定纽约到底是应该被‘打开’还是应该被‘关闭’。” Josiah Flynt: “In the World of Graft,” ibid. (April 1901), p. 576.

“一句话，如果我们要做自己的主人……那就必须自我努力。罗斯福总统提倡普遍的道德感，他这样说是对的。他认为每个人必须坐下来为自己做点事。” Ray Stannard Baker: “The Trust’s New Tool——the Labor Boss,” ibid., Vol. XXII (November 1903), p. 43. Cf. the same author’s conclusion that everyone was guilty “who has not, himself obedient to the law, demanded the election of men who will enforce the law.” “The Reign of Lawlessness,” ibid., Vol. XXIII (May 1904), p. 56.

“每个人在投票处要决心为上帝投票——就是说，为上帝所赞成的候选人投票，这样做，他们［指基督教公民］就能具备应具备的道德感了。” Anonymous: “Christian Citizenship,” ibid., Vol. XXVI (November 1905), p. 110.

重新翻阅文献时，进步派成员反复的自我检讨给我们留下了深刻印象。威廉·艾伦·怀特认为这种现象主要是因为："人们在灵魂深处对过去的罪恶进行忏悔。"[1]这个时代的义愤并不完全指向他人，而是经常指向自己。难怪当时有人把这一运动说成"良心运动"。林肯·斯蒂芬斯把他著名的揭黑著作取名为《城市的耻辱》，正说明他洞察了这一心态。

事实上，没有什么比斯蒂芬斯著作的导言更清楚地展现了美国人的责任意识变成罪恶感的过程。他一次又一次地将他在书中描绘的糟糕状况的罪责归咎到读者身上。他说："美国糟糕的政府管理，是美国人民自己造成的……人民诚实吗？他们比坦慕尼更好吗？……我们腐败的政府难道不是代表着人民吗？……你靠关系让妻子进入上流社会，靠关系让你的作品得到好评；而别人靠关系让小跟班担任公职，让盗贼走出监狱，让富人的儿子进入董事会；这些行为没有本质区别。……政治大佬不仅仅是政治大佬，还是美国政治制度的产物。之所以有政治大佬，是因为美国人民被赋予自由，却没有实践自由的精神。……该负责的不是我们的领袖，而是我们自己，因为我们盲目地跟随着他们。……贪赃枉法的风气就是美国风气。……人民并不无辜。这就是所有新闻中唯一的'新闻'。……我就是要看看，当这些可耻的事实以及它们所带来的耻辱被暴露于光天化日之下时，我们的公民是否会感到羞耻，美国人民是否能被激励着行动起来。"斯蒂芬斯在导言的结束处，将书献给了"被指控的人——美国所有城市的所

---

① William Allen White: *The Old Order Changeth*, p. 30.

有公民”。[1]

斯蒂芬斯的兴师问罪大胆得异乎寻常，但这只是伪装。斯蒂芬斯充满自信，大多数美国人可以接受。当他那些揭露城市黑暗的文章在《麦克卢尔》杂志上刊登后，明尼阿波利斯和圣路易斯的居民不仅没有生气，反而写信鼓励他。更重要的是，成千上万的个人和团体向他发出邀请，请他去揭露自己所在城市的黑暗："来吧，来揭发我们吧，我们比他们更黑暗。"[2]

斯蒂芬斯的观点是：人民，特别是所谓“最好的”人民，应该承担起腐败的责任。但是，这种论点不能作为对人类本性和人类品质的盖棺论定。他宣传普遍的负罪并不是想把大多数人打入地狱，而是希望所有人因为自尊心受到刺激而得到拯救。进步派不厌其烦地揭露黑暗的真正作用就在于此。尽管丑恶无处不在，但不是不可破解或者不可消除。丑恶不是生活的真谛，而是激励的手段，是改革的支点。斯蒂芬斯希望“表面的羞耻下面是潜伏的自尊心，自尊心能够拯救我们”[3]。穷途末路时他只能相信，就像他谈到圣路易斯的丑恶状况时所说的那样，“人民心智健全”[4]。

在某些改革者眼里，实现斯蒂芬斯呼吁的个人责任精神就是努力进入当时所谓的“种族生存实态”，意思大概是去接近生活于苦难“现实”的人群。早在 1892 年，简 · 亚当斯曾以“社会参与必要性”为题做过细致而深刻的演讲。根据她的说法，她那一

---

① Lincoln Steffens: *The Shame of the Cities* (New York, 1904); the quotations are drawn, passim, from the introduction, pp, 4–26.

② Ibid., p. 25.

③ Lincoln Steffens, op. cit., p. 24.

④ Ibid., p. 140.

代的美国青年在庇护和富裕中长大，接受的是社会正义和新教道德的教育。他们因自己的过于真诚而感到不安，因对社会的无用感到苦恼，还因“被排除在普通人的劳动之外”而感到焦虑。他们认为普通人的劳动“供养了他们，那是他们精神健康和身体健康的源泉”[①]。H. H. 博伊森的一本社会问题小说里有个类似的人物：一位富裕的承包商的儿子。该人物说：“我的舒适生活让我产生了隐隐的负罪感。”于是他离开了上流社会，投身“混乱喧哗的生活，那里充斥着激情和痛苦的求救声”。[②]我们可以从《麦克卢尔》杂志中找到无数带着同样目的的人物。他们不再是小说中的反抗者，而是作者本人[③]。这种激情一旦转化为行动，就涌现出一大批投身于各种慈善事业的真诚的改革者。当时大多数人只能停留在文字的层面（他们也只能如此），于是良心受到折磨。30年代，又出现了类似的席卷美国知识界的对无产阶级的所谓同情。一位

---

① Jane Addams et al.: *Philanthropy and Social Progress* (New York, 1893), pp. 1–26.

② H. H. Boyesen: *Social Strugglers* (New York, 1893), pp. 78, 83–84, 273. 在最流行的进步主义小说家温斯顿·丘吉尔的作品中，最突出的是内疚和愤慨的精神状态，以及有着这种精神状态的人所从事的工作和活动。他的作品充满了物质满足和精神发展之间是绝对对立的思想。他把整个进步主义运动描写成“从商业的一代脱颖而出的理想的一代所进行的奋斗”。见 Richard and Beatrice Hofstadter: “Winston Churchill: a Study in the Popular Novel,” passim。

③ “布莱尔·卡哈特（Blair Carrhart）到钢铁厂做了一名工人，这样他可以更好地了解他想帮助的人。……我们和他在一起过着充满危险、斗争和苦难的生活。”见 A review of I. K. Friedman’s By Bread Alone, *McClure's*, Vol. XVII (September 1901), pp. 502–503。

“她是一名受过高等教育并有着广泛社会经验的女人，像许多有着同样资历的其他美国女人一样，她有着充沛的精力。她不知疲倦，不满足于做周围进步生活的被动观察者。”见 Lewis E. MacBrayne: “The Promised Land,” ibid., Vol. XX (November 1902), p. 66。

“即使我们不想阅读那些意在让我们充满羞耻的文章，我们也应该被如此坦率、强烈和热切的风格所吸引。这里奉献的是比娱乐要好得多的东西。” *Everybody's*, reviewing the work of Lincoln Steffens, as quoted in *McClure's*, Vol. XXIII (November 1904), p. 111. 我们应该注意最后一句话的重要性。

名叫弗洛伦斯·威尔金森的人向《麦克卢尔》杂志投了一首诗，题目是“百万苦痛人”[①]：

> ……我可能活着，但他们正在死亡，百万苦痛人，
> 在俄亥俄河，在幼发拉底河，在莱茵河，
> 他们从岩石里掘出我的金子，百万苦痛人，
> 通宵达旦他们做出我每天的面包；
> 脚步沉重他们踩酿出我的美酒；
> 为了我能吃饱，他们走进了饥饿的坟墓……
> 用倒塌的房子取火温暖我的双手；
> 在正死去的母亲的乳房上我埋下我的头；
> 由于懒散，昨夜我的脚步虚弱无力，
> 发现双脚浸泡在她孩子流出的血中；
> 啊，永恒的正义，不要再这样，
> 不，让他们从尘土中站起来，让我来接受惩罚！

中产阶级真诚地接受了激励，认为自己对所有的社会弊病都负有责任。他觉得应该为此干点什么。他确实想干点什么，为了能够

① *McClure's*, Vol. XXIII (June 1904), pp. 167–168. 同一位作者在1906年9月发表了另一首表达她感情的诗歌《向俄罗斯敬礼》。这首诗是用惠特曼式的风格写成的。其开头写道：“你们，上百万的农夫们，拥挤在茅屋的烟雾弥漫的门口……”这首诗应该和她的另一首诗“手”相比较。“Hands,” ibid. (June 1910), p. 229:

> 啊，劳苦工人的奇妙的手，
> 铭刻上你手艺的标志，……
> 我赞美你，劳苦工人的手，
> 我要跑过来亲吻你的手。

安心。但是干些什么呢？在这个社会中，他是个获利者，通常拥有财富和地位，因此没有意愿进行根本的社会改革。因此，他所需要的是行动正在发生，社会风气正在好转，而他也起到作用的这样一种“感觉”。所以，反对腐败为进步派的道德考量提供了合适的发力点。他深信整个社会都是黑暗的，而揭黑者为此提供了丰富的证据。

随着时间的推移，揭黑者和改革者逐渐意识到，他们的工作只为自己和公众起到了精神安慰剂的作用，缺乏立法上的成就或实质结果。尽管没有什么政治影响力，但他们开始为自己辩护，因为喜欢努力的感觉，喜欢道德风气有所改善的感觉。他们说，“我们的兴趣在于道德层面而不在现实层面”。威廉·艾伦·怀特将“物质主义”到“道德价值”的转变追溯到美西战争。那时候，“牺牲精神战胜了商业主义”。人们意识到“要是我们能够为一个弱小的民族牺牲自己的利益，那么我们将学会解决民主主要问题的必要课程，那就是遏制我们国家的贪婪，与弱小国家诚实贸易”。[1] 麦克卢尔高度评价这种无形的作用。他赞扬了查尔斯·埃文斯·休斯对纽约人寿保险公司的揭露，认为该调查有“振奋人心”的效果。他认为这次揭露极有可能挽救成千上万的年轻人，使他们免于丧失荣誉，因为作恶者必将声名狼藉。“再也没有比把恶行公布于众更可怕的惩罚了。”[2] 与崇尚道德，反对物质主义相随

① *The Old Order Changeth*, p. 29.

② *McClure's*, Vol. XXVI (December 1905), p. 223. 比较：伯顿·J. 亨德里克（Burton·J. Hendrick）在谈到休斯就任市长时说，要判断他改革的永久性的影响还为时过早，但很清楚，“他已经永远提高了他任职的影响，为他的继承人树立了新的理想，使立法者们铭记了新的责任，**并大大提高了公众生活的风尚和效率**”。“Governor Hughes,” ibid., Vol. XXX (April 1908), p. 681 (italics added).

的是对金钱和积累财富的鄙视，这一点类似共和党独立派对利己主义者的鄙视[①]。乔治·凯南说，旧金山是成功和繁荣的城市，但是这个城市强调"物质成就和企业繁荣，而不是公民德行和操守。当一个城市得到了整个世界却失去了灵魂时，那又有何价值呢？"[②]当时，西奥多·罗斯福比任何人都更深刻地理解改革者所注重的道德的作用。他的演讲和写作充分运用了精神的力量。"恩伯利亚的圣哲"对罗斯福的时代作用有深刻洞察，他指出："罗斯福在这片大地上的权力是一种精神力量。他的王国不是这个地球上的王国。……最高法院是否支持他的铁路运费法案，个人所得税法案、公司许可证和继承税[③]无关紧要；他到这个世界上来不是为了提出一套法案，而是像其他伟大的导师那样，用生命和工作来见证真理。"[④]这是对改革者言论的无形作用的最敏锐的评论。进步主义者不仅取得了傲人的成果，还能声称已经为许多美国人提供了必要的精神净化。

---

① Cf. Miss Tarbell's "John D. Rockefeller; a Character Study," *McClure's*, Vol. XXV (July–August 1905).

② George Kennan: "Criminal Government and the Private Citizen," *McClure's*, Vol. XXX (November 1907), p. 71.（此乔治·凯南是一名探险家和记者，不应与外交官乔治·F. 凯南混淆，后者是他的侄子）。可比较林赛（Ben B. Lindsey）法官的观点，他认为不法行为和腐败的最惨痛代价不是物质，而是道德。"整个问题的根源是自私，在这个国家，金钱高于人性，任何企业只要建立在这种邪恶的教义之上，就不可能永远成功。" Ibid. (January 1908), p. 386. 与此相比，布兰代斯在其著名文章《商业——一种职业》中表达了对商业和职业非凡的理想化想象，文章中认为"与单纯的赚钱相比，商业上的成功一定意味着截然不同的东西"，商业乐趣一定不是"从获得金钱、行使权力或单纯获胜的轻浮快感中获得的单纯而庸俗的满足"。*Business—a Profession* (Boston, 1944), pp. 3, 5. 这篇文章写于 1912 年。

③ 西奥多·罗斯福支持立法，让联邦政府获得对铁路运费的更大管辖权以降低运费，支持用个人所得税代替关税，征收遗产继承税克服财富不均。——译注

④ William Allen White: "Roosevelt, a Force for Righteousness," *McClure's*., Vol. XXVIII (January 1907), p. 393.

第六章

同组织的斗争

一、组织与个人

进步主义的核心是试图在全新的环境下实现那些为人熟知的传统理想。我曾强调过，普通美国人关于政治和经济生活的观念，早在财产和权力广泛分散的乡村社会占优势时就已经形成了。大型公司在乡村社会中扮演的是小角色。彼时，企业财团才刚刚兴起，还没有获得19世纪末那般巨大的规模和全国性的影响力，而那时候进步主义一代还在成长中。政治机器虽然从艾伦·伯尔（Aaron Burr）[①]的时代起就是美国社会的重要象征，但还没有扮演它们今天所具有的强硬的管理人角色，所以，无论如何也算不上是对公民美德和民主政治的可怕威胁。现在，它们在大公司的腐蚀下，这种威胁似乎已形成了。美国的传统是公民对公共事务无

① 艾伦·伯尔（Aaron Burr，1756—1836），美国第三任副总统（1801—1805年）。——译注

论是政治还是经济层面的参与异常广泛[①]。今天，大公司、工会、庞大而顽固的政治机器迅速发展，把社会凝聚成一个个大型集团。无组织的公民前景惨淡：所有这些集合体和企业都一致行动，把那些难以组织或不可能组织的人拒于门外。早在 1894 年，在中西部一个小地方长大的威廉·迪安·豪威尔斯曾说过，美国社会的特质已有了很大的改变。他说："生存的斗争已经从一场自由的战斗变成了和统一力量的遭遇战。残存的自由战士们被劳工组织和资方组织碾得粉碎。"[②]10 年后，雷·斯坦纳德·贝克在《麦克卢尔》杂志上表达了潜在的牺牲者的恐惧。他说，一些组织严密的地方性资本和劳工联盟最近脱胎而出，"没有组织的公众立足何地呢？专职人员、教师、作家、艺术家、农场主、领工资的政府雇员，以及所有那些不直接参与物质生产和配送的人们，如何活下去呢？……劳工组织的收入和资方组织的利润直线上升；但是，工薪阶层和大多数中产阶级，为购买生活必需品付出的代价越来越大，却在收入上没有任何相应的提高，这难道不是事实吗？"[③]进步主义的核心主题正是对这种工业秩序的反抗：可以说，进步主义运动是没有组织的人对组织化带来的后果发出的控诉。

这种努力背后还存在着一个问题。最敏锐的同代人，包括许多对进步派抱有深深同情的人，都觉察到了这个问题：现代技术

① 对于这一参与意识的历史根源的分析，见 Stanley Elkins and Eric McKitrick: "A Meaning for Turner's Frontier, Part I: Democracy in the Old Northwest," *Political Science Quarterly*, Vol. LXIX (September 1954), pp. 321–353。

② Howells: *A Traveler from Altruria* (Edinburgh, 1894), p. 164.

③ Ray Stannard Baker: "Capital and Labor Hunt Together," *McClure's*, Vol. XXI (September 1903), p. 463; cf. the remarks of Mr. Dooley [Finley Peter Dunne]: *Dissertations by Mr. Dooley* (New York, 1906), p. 64.

和机器工业的发展（更不用说公民生活中那些复杂事务了），使得组织化、专业化、等级制度和纪律约束不可少。进步派虽然反对为了适应新社会的要求而牺牲许多传统价值，但并不打算摧毁这个社会，抛弃其物质优势，回到更原始的技术时代。他们也很少会有这样的错误认识，认为反抗组织化的运动可以在不发展新组织形式的情况下进行下去。简而言之，他们试图在保留新兴生活组织形式所带来的益处的同时，维系那种正被这种组织形式摧毁的个人价值观体系。因此，若要带着理解去同情他们，重要的不是把他们看成一群愚蠢无能、把简单任务搞砸的人，而应把他们看成具备理性，往往还拥有深刻洞察力的人。他们的命运是以巨大的热情和才智，努力完成一件复杂的且困难得令人绝望的任务。

进步主义出现很久以前，一些美国人就已看到了组织化所带来的不利和危害。但直到进步主义时代，那些被新的组织剥夺权利、感到疏离的社会群体，才在数量上达到了新的高度，并显露出他们从未有过的焦躁不安。许多历史学家指出，进步主义强有力地吸引了被实力雄厚的竞争者压倒和甩在身后的小商人，同时也吸引了一种新型中产阶级——技术员、领工资的专职人员、文书工作者、推销员和公务员。由于大型公司的兴起以及企业社会对专业技能需求的增长，这一群体不断壮大，成了迄今为止人口增长最快的阶层。从 1870 年到 1910 年，美国总人口增长了近 2.5 倍，其中老中产阶级——商业企业家和独立的专职人员——增长了 2 倍多；工人阶级，包括农场工人，增加了 3 倍多；农场主和农场佃户的数量翻了一番。新型中产阶级则几乎增加了 8 倍，从

75.6万人上升到了560.9万人。把后一个数字和326.1万个独立企业主及自雇专职人员比较一下，我们就能对人口中这两个阶层的相对规模有一个概念，进步主义正是从这两个阶层中吸引了大量的城市追随者。[①]

一个有重要意义的大型政治群体出现了，这一群体的成员受过良好的教育，有着温和的见解，对生活充满了希望。他们和经济组织没有任何瓜葛，他们没有工会，没有行业协会，所属的职业协会中也毫无议价能力。他们所拥有的是政治工具，并只有通过这一工具来表达自己的不满。虽然他们不能够罢工，也不能够操控价格，或成立需要大量金钱的活动集团，但他们能读揭黑期刊，听进步派演说，并投票选举。我认为，这个阶层的成员很大程度上来自社会阶层中那些向上攀登或横向流动的人——那些来到城里的美国农场主的儿子，那些渴望体面的白领工作的本土工人的孩子。总而言之，那些迷信小霍雷肖·阿尔杰的传说[②]，在乐观的美国梦熏陶下成长起来的人们，他们还没有放弃实现这种梦想的希望。如今的白领阶级麻木不仁，自甘沉沦，一心希望得到安全、悠闲、舒适的生活，享受轻松愉快的大众娱乐。但在进步

① 新型中产阶级从1870年的33%上升到了1910年的63%。相关数据见Lewis Corey: "The Middle Class," *Antioch Review* (Spring 1945), based upon Population: Comparative Occupational Statistics for the United States, 1870 to 1940, published by the United States Bureau of the Census. 有关当代对中产阶级的评论，见C. Wright Mills: *White Collar* (New York, 1951)。

② 小霍雷肖·阿尔杰（Horatio Alger Jr.，1832—1899），19世纪末叶美国最受欢迎的作家。——译注

主义时代，这一阶层的人们仍然抱有过去的雄心壮志[①]。尽管他们不满巨头们日益膨胀的财富，不满企业经济下那种粗鄙、缺乏人情味的经济环境，但内心深处却仍保留着对巨头们的敬慕和妒忌。毕竟，这些巨头们实现了英雄主义的个人梦想，获得了权势。这种思想可以用来解释有些期刊为什么一边刊登揭露企业掠夺和越界行为的文章，一边又刊登关于美国工业界杰出人物的英雄故事。这也可以解释为什么进步主义期刊，甚至社会主义期刊[②]，在嘲讽美国社会的丑恶，探索根本原因并为进步和改革提供蓝图的同时，却充塞着各种宣扬个人奋斗的小广告，这些广告旨在告诉普通职员如何提高自己，如何"奋勇向前"。我们只要浏览一下报纸的栏目，就能从一个世界进入另一个世界，一边是揭露并谴责牛肉托拉斯和标准石油公司的文章，一边却是引导人们向上爬的文章，如"你也能成为注册会计师"等。

人们对托拉斯的不满体现了美国人所熟悉的理想，那就是对创业和成功的向往。大量的美国人是十分不情愿抛弃这种理想的。在公正和善良的观念占统治地位的传统美国社会里，中产阶级手

① 人们的职业抱负减退，寻找舒适的倾向增加，并从消费者的立场来解释生活，这些都是利奥·洛温撒尔（Leo Lowenthal）研究的主题，他的研究很有启发性，见 Leo Lowenthal: "Biographies in Popular Magazines," in Paul F. Lazarsfeld and Frank Stanton, eds.: *Radio Research 1942-1943* (New York, 1944), pp. 507–548。

② 丹尼尔·贝尔（Daniel Bell）指出：在美国社会主义主要期刊《国际社会主义评论》中，教导读者获得成功的栏目比比皆是。它指导读者如何"通过诚实的投资使你的钱增加 3 倍"，也告诉读者如何靠卖奶油分离器而赚得 300 美元。这一类的广告文章相当普遍。社会主义者似乎也非常喜欢推销不动产和金矿股票，见 Daniel Bell: "Marxian Socialism in the United States," in Donald Drew Egbert and Stow Persons, eds.: *Socialism and American Life* (Princeton, 1952), Vol. I, pp. 298–299。关于美国社会主义中产阶级的特点，见 David A. Shannon: "The Socialist Party before the First World War," *Mississippi Valley Historical Review*, Vol. XXXVIII (September 1951), pp. 279–288。

中的流动资本通常能找到投资出口，投资者对自己的资金也有很大程度的控制权。19世纪早期和中期，典型的企业要么属于个人，要么属于小集团，这种企业的规模被个人财富所限制，并且由这些个人直接经营或由代理人经营。随着公司组织形式的多样化和企业证券市场逐渐形成，富裕的中产阶级的存款、投资和保险金，还有做出重大经济决策的权力，都一起落进了公司老板和投资银行家的手中。我们可以说，造成进步主义时代动荡不安的力量，主要来自被公司制体系剥夺了决策权却拥有相当财富的公民阶层。

公司的发展并没有消除有利可图的小型直接投资，恰恰相反，城市化带来了对服务行业日益迫切的需要，这些行业通常都以小型单位的形式运营。而这类企业持续为小投资者提供大量机会，只要他们满足于在企业的边缘小规模地赚钱即可。但服务行业只能吸纳一小部分中产阶级的资金。1870年后，那些对整体经济中起决定性与战略性作用、能带来最丰富的利润、最能激发创业者想象力的核心产业，越来越多地采用公司制组织形式。南北战争前一直局限于少数几种行业的企业联合公司，由于战争的爆发产生了新的生命力。战争时期的财政困境以及杰伊·库克（Jay Cooke）向国内投资者推销政府债券的成功，使人如梦初醒，看到了国内投资市场的潜力。战后时期，这一投资市场迅速发展，从铁路和银行领域扩展到公共事业、矿物开采、生产制造，最后进入了零售业。1900年，在美国公司中大约有440万个股票持有者，到1917年，达到了860万个[①]。

---

① A. A. Berle and G. Means: *The Modern Corporation and Private Property* (ed. New York, 1947), p. 56.

中产阶级的积蓄成了人寿保险公司激烈争夺的焦点。作为金融中枢的人寿保险业是南北战争后的产物，美国的人寿保险费在1860年是每人5.47美元，在1885年上升到40.69美元，在1910年达到了179.14美元[①]。有效保险金的总额在1870年到1896年间上升了577%，而保险公司的公开总资产提高了958%[②]。保险公司规模的扩大带来了公司内部政策的变化。递延股息合同的采用，使保险公司经理获得了大量没有分发的余额，这些余额理论上应在保险期满时分发给保单持有者，因为它们在公司账目中并不具备负债的法律地位。但是，一些大公司的经理们却抽取这些余额，通过子公司用于投机事业。纽约州的阿姆斯特朗立法委员会对人寿保险业的勾当进行了揭露。伯顿·J. 亨德里克在《人寿保险的故事》一书中也披露了人寿保险行业的乱象。持有人寿保险单的人们痛苦地意识到，即使在所谓安全的堡垒中，他们也正遭受着无耻而冷酷的欺骗。[③]

使中产阶级投资者最为恼火的一个想法是：他们自己权力的萎缩和"财阀"权力的膨胀竟是由于他们自己的积蓄造成的——就像路易斯·D. 布兰代斯所说的那样："束缚人民的脚镣是用人民自己的金子铸造的。"[④]美国古老的经济类型是：企业被分散成无

① Shepard B. Clough: *A Century of Life Insurance* (New York, 1946), pp. 3, 6.

② Ibid., pp. 128–130.

③ Ibid., chapter xii; Marquis James: *The Metropolitan Life* (New York, 1947), chapters viii and ix; Merlo J. Pusey: *Charless Evans Hughes* (New York, 1951), Vol. I, chapter xv; and Douglass North: "Capital Accumulation in Life Insurance between the Civil War and the Investigation of 1905," in William Miller, ed.: *Men in Business* (Cambridge, 1952), pp. 238–253.

④ Louis D. Brandeis: *Other People's Money* (1914; ed., National Home Library Foundation, 1932), pp. 12–13.

数小单位，每个地方都有自己的决策权。美国人在这种经济类型中长大，便自然而然地接受了它。现在，人们惊讶地看到这种经济类型已经自我消亡。它已经让位于少数人掌控的大型集团。这些大企业的决策是专制的。正像伍德罗·威尔逊所说的那样，他们集“资源、选择、机会——一句话，成千上万人的权力”于一身。他说，可怜的股票持有者“在和（公司股票）的联系中，不享有任何财产的实际权力。他只不过为一个不管什么人都可以随意管理的企业提供资金。他要是不赞成他们所做的事，那么除了卖掉股票以外没有其他办法可想（虽然这些人的行为可能已使股票大幅贬值）。他甚至连提出质疑或抗议的权利都没有，只会被呵斥‘少管闲事’——可他原本只是想维护自己的权益啊！”[①]。普裘委员会（The Pujo Committee）的调查进一步证明了威尔逊的观点是正确的。他们发现，股票持有者从来没有成功地推翻过大型公司的企业管理，或成功促使企业接受调查。他们调查了无数的人，但没有一个人能举出例子来否定上面的结论[②]。

尽管如此，人们还是乐意承认，他们的社会是繁荣的。不过，许多人都感到，这种繁荣是表面的，是抛弃了合理的原则而获得的，最终他们将因为这种肆无忌惮的行动而遭到报应。他们一贯相信，繁荣和经济进步不是通过大型的垄断企业而获得的，即依靠组织化带来的利益与效率，而是通过竞争、艰苦工作、个人的进取以及创新精神得来的。在他们的认知里，社会的福祉并非仅

① Woodrow Wilson: “The Lawyer and the Community,” *North American Review*, Vol. CXCII (November 1910), pp. 612, 617–618.

② Brandeis, op. cit., p. 41.

仅取决于结构层面——并非建立在某种技术和效率的总和之上，而是从道德方面入手，把繁荣作为对个人品质和个人美德的奖赏。然而，这一根植于新教伦理本身的传统，正在被公司制体系肆意践踏。

美国高级巡回法院法官彼得·S.格罗斯卡普（Peter S. Grosscup）是一位十足的保守主义人士[①]。1905年，他在《麦克卢尔》上发表了一篇文章，这篇文章恰恰揭示出这种担忧的普遍性。虽然格罗斯卡普承认，美国正在经历着前所未有的繁荣和强盛，但他还是感到恐惧，因为美国正在逐步丧失其灵魂。他担忧的是那些无形的东西。繁荣和权力都没有危险，但是“共和国的灵魂……是个人机会……共和国现在所面临的危险是个人的希望和前途的丧失——是对天性的压抑，这一天性曾把我们民族塑造成了富有个性的、独立而充满希望的民族”。美国正处于关键时刻，要是再不改变航向，就会最终陷入绝境。“组成美国民族的个人不再把获取财产作为他们生活中公开的最高目标。这就意味着，作为共和政体的美国将会失去唯一能赋予其生命力的精神。这意味着社会革命，最终将引发政治革命。”人们对企业的普遍忧虑，与其说是对高价的焦虑，还不如说是一种感觉。人们“感觉到什么地方出了毛病，感到前途未卜，未来的道路上充满凶险”。问题在于：企业正在对私有财产制施加难以忍受的压力。世界文明是建立在这

① 格罗斯卡普是一位麦金利共和党人，一位出色的法官。他是在1894年发出指令反对旦茨和其他美国铁路工会官员的二法官之一，他也是那些敦促克利夫兰总统在普尔曼罢工中出动部队的人之一。他还是高级巡回法院的审判长，取消了地方法官肯尼色·蒙顿·兰迪斯（Kenesaw Mountain Landis）因标准石油公司接收回扣而征收的2924万美元的罚款。

种私有财产制上的，个人主义社会的全部道德准则都依赖于对私有财产的渴望。现在，美国民族正处于十字路口，一边是通向企业家长主义，一边是通向国家社会主义——这两者对个人自由都是致命的。万幸的是，还有另外一条路可供选择："那就是个人机遇——从理论和实践上让每个个人都有参与国家财产所有权分配的机会。"

一言以蔽之，格罗斯卡普所提议的，就是把美国个人正在受到剥削的整个进程颠倒过来。他认为，若是这一工作由联邦政府来做，若是证券投机买卖和滥发股票能被遏制（就是说，公司能"幡然悔悟"），若是通向"所有权之路"对工薪阶层开放，最终目的就可以达到了。但他却没有指出怎么能够实现这种国家所有权①。

格罗斯卡普表达了对经济秩序的一种忧虑。在进步主义时代末期，这种忧虑越发频繁地出现。这场抗议活动中的伟大理论家和专家是路易斯·D. 布兰代斯，伍德罗·威尔逊则是政坛上的主要代言人。在 1912 年的竞选演说中，威尔逊十分精妙地表达了这种态度。像格罗斯卡普的文章一样，他的动人演说代表了中产阶级市民的思想倾向。这种思想把经济秩序看作是刺激和奖赏个人性格中某些品质的体系，其次才把它看作是组织起来进行物质生产和销售的体系。威尔逊所吸引的大众是在 19 世纪的机会理想熏陶下长大成人的，他们所抱的观点是：成功是对精力、能力、节俭、坚忍、雄心和胆识的一种奖赏。他们认为，人们（或者应该）

---

① Peter S. Grosscup: "How to Save the Corporation," *McClure's*, Vol. XXIV (February 1905), pp. 443–448.

凭借这些品质进行竞争；拥有这些品质最多的人理所当然应该获得成功。他们在表达经济理想时反复运用的重要比喻是赛跑——通常被叫作“人生竞赛”。现在，支配美国工业的原则已不再是这种赛跑。这种赛跑已经停止了。威尔逊拒绝接受的正是这一事实。过去，人们确实能够“选择自己的职业并力所能及地去追求成功”。美国曾经置身于“绝对自由的机会理想中。一个人除了自己性格和智力的限制，不应该处于任何束缚之下……人们凭借自身价值赢得胜利或接受失败”。新的组织体系以各种方式毁灭了这一理想的主体。但是，“美国将坚持不懈地用实践来恢复那些她永远乐于承认的理想”。[①]

威尔逊看到，美国人正生活在“一种新型的社会组织”之下，个人已经被“淹没”，人际关系也普遍变得冷漠疏离。古典经济学所描绘的、早期财产管理权分散时代里那种努力向上的个人创业者，已经被这种非人的组织扼杀了。这一创业英雄，威尔逊把他们称为“新手”、“只有小资本的创业者”、“竞赛中新入局者”和“一心求成的人”，是他尤为关切的人群。威尔逊说，他深感兴趣的是“社会自下而上的不断革新”，美国的创造力和进取精神都依赖于这种革新。这个国家确实是繁荣富强的，但“在我们所谓的繁荣过程中，中产阶级正在逐步被排挤出去。无疑，中产阶级成员也享受着繁荣的成果；但令我警觉的是他们已不再是繁荣的创造者”。美国的真正宝库在于雄心和活力。这些雄心和活力并不限于一个享有特别权利的阶层，而是依赖于“无名之辈”的发明和

① Wilson: *The New Freedom* (New York, 1913), pp. 14–15, 30.

创造。“任何压抑人性的东西，任何使组织超出个人之上的东西，任何阻碍、打击、使平凡人灰心丧气的东西，都是和进步的原则背道而驰的。”[①]那么，根据个人主义理想，这个国家公认的强大和繁荣归根到底是用退步的手段获得的。巨头们把个人奋斗的道路弄得极为狭窄，使小人物得不到贷款并被关在市场的大门之外，这一切难道不是事实吗？[②]人们对这一过程已经麻木不仁，以至于忘记了“美国往昔的时代，那时候，美国就是古老的村庄，美国就是漂亮的峡谷，美国就是广阔的草原，美国显示出伟大的力量。从山麓到内地美国事业的火焰熊熊燃烧。人们心中充满了热情，他们是自己工业的主人，他们决不受人雇用，也不会离乡背井到遥远的城市去寻找工作。他们喜欢街坊邻居，喜欢在他们中间寻找信任和依靠。他们之间的互相信任，取决于个人品格，而不是人脉关系，是人们所熟知的内在潜质与背后的支撑，而非在陌生之地获得认可的证券”[③]。

进步派最坏的预感并没有变成现实，但我们应该理解他们那一代人所采取的对事物的态度。他们的历史意识是在个体创业的美国经验之上形成的。美国历史的壮阔篇章是在宽达 3000 英里、长达 1500 英里的大陆上展开的。在这片土地上，人们用战斗解决了伟大的政治问题，进行了伟大的经济冒险，获得了难以置信的利益。还没有退场的一代造就了卡耐基、洛克菲勒、希尔·哈里曼和摩根。他们羡慕这些人，同时又对这些人感到恐惧和愤怒。

---

① Wilson: *The New Freedom* (New York, 1913), pp. 3, 5, 6, 15–18, 82, 85, 86–87.

② Wilson, op. cit., pp. 14–19.

③ Ibid., pp. 18–19.

美国发挥了史诗般宏伟的民族想象力，培养了没有新奇大胆就没有幸福的灵魂。这种灵魂是在征服大陆的时代养成的，是在辽阔的领域内定居时养成的，是在短短一生的时间内创造出了巨大工业和运输体系时养成的。拥有这一灵魂的人民在穿过大陆时开山辟路，孤注一掷地冒险前行。而如今，难道他们的下一代要成为雇佣工人，最好也不过是管理人员吗？难道他们只得接受一种除了安全的投资外什么也不能给予的经济制度吗？难道他们将被动地苟安于甚至连温和的个人事业都没有的生活吗？如果是这样，那么，支撑着整个美国事业的可贵精神靠什么来维持呢？这种精神要是不能够维持下去，美国将会变成什么样呢？进步派不是宿命论者，他们不打算静静地听任这一伟大传统的没落，至少要作一次勇敢的尝试，来恢复其中包含着未来光明的过去。

二、国家和托拉斯

进步派反企业组织的运动并不仅仅出于对经济的考虑，也不限于更抽象的经济道德方面的考虑。他们普遍感到的，是一种在政治现实中出现的恐惧——怕作为财富和权力唯一中心的大型垄断企业，会凌驾于所有其他社会阶层之上，并使传统的美国民主寿终正寝。威尔逊生动地描述了这种恐惧心理。这种恐惧也困扰着对创造经济机会没有强烈兴趣的许多人，以及许多无名之辈。人们对托拉斯的愤怒，对于小商人、低层中产阶级和那些继承了平民党传统的人有着极重要的意义。现在，作为威胁民主政府的托拉斯不仅使这些人感到苦恼，而且影响了其他阶层——城市律师、专职人员、知识分子和旧精英阶层的务实政治家。他们十分蔑视那些互相竞争的大企业在经济上进行的尔虞我诈。渴望投身商界的人终究是少数，但社会各阶层的人都在怀疑庞大的资本联合体同自由社会是否能够和谐共存。

1912 年竞选运动结束时，威尔逊肯定明白，大部分公民认为打击企业垄断对于维护政治自由是必要的。对他谴责种种限制，和把政治自由与经济自由联系在一起的努力，选民热烈地支持。他说，他已投身于“一场反抗那些凌驾于我们头上的权势的运动，这些权势限制我们的发展，决定我们的命运，让我们穿上囚衣，使他们能够随心所欲”。他清楚地表达出其思想的全部含义：“这是第二次解放斗争……要是美国不能拥有自由企业，她就不可能拥有任何形式的自由。”[①]

美国人将会完全失去控制自己事务的权力。这种恐惧印证了美国人的性格中一个根深蒂固的特质，即对权威的不信任。美国人极易屈从于舆论的暴政，至少从托克维尔时代起他们就已经习惯如此。但重要的是我们要懂得，在这种情况下，舆论很难被准确地找出来源：它散乱而不集中，归根结底似乎属于人民自己——至少表面上是这样。那些能明确追溯到个人或小集团的权威，在美国常常受到怀疑。从历史上看，个人事业极受重视。对

① Arthur S. Link: *Wilson: the Road to the White House* (Princeton, 1947), p. 514.“自由企业”是所有其他自由的基石这一思想，已经成了美国保守分子的呐喊和国家制造商协会的最高宗旨。如果我们知道了这一点，我们就会懂得为什么在第一次世界大战前曾是热心的进步党人的许多人，会在过去的 20 年成为同样热心的保守分子，而他们却并没有意识到自己的前后矛盾，实际上，他们对同一种思想一直是坚贞不屈的，只不过历史本身变幻无穷，整个世界也发生了变化。

于个人不能处理的许多工作，美国人喜欢求助于自愿组织的团体。对于那些没有政府和法律允许就不能处理的工作，他们喜欢尽可能地依靠亲近一些的地方政府，要是不行就依靠州政府；只有当无计可施的时候，他们才会诉请联邦政府采取措施。这种对权威的不信任经常被用来反对政府，特别是当人们感到政府强大有力、力量日益增加的时候。在独立战争的舆论准备时期，这种怀疑曾发挥过很大的作用。它使独立战争的热情的支持者坚强不屈。这种怀疑阻碍了联邦宪法的通过，并被用来为脱离联邦辩护，它导致美国人把几十年前其他西方社会肩负起的政府职责拖延到了 20 世纪。近年来它又支持了一大批人抵抗“新政”的种种改革。

除此之外，对权威的怀疑基本上把矛头指向企业界，至少指向企业界的某些部分。在杰克逊时代，美国银行因对国家信用贷款拥有日益增长的影响力而付出了沉重的代价。在进步主义时期，整个企业系统变成了广泛敌意的目标，产生这种敌视是因为人们感觉到企业正在变成拥有行动权力的垄断系统。要是企业联合体的进程和过去一样继续下去，并且不断涌现出更大的联合体，要是在金融家的支持下，神不知鬼不觉出现一个“集所有联合体于一身的联合体……一个比任何可想象的敢于公开露面的单个联合体更可怕的‘利益集团社会’”，[①] 美国的民主将会落到什么地步呢？在公司企业的庞大体系内，如果说持有股票的人们已经被剥夺了经济决策权，那么下一步他们被剥夺的是政治决策权。对于这样一个超联合体，要取得对政治进程的控制是没有什么困难的。

① The phrase is Wilson's: *The New Freedom*, p. 187.

它会迫使腐败的政治机器和贪财的政治家俯首听命——就像现在的联合体在某些范围内已经做到的那样。如果这一切成为事实，普通选民的作用将会从政治影响中彻底消失，就像普通股票持有者从大型公司的管理中被排挤出来一样。即使统治政府的工业巨头心慈手软，但要让一个自由民族屈服于家长主义的保护伞之下，受从外面强加来的限制，也是办不到的。进步派思想以温和而合理的形式，表达了对狡猾阴险的财阀统治的恐惧。平民主义者也惊人地表达过相同的恐惧。进步派并不经常把邪恶的意图和可怕的阴谋都归罪于财阀，但他们仍然感到难以平静。他们意识到某些重大决策正在作出，但这些决策的形成却和他们毫无关系。“某些人正在控制着工业的发展”，因此，现在最要紧的是“让法律起作用”，以创造出新的可以容忍的生活环境，使那些人不再秘密地作出决定。“不允许在背后搞阴谋诡计。”所有的立法以及经济活动都应公开进行。要是人民知道正在作出什么决定，知道他们是如何被统治的，手中也握有行动工具，就有相当的机会来选出那些能够制定必要补救措施的人[①]。（我们能够看出，威尔逊的国内政策和外交政策经常是相似的。处理国际事务除了达成公开的协定外，不应该运用任何秘密的手腕，处理国内事务也应该采取同样的态度。）

过去，州政府和联邦政府的作用、活动范围和执法权力都是有限的。19 世纪早期，这些被作为组织单位的政府都是规模不大的统一体。现在，大型企业公司和投资公司侵入了这一权力分散、

---

① Wilson, op. cit., pp. 20, 22, 62, 114, 125–126, and chapter vi passim.

力量松散的体系，控制了大量的资源，能够轻而易举地买通政治上的支持；就像它们买通其他各种特权一样。进步派始终被一个幽灵困扰：私人权力远超国家公共权力。早在1888年，查尔斯·威廉·艾略特（Charles William Eliot）就在一篇著名的文章《美国民主的运作方式》中指出，作为组织单位，大型企业的发展速度早已超过了各州政府。他说，某一铁路公司在波士顿设立了办事处，雇用了1.8万人，每年毛收入为4000万美元，付给管理者的最高薪资是3.5万美元。而马萨诸塞州政府只雇用了6000人，毛收入为700万美元，最高工资不超过6500美元。真正的大型铁路公司，如宾夕法尼亚公司比波士顿公司更威风，马萨诸塞州政府相比之下黯然失色。作为组织单位的州政府相对来说小得简直像公司的一小块封地。[①]

艾略特发表这些观点时，企业兼并浪潮还远未达到巅峰。1898年后出现的巨型公司组织和进步主义时代出现的“交叉董事会”表明：无论是联邦政府还是州政府都被企业势力所笼罩。例如，1901年为组成10亿美元钢铁托拉斯所集中的资本，就足以支付联邦政府所有部门2年的费用。1908年3月，拉福莱特参议员在参议院就美国工业、运输、金融被操控的现状作了一次令人难忘的演讲。他用从美国公司董事兼任会得来的详细文件资料证明：仅有不到一百人通过协同行动，就掌控了全美国的大部分经

① Charles William Eliot: *American Contributions to Civilization* (New York, 1907), pp. 85-86. 艾略特并不像一些进步党人那样害怕公司的权力，但他也够担心的。他考察后得出结论说：“公司的活动，不管大小，都渗透了工业和社会主体的每一个方面，他们每天发出的工资，比美国大陆的所有政府联合起来所发出的工资还要多，甚至能够左右人的精神和道德。”Cf. the remarks of Wilson: *The New Freedom*, pp. 187-188.

济命脉。他发出质问："还有人怀疑，这些人之间存在着牢不可破的共同利益纽带吗？"[①]

4年后，普裘委员会的调查以令人震惊的细节证明了拉福莱特所说的话。在金融系统顶峰的摩根利益集团，在112个公司中拥有341个董事职位（包括保险公司、运输公司、制造和贸易公司以及公共事业部门），其总资产或资本额估价为222.45亿美元。这一不完全的统计数字表明，仅一个利益集团就控制了比新英格兰所有的动产与不动产多3倍、比南方13个州的全部财产多2倍，或比密西西比河西部22个州的全部财产还要多的财富[②]。人们一想到如此巨大的权力就会不寒而栗。这一权力正在无声无息地、冷酷地实现其政治目标，而对人民负责的任何国家权力都不能和它匹敌，或对它有所抑制。让人无法不联想到伊格内修斯·唐纳利笔下那个由少数富豪密谋统治社会的噩梦——现在看来，这样的设想甚至连那些一向理性、持重的人都不再觉得荒诞。威尔逊断言："要是垄断继续存在，它就必然会坐上政府的指挥席。我并不幻想垄断会自我节制，要是在这个国家里有什么人强大到足以拥有美国政府，他们就会这样做的。"[③]

普通美国人虽然不是充满热情地但也已开始时隐时现地依赖政府的监管，依靠政府的行动来抗衡私有企业的权力。面对企业组织对自己道德感与个人价值观的侵犯，他们感到愤怒的同时，开始支持政府组织，比以前任何时候都乐于接受扩大政府权限的

---

① *Congressional Record*, 60th Cong., 1st Sess., March 17, 1908, p. 3450.

② Brandeis: *Other People's Money*, pp. 22–23.

③ Wilson, op. cit., p. 286.

观点。由于长期以来作为政治行动核心的州政府早已被迅猛发展的企业力量甩在了后面（更何况许多企业根本不受州宪法的约束），他们就把联邦政府看作对企业进行控制的最后手段。具有讽刺意味的是，他这样做的同时也把他信仰的地方分权政治原则推向毁灭。联邦政府的监管职能其实从很早就开始发展了，比如1887年的《州际商务法》和1890年的《谢尔曼反托拉斯法》，这一趋势在进步主义时代因为政府采取了大量的措施而加快了步伐，在现代则达到最高峰。这一趋势最初是一群高度个人主义者对大企业不加控制的原始集体主义的一种本能反应。在美国，大部分中产阶级从来没对国家主义的成长及其执法权力感到满意，他们仍然没有放松对权威的怀疑，即使现在，他们还要反复证明他们对国家主义是深恶痛绝的。在我们的时代，只有在民族大危机——国内危机或是军事危机——的压力下，国家主义才可能成长。即便它能成长起来，也要遭到相当一部分人的不断抵抗。政府权力之所以能够在进步主义时代不断增加，是因为人们普遍感到紧张——因为他们对企业垄断和私人权力感到恐惧。最近几年，极右思想家已惯于把国家主义的成长描写成受外国意识影响的集体主义者们结党营私的结果。也许这里值得一提的是，现代社会组织的最初雏形，正是由19世纪“镀金时代”的那些极端个人主义者——工业巨头们一手建立的；而现代国家主义的原始起点，也主要来自那些试图挽救“个人主义”和“企业精神”这些根深蒂固的美国本土价值观的人们的努力。

如果必须建立国家权力，那么比以前任何时候都重要的是：这个国家必须是一个中立的国家，必须尽可能地满足中产阶级对中庸、稳健和“法律”的偏好。要是大企业徇私枉法、寻求特权，国家要有足够的力量来制服它们，而不仅仅是与之相抗衡。然而国家也不应该反企业，甚至大企业，它在所有的社会特殊利益集团之间必须是严格中立的，使个别利益服从于共同利益，而对所有个别利益又都是公平相待。它既不倒向富人，也不偏向穷人；既不袒护劳工，也不包庇资方，而是保护任何阶级中公正诚实、遵纪守法的人。事实上，这种政府的立足点就是中产阶级自己的立足点——以中立的态度来对待和处理各种追求私利的阶层之间的关系。政府的强权并不意味着它和那些利益集团中的任何一个有更密切的联系，而是高于那些利益的强大而有效的能力，并在必要时限制和反对那些利益。

人民需要一个强大而中立的国家权力，西奥多·罗斯福是懂得人民这种需要的第一位政治家。他直觉这种需要的重要性，并对此表达了真切的同情。这基本上可以解释他为什么这么受欢迎。[①] 就这一点而论，他任职期间最重要的一年是1902年。这一年，他成功地调解了煤矿大罢工，并对北方证券公司提出了控告。

---

① 凡是熟悉罗斯福作品的人不会认识不到他对这种需要的强调。他的言辞是有力的，但却是含混不清的：“这就是我对这件事的态度。……说到底，这不过是一个如何对待每个人的问题。不管他是穷人还是富人，我们都要根据他的优点来对待他，使他感到作为美国人民共同财产的白宫会公平地对待所有可敬的美国公民。” Elting R. Morison,ed.: *The Letters of Theodore Roosevelt*, Vol. IV (Cambridge, 1951), p. 880. “……针对北方证券公司等诉讼的成功，证明了在这个国家，无论贫富，法律面前人人平等。在米勒案中，我的行动向工会和公司展示了一个原则：当它们做对时，我会支持它们；当它们做错时，我也不会有所畏惧。” Ibid., p. 993. “与此同时，我希望劳工们绝对明白，我坚决反对他们任何形式的暴力和不法行为，就像反对富人的傲慢贪婪一样，我会迅速采取行动。” Ibid., Vol. III, p. 482. 在罗斯福的公开和私人著作中，类似的言论不胜枚举。关于罗斯福的总统角色的深入分析，见 John Morton Blum: *The Republican Roosevelt* (Cambridge, 1954)。

这些行动提醒人民注意到，这个国家有一个能够坚定地站在中立立场上处理事情的总统。这使人民有了信心。这些行动是极端重要的象征性行动[①]。之前也有总统介入劳资冲突——例如，海斯调停了 1877 年的铁路工人罢工，1894 年克利夫兰调停了普尔曼罢工——但那是作为资方的支持者，而不是作为代表着中立观点和“大众”利益的独立力量。在公众的眼里，罗斯福不仅超然于劳资双方，而且真正代表公众利益。在终于达成协议的谈判期间，他比煤矿工人和资方都更为重要、更具权威。一开始，罗斯福对自己的中立身份还感到有些为难。他写信给洛奇说：“不幸的是，我在这个国家的职位给我的力量也是我的弱点之所在。我在所有涉及大众利益的事务上，真正做到了不受大资本家的影响，能够真这么说的总统，也许我是近代的第一个。我认为一个总统这样做是公正的，值得称羡的。如果我认为这个国家在某些方面并不一定要给那些有钱的大亨好处，那么我就不给。但这样一来，我就完全不可能期望他们回报给我好处了。……最终的结果是，我既无法向他们提出私下请求，也实在想不出下一步该如何推进。”[②]

实际上，罗斯福的机智以及一些大亨对他的同情，要比他想象的多得多。马克·汉纳和 J. P. 摩根对公众来说是傲慢的财阀的象征。而具有讽刺意味的是，正是他们的帮助和影响力，促使了

---

① 罗斯福的朋友参议员亨利·卡伯特·洛奇也看出了这些行动的特点。当煤矿风潮迫在眼前时，他写信给总统说：“当然，你也没有任何权力或权威，但我们*表面上*能够做些什么吗？” Henry Cabot Lodge, ed.: *Selections from the Correspondence of Theodore Roosevelt and Henry Cabot Lodge, 1884-1918* (New York, 1925), Vol. I, pp. 528–532; italics added.

② *The Letters of Theodore Roosevelt*, Vol. III, p. 332.

罢工的最终平息[①]，因为没有他们的努力，那些顽固的矿主是绝不会被说服同意讲和的。不管是汉纳还是摩根，都没有得到罗斯福给予他们任何直接或私人的“好处”。罗斯福在整起事件中的立场，是出于防止社会大范围的苦难、大众的不满、可能发生的暴动，以及潜在的声援大罢工，甚至“社会主义的行动”[②]等。罗斯福向这些大亨呼吁，因为他们是能够平息某些社会灾难的可靠的保守派人物。这件事使罗斯福的威信在人民的心中大大增加。然而，历史学家禁不住会说，从“进步主义”那套典型观念来看，这一事件确实令人讶异——因为在这个“中立国家”诞生的关键时刻，竟然是“金钱马克”汉纳与 J.P. 摩根这些垄断财团的象征人物，担任了接生婆的角色。这显然打破了那种“进步派对抗资本集团”的刻板印象。

和对罢工的平息相比较，对北方证券公司的起诉在心理层面上产生了同样的影响，虽然这一起诉在经济上相对来说并没有什么实在的意义。这起铁路公司的合并案最初是在一场轰动一时的资本争夺战之后达成的，一方是 E. H. 哈里曼领导的金融力量，另一方则由詹姆斯 · J. 黑尔和摩根主导。这场争斗造成了可怕的金融恐慌，使许多人增加了财富，也使许多人破产。这个新的联合体吸引了公众的注意，大家都知道那是“摩根系”的利益所在。因此，起诉解散这个公司虽然对摩根或对企业界其他任何强大的财团都不算什么，但这样做在公众眼中无异于虎口拔牙。（实际

① 见罗斯福给这两个人的感谢信，见 *The Letters of Theodore Roosevelt*, pp. 353, 354。在罗斯福的信中，我们可以读到事情的始末，那是十分有启发意义的，见 ibid., pp. 323–366。

② Ibid., p. 337; cf. pp. 329–330, 336, 338, 340–341, 349, 357, 360, 362–363.

上，摩根因为没有预先得到通知感到很恼怒，气冲冲赶到华盛顿，去质问罗斯福是否还打算“攻击［他］的其他利益”。）政府的起诉鼓舞了所有的人，使他们感到美国总统终于真正比摩根和摩根财团强大而有力了。这个国家由华盛顿而不是由华尔街统治着。1904 年，最高法院正式裁定该合并违法、予以解散时，罗斯福感到万分高兴。他有权高兴——不是因为他对垄断猛击了一拳（因为判决并不代表什么，企业联合体并不因此而受到什么损失），而是因为在总统制的历史上，他第一个做了点事，减轻了公众在这个问题上的紧张情绪。他说，这是他第一任总统任期内“伟大成就之一；因为通过它，我们以最有力的方式强调了这样一个事实：在这个国家中，最有权势的人也必须受到法律的约束。这是我们用任何其他方法都不能做到的”[①]。从此以后，无论他言行如何，大部分公众都坚持认为他是“反托拉斯的炸弹”。

进步派代表中产阶级的精神和愿望，主张实行温和的经济补救方案，试图把极左和极右的危险降到最低限度。他们一方面害怕财阀的统治，另一方面又害怕群众的贫困和动乱。但要使政治领导权力牢固地掌握在既不极端保守，也不“疯狂激进”（罗斯福语）的中产阶级手中，以上两个问题是能解决的。他们要做的第一件事就是改革商业秩序，恢复或保持市场竞争——或者根据具体情况限制和约束垄断——并扩大信贷，以利于消费者、农民和

① *The Letters of Theodore Roosevelt*, Vol. IV, p. 886. 几年以后，他承认说：“事实上，对公司起诉的无形的仪式上的结果——就是说建立‘政府高于大公司的原则’——是起诉所得到的唯一结果。” Theodore Roosevelt: *Works*, Memorial Edition (New York, 1923–1926), Vol. XIX, p. 448; cf. Outlook, Vol. CII (September 21, 1912), p. 105.

小企业主。第二是尽量减少对劳动阶级的残酷无耻的剥削，解决通常所说的“社会问题”——劳资关系，贫民区人民的生活条件，对女工和童工的剥削，为社会福利建立起某种最低标准等——中产阶级对这些问题都充满了热情。他们对工业主义的牺牲者的福利确实是重视的，因为他们害怕忽视这些问题将会导致社会分裂和最终的社会革命。他们对社会正义充满了热情，他们也希望社会正义能够真正普遍地实行。罗斯福等人常常对财阀们怒不可遏，因为他们生活奢侈，态度傲慢，并在光天化日之下滥用权力。他们的行为不断引起人民的愤怒。这种社会公愤最终可能会在激进的甚或是“社会主义”的运动中找到表达方式。

1906 年，罗斯福在写给塔夫脱（Taft）的信中谈到他对未来二十五年美国政治领导任务的设想时说：“我根本就不喜欢目前的社会状况。那些富人们迟钝而愚蠢，贪婪而傲慢。他们在最精明的律师的帮助下获得的不当利益，以及由于法官的软弱无能或鼠目寸光以及他们因胆小怕事而做出的不幸判决，这些因素加上企业和政治的腐败，已经在民众心中引起了病态的亢奋和愤怒情绪。社会主义宣传的猛烈增加就是这种病态的表现。《世界主义》《麦克卢尔》《柯立尔》，汤姆·劳森、戴维·格雷厄姆·菲利普斯和厄普顿·辛克莱大力宣传社会主义。这种宣传带来了极恶劣的影响。这些人中有的是社会主义者，有些只不过是喜欢耸人听闻的煽动者。我们没有任何有效的办法来防止这种宣扬，因为我们不可能马上找出明智的办法。这些人企图建立起一种革命性的情绪，这种情绪极有可能会以一次政治运动的形式爆发。到那时，我们也许将不得不（而且是太晚或几乎太晚）去做我们在银币运动中曾做过的一切：在一个夏天里去说服大量本是善良的人，他们以前几年被反复灌输的那些观念都是错误的。”[①]

当然，罗斯福所代表的是这么一种进步派领导人，他们真正的内心冲动是非常保守的；要不是为了躲避更激进的要求，害怕打破生活方式的固定秩序，他们也许根本就不会成为进步派。而典型的进步主义思想者则与这一时期的社会主义者之间保持着一种宽容且互利的对话关系。他们也许带着某种焦虑不时偷偷看一眼，证实一下马克思的思想和费边的思想在美国有没有得到太多的地盘。但在那个社会思想广泛激荡的年代，他们主要是想从社会主义批评中学习，看看能否有所启发。然而从根本上说，社会主义批评的影响是消极的。社会主义者声称，资本的不断集中是社会进化的必然产物，必须剥夺其所有者的财产才能阻止它们对民主的践踏，而典型的进步派只不过是努力去发现在资本主义框架中限制和约束垄断的方法；社会主义者说，人民的不满只有在社会主义制度下才能得到解决，而典型的进步派却坚决地要证明在资本主义制度下这些不满能够得到缓和。在这种情况下，在进步主义时代被不厌其烦地宣传的所谓社会主义的“威胁”，实际上

① *The Letters of Theodore Roosevelt*, Vol. V, pp. 183–184. 不用说，罗斯福是过度担心了。他所提到的作家在帮他赢得公众的支持方面，要比他们创造“革命感情”做得多得多。6年后，罗斯福本人也建立起了一种“革命感情”，几乎和《世界主义》及其他刊物所创造的感情一样危险。

进一步促使了中产阶级去实现自己的方案[①]。

从根本上讲，人们的恐惧是对权力的恐惧；企业组织的力量越大，它所引起的焦虑也就越大。所以，人们批判得最严厉的是托拉斯、投资银行、交叉董事会和膨胀的私有财富，最后是高度统一而严密的政治机器。工会与大企业和政治机器相比要虚弱得多，从而在进步主义思想中处于一种模糊而矛盾的位置，进步派同情劳工，但若工会成了对抗企业权力的唯一力量，他们又会为工会拥有的权力而苦恼。人们绝不会忘记，资本与劳工若形成某种联合，也会压迫消费者和小企业主，因此这两者都是危险的。煤矿罢工后，煤价的上涨使许多公众大为担心。要是工会真正掌握了政治权力——如旧金山就是一个不雇用非工会会员的城市，

① 社会主义感情的成长比进步党时期更保守的政治家通常估计的有着更大的影响。它使罗斯福等人能够更有力地证明：他所坚持的温和缓慢的改革是十分必要的，从长远来说可以避开猛烈的抗议形式。当然，这一时期并没有几个热切的进步党人对日益增加的社会主义论调感到担心。大多数人仅仅把它看作总的抗议运动中的一个方面，并不认为那是对创造社会主义国家的真正兴趣。Cf. Wilson: *The New Freedom*, pp. 26–27. 人们对社会主义揭黑者和出版商，像 W. J. 根特（W. J. Ghent）、罗伯特·亨特（Robert Hunter）、杰克·伦敦（Jack London）、古斯塔夫斯·迈尔（Gustavus Myers）、阿尔吉·M. 西蒙斯（Algie M. Simmons）、厄普顿·辛克莱（Upton Sinclair）、约翰·斯帕戈（John Spargo）和威廉·英格利希·华林（William English Walling）的注意，证实了人们对社会主义思想的普遍兴趣。尤金·德布斯（Eugene Debs）在总统竞选中的选票 1900 年是 94,000 票，在以后的竞选中达到 40.2 万票和 42 万票，最后在 1912 年达到 87.7 万票。这是一个社会党候选人所能达到的最高票数和最大百分比（几乎是 6%）。选民很少把社会主义者送进国会或国家立法机关，但他们却经常把这些人送进市政办公室，主要是把他们作为对地方腐败的一种抗议。到 1912 年 5 月，1039 名社会主义者被选举上任，包括 56 名市长，160 名市会议员和 145 名市参议员。社会主义新闻业已发展到一个新的时期，有了 8 份外语报和 5 份英语日报，265 份英语和 36 份外语周报。J. A. 韦兰（J. A. Wayland）的社会主义周报《呼吁理性》（*Appeal to Reason*）在堪萨斯出版，发行量达到了 50 万份。关于社会主义的政治成就，见 R. F. Hoxie: "The Rising Tide of Socialism," *Journal of Political Economy*, Vol. XIX (October 1911), pp. 609–631, and Daniel Bell: "Marxian Socialism in the United States," pp. 259, 283–284, and passim。

有一段时间工会曾主导了地方政府——进步派在这些地区就会显露出某种反工会的倾向。[①]

要是劳工运动表现得温和而平稳，要是它明显代表了本土工人和企业中产阶级的愿望，进步主义者就会把它作为组成进步党运动的农场主，和城市中产阶级联盟中的小小的第三者接受下，那些生活在工业造成的贫困和冲突中心地带的进步主义者似乎已经感到，解决“社会问题”的最好方法是采取仁慈无私的行动，而不是进行直接的劳工运动。要求国家权力中立的理想在这里再次亮相，人民期望国家公正合理地行动，能够解决最严重的纠纷。国家立法机关必须挑起担子，使工业社会变得博爱、仁慈。1900年后的几年里，一系列关于工人补贴费、女工童工、工作时间、妇女最低工资、老年退休金等的议案被通过了。[②]尽管在实施这些法律的过程中出现了许多漏洞，尽管法院在后来的判决中常常损害了这些立法，但在救治工业主义最恶劣的弊病方面，这些法令仍有着十分明显的效果。到了今天，我们或许需要极大地调动想象力，才能真正回想起当年工业社会的“野蛮状态”究竟有多严重。例如，让我们来想象一下，在一个每年有大约1.6万到1.7万个铁路工人伤亡（每10到12个工人中就有1个）的时代里，工人补贴费意味着什么。进步主义运动留给我们的最优秀的遗产之一，就是坚持运用法律的力量来减少这种无辜的苦难。

① 关于旧金山的形势，见 Walton Bean: *Boss Reuf's San Francisco* (Berkeley, 1952); George Mowry: *The California Piogressives*, p. 295，后书指出了在劳工好斗的期间洛杉矶类似的情形。

② 约翰·R.康芒斯（John R. Commons）概述了这些立法，见John R. Commons, ed.: *History of Labor in the United States*, Vol. III (New York, 1935)。

进步主义的影响不仅在于它实际通过的法令，而且在于它对企业所施加的压力，使企业顺应了社会改革而进行自我革新，与此同时，美国的商业环境本身也进入了一个新阶段。1890 年以前，美国企业基本上把精力放在工厂建设、扩大市场和应对物价下跌等问题上，以致忽视了工人队伍的效率和企业风气。美国工厂管理一直是很落后的。但在 20 世纪初，一些有创见的美国企业家在工会组织的威胁下，在揭黑者的谴责下，在和欧洲最有效的管理者相比较而产生的痛苦下，开始着手改善糟糕的工作条件、员工的士气，以及此前毫无章法的车间管理方式[①]。1900 年到 1910 年，240 本关于企业管理的书出版了。弗雷德里克·温斯洛·泰勒（Frederick Winslow Taylor）对效率的兴趣影响了广大的企业家。商学院也应运而生——1898 年以前，美国还不存在这类专业机构。这些新兴机构为管理研究、教育与讨论提供了大量平台。雇主们开始研究人事问题，思考减少疲劳及改善工作条件的方法，还有的着手实行福利和救济计划及分红制方案[②]。许多计划被工会拒绝，认为那是资本家企图建立家长式的控制体系；而事实上，部分改革确实是与推动企业内部工会（company unions）（即不独立于雇主、容易被控制的工会）成立密切相关。只有极少数像爱德华·A·法林（Edward A. Filene）这样的雇主，会真正鼓励工人参与企业决策。尽管如此，整个进步主义时代的氛围对福利资本主义的成长起了作用。这一体系和正在成长中的约束企业的法令体

① 关于这一运动，见 Cochran and Miller: *The Age of Enterprise*, pp. 243–248, and Commons, op. cit., Vol. III, section III。

② 见 W. J. 根特对这一问题的评论，W. J. Ghent: *Our Benevolent Feudalism*, pp. 59–66。

系互相补充。第一次世界大战后，福利体系飞速发展起来。

无数进步党人对政治论调中那些重要的，但却是无形的东西深感兴趣。就这一点而论，他们确实赢得了重大胜利；他们增强了美国政治和经济体系中人类同情心的水平。一般说来，对一种社会情绪进行测试的主要方法之一，是看其中生活舒适的人们，更倾向于在心理上认同成功者的权力与成就，还是倾向于更关心弱势者的需求与苦难。而进步主义运动在很大程度上非常明显地把民众的同情方向转移到了社会下层而非上层身上。进步派创造了一种舆论气氛，使生活舒适者觉得自己应该表现出更大的人道主义关怀。正是这种气候的形成，他们最终成功地避免了他们最担心的两个极端对立的社会阶层之间的冲突。部分地由于他们的努力，美国才得以和英国及斯堪的纳维亚国家达到同等水平。在那些国家中，中上层阶级承认劳动者的诉求和工会制度具有正当性，不像欧洲大陆的某些国家那样，由于在道德上拒绝承认劳工的合理性，阶级反抗的激烈程度不断加剧，要想认识美国自身这种改变的重要性，我们只要想一想普尔曼罢工和霍姆斯特德罢工爆发时的社会舆论氛围，再把它和进步主义时代之后工会逐渐建立的背景氛围比较一下，就能看得很清楚。当然，20世纪的工人运动中也发生过暴力和流血事件，但总体而言，它所付出的代价远比1865到1900年那段时期美国工人阶级为了单纯维持在工业体系中的生存地位所付出的代价要小得多。

除了特殊例外，进步党人是能够和劳工组织达成协议或接受其存在的，但他们在面对企业组织时却遇到了现实的困难和感情上的矛盾，因此更加棘手。进步派对经济竞争受到威胁、政治民主被侵蚀感到忧虑，但同时他们也懂得繁荣和秩序的重要性，对实业界发动任何进攻都小心翼翼。他们反对私营企业的滥权，但同时又钦佩规模、效率和成功，他们致力于道德的完善，相信价格竞争会带来实际好处；他们也愿意参加社会改革，同时他们又崇拜“进步”的神祇——而“企业合并”“规模扩张”等现象，正是许多人眼中“进步”的象征。

因此，进步派对所谓托拉斯或垄断问题的讨论充满了忸怩作态和自相矛盾。我们可以看到，有些人投身于影响相当大的机构或企业，同时又发现自己违背了既定的道德原则和自己的道德理想，他们为此感到惴惴不安。当一个社会问题在关键时刻不能得到解决，当该问题引起了像进步主义时代那样强烈的情绪时，通常的途径是人们被迫去寻求一种纯粹象征性的解决方式。后代人没有以同样的方式接近托拉斯问题，也没有产生过同样强烈的感情，因此进步党人形式上对托拉斯问题的解决就极容易变成我们冷嘲热讽的对象。但我们要小心些，不要采取高高在上的态度——也就是以“事后诸葛”的口吻去谈论前人所面临的问题。我们没有经历过进步派那种强烈的焦虑感和失落感，因此我们对他们所面临的企业组织问题很难有切身的体会。但只要我们对这个问题认真思考一下——比如像我们对待维护民主问题那样——我们就会觉得我们对这个问题也拿不出更好的对策来。

不管怎么说，当 1890 年《谢尔曼反托拉斯法》通过时，当时一些敏锐的政治家就看出，那只是一种姿态，一种形式上的让步，是对大量公民要求政府采取某种反托拉斯行动的让步。参议员奥维尔·普拉特（Orville Platt）当时就坦率地说，这不过是为了“弄出一部标题为‘惩罚托拉斯法案’的法案，好拿去向选民交代”。[①]在西奥多·罗斯福就任总统之前，人们几乎没有运用这一法令来审查企业联合体，因此所取得的成就微乎其微。最高法院已经明确宣布，实施该法令不是件容易的事，正如我们所见，罗斯福在对北方证券公司的起诉中戏剧性地处理了这一问题，接着，他又有所选择地对其他几个同时引人注目的企业进行了起诉。他那“反托拉斯炸弹”的名声随着这些起诉迅速传播开来——尽管历史学者努力进行辩解，这一名声仍和他的名字紧密相连——这件事本身就有力地证明：公众在这一问题上需要相信的是政府采取了有力的反托拉斯行动[②]。其实，罗斯福不仅没有对许多托拉斯进行起诉，没有在他任职期间去抑制那正在不断加速发展的企业联合体，而且他甚至不相信反托拉斯的哲学。他在总统致辞和其他公开讲话中，都曾十分坦率地重申过这一点。他有时粗暴地破口大骂，认为试图“仅仅恃仗一系列法律进行起诉而使企业恢复到60年前那种原始状态，是不可能的事情……”。[③]他在初任总统时就说：“赞成使国家工业瘫痪来破坏托拉斯的人，至少是个骗子，甚至是共和国的敌人。”[④]他认为，所有恢复古老竞争秩序的努力都是无益的，是起不到实际作用的。像那些追随赫伯特·克罗利的进

① L. A. Coolidge: *An Old-fashioned Senator: Orville H. Platt* (New York, 1910), p. 444.

② 有意思的是，塔夫脱在反托拉斯方面比罗斯福采取了加倍行动，但他缺少罗斯福那种演戏的天赋，因此没有得到“反托拉斯炸弹”的名声。

③ Theodore Roosevelt: *Works*, Memorial Edition (New York, 1923–1926), Vol. XIX, p. 401; this was his speech before the Progressive National Convention of 1912.

④ *Presidential Addresses and State Papers* (New York, 1910), Vol. I, p. 139; from a speech at Fitchburg, Massachusetts, September 2, 1902.

步派知识分子一样，他强调整个组织体系都必须被当作一种现代生活的必然产物来接受，而对这些过度膨胀的组织的监管与控制，应该通过“反向组织”来实现。正如他所说：“一个朴素贫穷的社会是能够在纯粹个人主义的基础上作为民主政体存在的，但一个富裕和复杂的工业社会却不能同样存在；因为某些个体，特别是那些叫作公司的人为个体，已经变成了庞然大物，普通个人……是不能在平等的意义上对付它们的。因此，这些普通个人照样必须联合起来，首先是为了通过‘政府’这一最大的联合体，以集体的方式采取行动；其次也通过个人联合体，如农场主协会和工会等采取自我保护行动。”①

这些讲话简直就是一种预言，预示着自从罗斯福时代以来，组织与反组织的势力将得到重大发展。罗斯福的信念是：企业合并应该被接受和承认下来，但它们的运作、行为和盈利情况必须公布于众；它们应该受制于法律并在变“坏”时受到惩罚。在他的倡议下，于1903年创立的公司调查局，确实对一些工业企业的主要行为进行了研究。这些企业包括木材、肉类加工、石油、钢铁和烟草业等。罗斯福似乎把公司调查局看作某种更有效的监管体系的初步尝试，但对于这一系统的最高形式，他却是模糊不清的②。随着时间的推移，他越来越强调“好托拉斯”和“坏托拉斯”的区别。垄断权力本身已不再是被关注的目标，现在的目标是那

① John Morton Blum: *The Republican Roosevelt*, p. 110; for a more elaborate statement of this argument, see Herbert Croly: *The Promise of American Life* (New York, 1909), esp. chapter xii.

② *The Letters of Theodore Roesevelt*, Vol. III, pp. 591–592, 680.

些用不正当手段发展与维持的垄断和准垄断。作这种区分并在实际法律中令人满意地得到实行，肯定是很困难的——但他似乎从来没有考虑到这一点。司法部反托拉斯委员会的人员极为有限，只有5位律师，用每年大约10万美元的预算进行工作。因此，从定义上说，既然每年只能起诉少数几家公司，就不可能有太多“坏企业”。这就是罗斯福在其总统任期结束时所留下的政策现状。

尽管塔夫脱总统努力把一些力量投入反托拉斯运动中去，但民怨民愤仍继续增加。由于政治家们取得的小小成功，人民对企业联合体实行法律制裁的期待反而愈发高涨。人们日益意识到威尔逊所说的“所有联合体的联合体”所带来的危险——这是所有大型企业集团在主要投资银行的领导下进行的联合。越来越多的美国人看出来，到目前为止所做的一切并没有真正深入下去。赫伯特·克罗利、西奥多·罗斯福、查尔斯·H. 凡·海斯（Charles H. Van Hise）都认为垄断必须被接受，但必须受到制约。这种观点对许多律师、知识分子和老企业家有着广泛的吸引力，而那些对垄断强烈反感的人，对这种观点也许是不屑一顾的。布兰代斯、威尔逊、拉福莱特和布赖恩的观点是，必须认真努力恢复、保持和监管竞争，而不是去监管垄断。这种观点更符合整个国家和大多数改革者的愿望，特别是在平民党反托拉斯传统有着相当力量的西部和南部，这种观点对农场主和小商人更有吸引力。[①]毫无疑问，

① 乔治·莫利（George Mowry）指出：罗斯福的家长主义哲学，包括制约托拉斯，接受劳工改革和保护关税等，在城市比在乡村更有吸引力；在美国18个最大的城市中，他得到的选票比在全国其他地方得到的还要多10%。*Theodore Roosevelt and the Progressive Movement*, p. 280.

1913 年副总统托马斯 · R. 马歇尔讲话时，正是心系这类广大公众："在上次竞选中，人民被告知托拉斯是一种自然的产物，对付它们的唯一方法就是制约它们。现在，人民对这种言论已经不耐烦了。他们所要的是以前这个国家能够提供的那种机会。"①

这席话是对企业联合体问题的概括。在 1912 年的竞选运动中，这一问题戏剧性地表现出来。威尔逊和罗斯福两人的竞选纲领都是非常进步主义的，只有对托拉斯问题的不同态度才使他们泾渭分明。就像布兰代斯所说的那样，这个问题是监管竞争还是监管垄断的问题。虽然两派人就这些说法进行过热烈的争论，并强烈地表达了各自的感情，但实际上争论并不像表面所显露的那样尖锐。当然，威尔逊和拉福莱特等人有时好像确实相信：企业合并的浪潮是能够被《谢尔曼反托拉斯法》等手段挡回去的。拉福莱特 1912 年曾说："要是这个政府的所有力量都被用来实施《谢尔曼反托拉斯法》，那么总统就能够挽救人民于今天面临的可怕状态了。"② 威尔逊在同一年说，美国正面临被一群利益相连的企业所统治的危险，"我们要靠法律，逐渐但是坚定地、持之以恒地把它解剖开来"。③——这番话令人联想到一种讽刺性的画面：一位外科手术式的总统，也许在布兰代斯和拉福莱特的帮助下，正举起手术刀对准美国企业颤动的身体开刀。

实际上，威尔逊的方法并不像吓人的外科手术比喻所显示的那样直截了当——他也认识到："建筑在大规模合作基础上的企

① Quoted in William English Walling: *Progressivism and After* (New York, 1914), p. 104.

② *Autobiography*, pp. 704–705.

③ Wilson: *The New Freedom*, p. 188.

业的互相联合是我们时代的特征，是随着现代文明的自然发展而来的。”他承认：“我们永远也不可能回到个人竞争的旧秩序中去；建筑在大规模合作基础上的企业组织，在一定程度上是正常的，不可避免的。”[①]他深信“小企业家”和“竞争”的价值，他把希望放在他所谓的“自由竞争”之中而不是“不正当竞争”之中。自由竞争就是能促成高效率者取得胜利的那类竞争，而不正当竞争则是指那些企业并不真正更有效率，却依靠不公平手段打败对手的行为。威尔逊不得不承认，自由竞争也会毁灭竞争者，而且这种毁灭和非法竞争所带来的毁灭一样致命。但在这种情况下，最终效果是好的，因为它能够提高整个国家生产体系的效率。因此，通过优势效率成长起来的企业是好的，只有那种用诡计战胜诚实竞争壮大的企业才是坏的。[②]威尔逊说过一句莫测高深的话：“我赞成大企业，但我反对托拉斯。”[③]但是绝没有人，哪怕布兰代斯，知道如何定义和估量优势效率，并在向大型化企业前进的过程中画一条线，超越了这条线，一个企业就会失去而不是获得效率。他们也许能列出一张大多数正直之人都同意该被判罪的独立企业的名单，但没人知道如何以建设性、负责任的方式来拆解那些已经靠这些手段成长起来的大企业。更没有人能用实践经验去明确区分：威尔逊所说的“我支持大企业”与“我反对托拉斯”究竟差别在哪。在罗斯福所作的好坏托拉斯的区别与威尔逊所作的自

① Wilson: *The New Freedom*, p. 163; William Diamond: *The Economic Thought of Woodrow Wilson* (Baltimore, 1943), p. 108.

② See the discussion of “Monopoly or Opportunity,” *The New Freedom*, chapter viii.

③ Ibid., p. 180.

由竞争和非法竞争的区别之间，没有人能肯定有什么本质的不同。

一个感到不得不对托拉斯问题采取理性观点的进步派选民也许会被搞得糊里糊涂，也许会奇怪候选人之间进行的热烈争论是否表达了真正深刻的不同。事实上，到 1912 年竞选的时候，最高法院的判决已经把谢尔曼法削弱到了极低程度。已经无法想象这一法令还能够作为一种针对企业合并进行全面进攻的法律武器——除非有一场司法革命[①]。剩下来的唯一可能性，就是明目张胆犯有不公正竞争罪的个别企业，有时能够被单独拉出来进行诉讼——这种过程和罗斯福所说的好坏托拉斯的区别并没有什么明显不同。也许最值得一提的是，威尔逊政府进一步加强了反托拉斯立法——通过了克莱顿法，创立了联邦贸易委员会。但这些措施并没有列出任何条令，去“修补”或“绕开”最高法院所设置的障碍。威尔逊也没有作出任何认真的努力来提出一项有魄力的政策。他在任期间，反托拉斯委员会扩大了，但也只扩大到 18 人——即使这一点还是在战争条件使物价飞涨的情况下才做到的。（最近的经验显示，最基本的经济管理也要求比这多十倍的律师人

---

① 在美国烟草公司和标准石油公司两件案例之后，这一点已经十分清楚了。这两个案例是“理性统治”用于反托拉斯诉讼的结果，是在 1911 年被判决的。最高法官哈伦（Mr. Justice Harlan）在对后一个案例表示他的不同意见时指出，最高法院“仅仅通过解释就修正了国会的法令，剥夺了它的实际价值，使它不再能够作为保护措施对抗应该被医治的弊端恶行”。这是反托拉斯改革者对这些判决所采取的普遍观点。

员。[①]）威尔逊也使那些希望联邦贸易委员会成为有效的行政机构的人们大失所望，他选择的委员要么无能，要么只是一心想把这一机构变成对企业有用的工具。[②]帮助起草成立联邦贸易委员会法令的布兰代斯，后来把这个委员会作为威尔逊在任期间“一个愚蠢的行政机关”解散了[③]。

任何关注托拉斯问题的人，只要同时关心公众讨论与立法进展两个层面，都很难不对这两者之间的巨大反差感到震惊：关于这一问题的讨论是如此的重要和深刻——因为再也没有什么问题比美国整个企业组织和美国政治的关系问题更生死攸关了，这是个究竟谁来控制国家的问题——但比较起来，具体的行动却简直不着边际，所有的战略方针都被彻底歪曲了。尽管政府对反托拉斯做了广泛的宣传，但人们不可能不得出这样的结论：对目前的反托拉斯需要采取保守态度的人，从来就没有失去过对形势的控制。问题不仅仅在于最高法院在核心议题上始终支持保守派，更在于那些坐在白宫里的总统，以及参议院中那些冷静持重的绅士们，归根到底也是值得保守派信赖的。像布赖恩和拉福莱特这样的领导人，由于得不到企业界大多数人的信任，最终都没能进入

---

① 1938年后，反托拉斯委员会在富兰克林·D.罗斯福的治下复活了，这一次不是打算对联合体发动正面进攻，而是打算管理价格政策和竞争行为。它所需要的人员大约是250名律师和经济学家。今天，证券和兑换委员会（The Securities and Exchange Commission）需要1200多人来进行工作。Walton Hamilton and Irene Till: *Antitrust in Action*, T.N.E.C. Monograph No. 16 (Washington, 1941), pp. 23–26，此书对历史上不能实施谢尔曼法的情况作了简明扼要的论述。关于实施的困难和局限，可比较 Walton Hamilton: *The Pattern of Competition* (New York, 1940), pp. 58–82; Thurman Arnold: *The Bottlenecks of Business* (New York, 1940), esp. chapter viii。

② Arthur S. Link: *Woodrow Wilson and the Progressive Era* (New York, 1954), pp. 70–75.

③ Ibid., p.74.

白宫。而他们在全国范围内虽然拥有不小的影响力，但他们的影响力在转化为立法或行政政策之前，已经经过了保守政客之手的仔细过滤。像西奥多·罗斯福这种领袖，和几位杰出的共和党人一起，深深懂得进步党情绪的迫切程度，也知道如何在他所谓的最不负责任的左和右的力量间起平衡作用。1912 年，乔治·罗斯福对他说，他早期是保守派中的进步派领袖，而现在则是进步派中的保守派领袖。“是的，是的，”罗斯福一边在他舒适的摇椅里摇来摇去，一边咕哝着说，“你说到点子上了。我不得不一直制止他们。我不得不抑制他们。”①

历史学家很早就已经意识到，罗斯福在得到美国生活中反叛力量的支持、必要时甚至主导煽动其反叛情绪的同时，却同时求助于参议院中著名的保守领袖，和东部工业及金融资本的著名代言人，从他们那里得到解决问题的建议。在竞选时，他从这些人所保护的金融世界中获得了许多支持。伍德罗·威尔逊的性格和罗斯福不同。在他的政府中，同样的力量却绕着弯子行事。为了维护他自己的正直感，威尔逊很少和工业及金融巨头们直接打交道，但他最亲密的顾问豪斯上校却成了私人代理人。资方的需要和观点通过他转达给了白宫；豪斯的日记中记载着他和 J. P. 摩根、费利克斯·X. 沃伯格（Felix M. Warburg）、亨利·克雷·富立克（Henry Clay Frick）、弗朗西斯·L. 赫金生（Francis L. Higginson）、奥托·H. 凯纳（Otto H. Kahn）和弗兰克·范德利普（Frank

① Nicholas Roosevelt: *A Front Row Seat* (Norman, Oklahoma, 1953), p. 53.

Vanderlip）经常会晤的情况。[①] 当1913年发生经济萧条，第二年又变得越来越严重时，威尔逊本人公开殷勤地追求企业的支持。他开始欢迎银行家和企业巨头回到白宫来。他的行动使人感到改革立法的浪潮已经到了强弩之末。[②] 进步派知识分子曾两耳灌满了赫伯特·克罗利对谨慎的罗斯福的过度吹捧；而在1914年，当他们看到由于伍德罗·威尔逊不能进一步实行进步党改革计划，克罗利就对他大加嘲讽时，他们一定要大惑不解了。[③]

我们说了很多关于反对大企业的宣传所具有的象征性作用，但这不应让我们忽视它所产生的其他实际用途。进步主义改革运动和商业的关系并不局限于努力恢复竞争或抑制垄断，还有其他更实际的改革也得到了考虑。正是所有那些警告性的写作和演说，所有那些反托拉斯宣传以及对它们威胁民主、自由与企业精神的热情宣传，迫使大企业和既得利益集团采取了守势，并创造了一种舆论气氛，使某些改革立法成为可能。进步派也许对企业合并感到无能为力，但他们确实在《赫伯恩法案》中设法迈开了第一步，对铁路公司做了明确的法律规定。他们也创立了联邦储备系统，设法建立了受人民控制的更令人满意的借贷系统。他们在《安德伍德关税法案》中，终于达成了盼望已久的降低关税的修正案。在一些州和国家的现状问题上，他们为农场主、工人和消费阶层赢得了真正有价值的立法改革。而如果没有那股声讨大企业权力

① Matthew Josephson: *The President Makers* (New York, 1940). 此书对进步党政治的这个问题谈论得最深刻。

② Arthur S. Link: *Woodrow Wilson and the Progressive Era*, pp. 75–79.

③ Ibid., pp. 79–80.

的强烈社会氛围，要获得这些改革将困难得多。

在许多方面，现在的企业联合体问题，和出现在进步党一代人面前的同一问题相比，已呈现出不同的形式。自由主义者和改革者都懂得这一点。如今，很少有人会带着同样的痛苦去怀念独立企业家精神的消逝了。资本形成过程已经改变了原来的方式，投资银行在其中的重要性下降，从而让人们不再那么惧怕“金融托拉斯”的幽灵。产品竞争在某些方面代替了过去的价格竞争。那些巨型的分销机构（例如大型连锁零售商），虽然本身就是庞大的商业实体，却在一定程度上给了消费者某种保护，使其免受垄断的威胁。布兰代斯等进步党人所否定的东西，大企业却用事实证明——大企业在技术上比小企业更进步。资本的政治权力，如今也更好地被工会组织的迅速扩张所制衡。进步党人曾对财产控制权的丧失感到惊恐万分，但现在一个领工资的经理阶层出现了，他们对个人声誉与社会地位的关切，甚至可能超过对“利润至上”的执念。可以想象，这些人也许会在企业管理上展现出比过去那些挣扎求生的传统小企业主更多的灵活性。

尽管如此，美国的后代人仍然大大受惠于他们从进步主义时代继承下来的反托拉斯传统。大企业的成长也许是不可避免的，但即使如此，如果它是在一种让其时不时处于防守态势的舆论氛围中发生的，那也未尝不是一件好事。瑟曼·阿诺德（Thurman Arnold）曾断言：反托拉斯言论的主要后果是：“由于把对大工业组织的进攻转入纯粹道德和形式的渠道，反而促进了这些组织的增长。”[①]但即使是他，在《资本主义的神话》（*The Folklore of Capitalism*）中详细讨论这一观点时，也不得不承认，同样的反托拉斯言论，通过宣传大联合体能够被约束并使其品行端正的观点，某种程度上也确实促成它们最终变得品行端正了。而且，如果当时没有这些“带有敌意的法律”存在，大企业在定价政策上很可能会更不顾公众利益。[②]阿诺德后来当了首席检察官助理，负责司法部反托拉斯委员会的工作。用开阔的历史眼光看，正是继承了进步派和其早期反垄断先驱所留下的情感遗产。他和后来新政时期反垄断运动的其他谋划者，都没有像布兰代斯—威尔逊派那大吹大擂的竞选讲话所表示的那样，打算对庞大的企业发动总进攻；但他们确实依赖了由进步主义运动培养并强化起来的那种政治情感和公众意识。弗朗兹·纽曼（Franz Neumann）在考察了导致魏玛共和国瓦解和德国纳粹党上台的条件后指出，德国从来没有经历过美国在西奥多·罗斯福和伍德罗·威尔逊治下所经历过的群众性反垄断运动，中产阶级也没有表现出反卡特尔和托拉斯的思想，而工人阶级则由于以马克思主义视角看待资本集中，反而一直在支持它。纽曼认为正是这种缺乏商业秩序内部抵制力量的情况，使得德国更容易屈服于威权统治的控制。这一比较从另一方面证明了反托拉斯传统是合理的[③]。自相矛盾的是，对大企业和金融的敌意有时导致了地方独裁主义和不健康的反叛情绪，[④]但

① Thurman Arnold: *The Folklore of Capitalism* (New Haven, 1937), p. 212; the thesis seems to have been foreshadowed by C. H. Van Hise: *Concentration and Control*, p. 233.

② Arnold, op. cit., pp. 221, 228.

③ Franz Neumann: *Behemoth* (New York, 1942), pp. 15–16.

④ Lipset and Bendix: “Social Status and Social Structure,” passim.

也成了美国民主所依靠的源泉之一。不管怎么说，反托拉斯运动的夸张言论找到了归宿，而进步派反垄断的姿态所起的作用也不仅仅是让人一笑而已。不用说，和所有这些大吵大嚷的宣传相比，他们在物质层面上取得的成果确实微不足道。但历史上有很多事件，都是靠激烈的斗争才换来哪怕一点点成果的，在我们对进步派伟大的反托拉斯运动下过分严厉的判断之前，我们必须牢记这一点。

三、公民和政治机器

如果大企业是进步派的大敌，那么他们的下一个敌人就是政治机器。政治组织问题像经济组织问题一样，使他们陷于相同的困惑之中。对于这个问题，进步派内部也出现了分歧：一派建议对组织本身进行猛烈的不妥协的进攻，另一派建议成立“对等组织”，也就是通过增强专业能力、提升领导力、承担新的政治责任来应对它。进步党人认为，除非政治机器及其领导——政治大佬能够被打倒，除非特殊利益集团和政治机器间的丑恶关系被破坏，否则任何持久的改革都不可能完成。因此，在整个进步主义时代，对组织的斗争形式在政治讨论中自始至终是很突出的，大多数进步党人希望在政治领域内恢复他们认为存在于早期纯洁时代的大众政府。大家都相信，要做到这一点，只有通过恢复公民过去的精神，通过运用他那被重新唤起的热情，在政治机构中完成一系列的改革——这些改革包括直接初选、参议员民选、公民表决权、公民提案、罢免权、精简选票制度、委员会政府等。人们希望这些措施能削弱政治机器在对付人民时所拥有的优势，使政府能够向诚实而廉洁的普通公民靠拢。随着政治大佬的权力被破坏和削弱，制止特殊利益集团对人民福利的侵入，实现一个清廉有效的政府便有可能了。

进步派带着巨大的热情和才智着手进行政治改革。到1910年，他们在对选举及政府机构的改革方面取得了相当的成功。这一成功使一些地区对大众政府的将来产生了高度的乐观情绪。那年出版的威廉·艾伦·怀特的《旧秩序的改变》（*The Old Order Changeth*）一书，可被看作这种乐观情绪的真诚表达；该书也陈述了进步主义的大众政治哲学。怀特相信，美国正处于向民主前进的不可改变的"潮流"之中。美国人民在建立大众政府方面已取得了一个又一个的胜利。无记名投票和直接初选已取得成功，对官员的罢免权被广泛采用，不远的将来，普通公民表决制度可望建立起来。这些改革在10年前是做梦也不敢想的。"若是你告诉1884年或1888年的竞选领袖们，25年后全国将通过无记名投票进行选举，在美国三分之二的州中，候选人不再被全国代表大会或核心领导集团所干预，而是通过人民的直接投票被提名，……候选人或政党委员会花费的每一美元都要公开得到解释，你会受到他们的一阵嘲笑。"现在，在美国的26个州中，参议员必须直接走向人民才能得到提名，而不是像以前那样依靠铁路公司和公共事业公司的力量。"资本虽然还没有从政治中被排除，却受到了限制和规定，不再像10年前那样成为支配力量了。""我敢说，几年以后，企业和政治的分离将是不可避免的。""现在的政治机器将由于人民的觉醒而成为一堆废铁。……在大众政府体系中，各个州中任何光明正大、富有智慧的人都能在初选中击败公司资助的参议员候选人。”[①]

怀特满脑子都是进步派关于组织的哲学。他说，进行政治改革，必须从狡猾的政治机器统治集团手中夺回提名、选举候选人以及决定政策的权力。人们“能够通过打碎现存的地方政治机器，重建另外一个机器来做到这一点”，但这样的方法毫无用处——问题的症结正在这里——因为那不是“永久的治疗”。唯一的永久性治疗就是改变政治体系。[②]要是理论在实践中能够起作用的话，政治机器就不会存在了。怀特毫不犹豫地强调了这一波民众反抗背后所蕴含的个人主义：这场变革体现的是“大众道德平均水平”的提升，是全体公民意志的转变所带来的总体结果。这种改变要求对财富进行控制，但它永远不会导致社会主义。“美国现代政治运动的本质，是一群咄咄逼人、抗争奋斗的人物，从人群中挤出来，为了获得属于他们自己的活动空间。”[③]

这种寻找自由活动空间的运动决不会被认为是极度利己的。怀特在书中到处宣传理智、自制和道德，他谈论着普通公民的思想境界和即将出现的新公民。实际上，要求建立大众政府的整个过程都是非常温和的，他只能把这一点归因于美国人“被神圣地培养起来的天性”。最要紧的是个人必须无私——而他们也正在做到。美国公民曾经被揭黑者认为是有罪的和冷漠的，但现在他已经被时代的谴责所唤醒，成了新公民。“人民正在掌握主动权，利

① White: *The Old Order Changeth*, pp. 34, 36, 39, 47–53.

② White, op. cit., p. 39.

③ Ibid., p. 121.

他主义者正在聚集力量，准备和社会中的自我中心主义作进一步的斗争。”[①] 在他看来，新公民对公共福利的贡献并不是为了满足自己的私利，而是像老共和党独立派倡导的那样，出于对社会公共需求的理性思考和无私考虑。当然，反政治机器的斗争若是不利用某些反制组织形式是不能够成功的。但我们建立的这些反制组织必须是基于高尚原则之上而不是基于集团利益之上的私人组织——比如国家公务员制度改革联盟、纯净食品协会、童工问题委员会、消费者联盟、国家公民联合会、共济会和其他兄弟般的团体。这些团体之所以成功，依靠的是个人的公民道德——怀特讲得最多的是“正直”、“利他主义”和超越私利的意志。“民主从根本上就是通过克己而表达的利他主义。”“实际上，每年挤满了火车到各地去进行集会的国家组织，基本上都是利他主义的。”[②]

综观全局，我们明白了这些进步派身上自始至终存在的个人主义倾向。虽然他们有必要利用组织，但他们却深深地继承了上一代人对组织的怀疑。在他们的政治构想中，最核心的形象，正如在经济领域中“个体竞争小企业主”代表着理想的经济人一样，是一个同样老派的人物：一个“有良好意愿的人”（Man of Good Will）。这个人，在今天的漫画里常被画成“约翰·Q. 公众”（John Q. Public）——一位天真、迷茫、戴着眼镜、留着胡子的人。他也许是一位在市郊有着舒适住房的白领职员，也许是小企业的一位纳税选民。威廉·格雷厄姆·萨姆纳就曾把这种人描写成“被遗忘的人”，伍德罗·威尔逊又把他理想化为“努力向上的人”，

① White: *The Old Order Changeth*, pp. 57, 60–63, 66, 71, 120.

② White, op. cit., pp. 132, 143; see chapter vi passim.

认为这种人来自“无名化的家庭”，是美国的希望。大多数进步党人认为，“有良好意愿的人”同积极的目标是没有什么联系的，他们的主要目标是消极的。他们需要被保护以免遭受不公平的税收，需要逃避生活中的高消费，需要从垄断的勒索和政治大佬的贪污中被解救出来。过去他们疏忽了自己的公民义务，现在他们在正义的呼喊中站了起来维护自己的权利。他们终于准备庄严地投身到政府事务中去。现在的问题是，要设计这么一个政府机构并授权让他们进行统治。既然他们和所有特殊利益集团都不沾亲带故，就不会带有偏见，在心中就只有公共福利，因此，他们是能够统治好的。他们将作为一个富有人民精神的个人行动和思考，而不像所有既得利益集团那样，随时准备把人民当作牺牲品。道德败坏的人们拥有高压集团，而“有良好意愿的人”只有公民组织。他们加入组织决不是为了增加个人利益，而是为了把自己和垄断隔开，直接投身于政府的事务。他对待政治的方法在某种意义上是“知识分子式”的；他将研究这些问题，仔细考虑这些问题，而不是通过追求个人利益去认识它们。而且，他应该知道他要解决的许多问题的详情细节，能够有效地掌握它们错综复杂的关系，以作出明智的判断。

要是没有这些前提，公民提案、公民表决权和罢免权等改革的整个运动将是不可理解的。大众的直接民主运动实际上是试图实现扬基——新教徒的关于个人责任感的理想；进步党人关于好公民身份的定义是扬基——共和党独立派毫不利己参与政治的精神发展到顶点的表现。毫无疑问，这一精神和由集团统治、服从纪律、个人忠诚和个人偏见所组成的政治大佬这一政治体系相对比，有着明显的优越之处，但它却不适用于19世纪后期和20世纪高度组织化的社会现实。因此，毫不奇怪，被设想出来实行直接民主的这么多政治机构，最终都没有多少用处。

当然，并不是所有的进步党人都像威廉·艾伦·怀特那样乐观。有一些进步派代言人在怀特的思想中发现了错误，有一些杰出的进步派领导人在实际政治事务中超越了他的理论。正如在经济秩序的问题上，进步派内部存在两派对托拉斯问题的不同应对方案一样，同样，对政治改革的讨论也存在着两种截然不同的理念之争。左翼是平民党思想家，他们几乎毫无保留地认为，对国家事务的管理能够并且应该交到人民手中。这一派的思想可以追溯到杰克逊时代。杰克逊曾为轮流执政辩护，其理由是："所有公职的职责都是简单明了的，至少在规定这些职责时是如此，所以睿智之士都能很好地胜任这些工作。"威廉·詹尼斯·布赖恩是进步主义时期这种思想的代言人。他的论点是人民有能力"对已经出现或即将出现的每一个问题作出判断，这与我们的政府将持续多久无关"。他说，重大的政治问题归根结底是道德问题，对于这些问题，人民的直觉同任何经验一样可靠。甚至像伍德罗·威尔逊这样一开始立场和理念完全不同的人，也在后期表达了类似的平民主义观念。他坚持说，民主党的目标是"建立一个这样的政府——让普通人、平凡的人、普通劳动者、没有受过多少教育的人、没有成就的人、穷人，在决定公众事务时都有发言权。这是一个在世界历史上还从未实现过的理想"[①]。

---

① Link: *Wilson: the Road to the White House*, p. 518.

这种对普通百姓参与政治行动的信念，通常伴随着对政治组织的攻击。他们认为，困扰着这个国家的政治弊端并不是由于组织不足而是由于组织过度造成的。要消除这些弊端就要尽可能让人民直接来治理国家，推行所谓的“直接民主”。他们认为，普通民众作为个体是有能力参与政治的，而且他们以个人身份行动时，会发挥最大的能力。因为只有在这种时候，他们才能免于受腐败和自私的政党和政治机器的影响。阿尔伯特·贝尔德·卡明斯（Albert Baird Cummins）在 1910 年竞选艾奥瓦州州长时曾宣称：他的伟大目标是“给予每个选民更突出的地位，减少党内长期组织的影响力”[①]。

那些有着这种思想的人喜欢否认政党是党组织的财产——也就是说，那些日常为政党工作并以政党名义担任公职的一小部分人，他们坚持认为，政党应该属于广大选民。事实上，美国政党政治中的惯用说辞早已鼓励了这一观点。因此，人们很容易得出结论：只要政党在实际上并不属于选民，那就是在背弃民主原则。民主不仅是政党组织间的竞争，以及这种竞争给选民提供的选举机会，还要求政党内部由基层选民来掌控，否则这些政党就该被

① *Dictionary of American Biography*, Vol. IV (New York, 1930), p. 597. 这一观点是在 1923 年由参议员乔治·W. 诺里斯（George W. Norris）在维护直接初选时表达出来的：“‘对直接初选产生的（最重要的）反对常常是，它夺取了党的职责，打破了党的控制。’……政治家们，政治大佬，公司和联合体，在立法机关和执法官员手中寻找着特权和分外的优惠，他们总是把上面的话作为直接初选为什么要废除的第一理由。但我要坦率地把对直接初选的反对作为保留它的最好理由。直接初选是降低了党的职责，但取而代之的是，它树立起了个人职责。不管是政府官员还是每个公民，确实都减少了对党的忠诚，但却提高了个人独立。它夺取了政党领导和政治大佬的权力，把控制政府的责任放在个人身上。它减少了党派精神和党派偏见。”见“Why I Believe in the Direct Primary,” *Annals of the American Academy of Political and Social Science*, Vol. CVI (March 1923), p. 23。

瓦解。直接初选运动就是这一民主概念的主要体现。[①]这一运动的历史灵感大概来源于新英格兰的“市民大会”传统（town meeting），以及十九世纪上半叶到中期美国公民广泛直接参与公共事务的经验。

和以上思想相对立是一种更保守的看法。这种保守立场由许多人物表达，他们一方面认识到进步派提出的改革所包含的价值，也觉察到大众不满的重要性，另一方面则认为：对付进步党正在与之搏斗的弊端恶行的最有效的方法，不是依赖大众直接治理，而是建立在负责任领导之下的新型政治组织形式。。这一观点的历史根源是共和党独立派对优秀政府的长期关心及其对优秀领导人的绝对信仰。我们大概明白，当布兰代斯号召律师“在富人和穷人之间采取独立的立场，制止两边暴行”时，他表达的就是这种愿望。西奥多·罗斯福把他对实业家的一次讲话叫作“保守领导下的激进运动”[②]，也是表达了这种愿望。亨利·L. 史汀生在1910年写信给罗斯福时，就这一政治哲学表达了更带党派色彩的意见：“依我看至关重要的是，共和党——大体而言，代表着国家中较富有、较有智慧的公民群体——应该在改革中取得领导地位，而不是在改革面前陷入保守与反动的姿态。如果领导权落入某个独立党的手中，或者落入主要由外国移民和能从改革中得到直接利益的阶层所组成的政党，如民主党的手中，如果可靠的实业共和党人又对改革采取对抗和阻挠的态度，恐怕若没有许多动乱和暴动，

① See E. E. Schattschneider: *Party Government* (New York, 1942), pp. 53–61.

② Theodore Roosevelt: *Works*, National Edition (New York, 1926), Vol. XVI, pp. 86–99.

是不能完成改革的。”①

和共和党独立派传统一脉相承的，是如下思想：进步党人正在攻击的弊端能够通过政府体制的重组而得到解决。在再组织的政府中，要让政府中权力与责任清晰地集中在行政首脑（比如市长、州长、总统）身上，其行动也将公布于众。他们说，政治大佬的权力，像大公司自以为了不起的权力一样，是政府本身的软弱、权力的普遍分散，以及效率低下造成的。传统的观点认为行政权力是合众国初期遗留下来的过时的古董，那时候行政权力等于是君主政府和君主统治。拥护再组织政府的人对这种观点大加嘲笑。史汀生说："因此，对美国的行政错误进行挽救的真正方法，和那些直接民主的拥护者所表示的恰恰相反。民选的政府官员应该有更多而不是更少的权力。……”② 这类人主张设立明确授权的行政官员，并不是为了压制民意，而是为了让民意通过有效组织的方式真正落地，以适应一个复杂社会的治理需求。

然而，最激烈的争论并没有发生在这两派改革者中间。而是发生在直接支持政府的改革者和极端保守分子中间。如果你去看看当时围绕各种“推动直接民主”的改革（其中包括妇女普选权的提案）展开的辩论，就会觉得好像是在讨论“乌托邦”和“世界末日”一样两极分化：保守分子哀叹着，警告着，好像每一个新的改革提案都预示着民族的末日。而许多进步派似乎真心相信，实际上也经常这样说：一旦这些改革被实现，人民将开辟一条战胜统治机器和腐败政府的光明大道。例如，伍德罗·威尔逊曾就

① Henry L. Stimson and McGeorge Bundy, op. cit., p. 22.

② Ibid., p. 58; see the general argument of chapter iii, “Responsible Government,” pp. 56–81.

精简选票制度说过，这是“在这个国家恢复大众政府的整个问题的关键”[1]。虽然精简选票制度是一种有效的改革，但把这么重的任务全压在它身上，显然过于理想化了。当然，在这两派人中间，都存在着较为温和的人物，[2]现在回想起来，这些人物的观点是对的，因为大众政府的改革既没有革掉什么东西的命，也没有恢复什么；它们实际上对美国政治行为只起到了极小的作用。

这里，我们必须把进步党对政客操控、政府腐败和行政弊端的普遍抗议，和他们希望实行持久的人民统治的政府机构的改革区别开来。改革运动确实在很大程度上成功地改变了美国的政治状况，但其主要原因是这些运动依靠了巨大的群众热情和义愤，或者是在有威望的地方领袖的领导下进行的。我相信，这些领袖和这些群众的情感即使在旧的政府结构中也能达到同样的效果。当改革者寻求“制度机制”以保证人民对政府的控制权时，他们正在做着完全不可能的事——他们想把一种情绪制度化。当这种情绪消失时，某些具体的改革仍然存在，形式上也还在“为人民而设”，可公众失去了当初的参与热情，原本推动这些改革的“政治复兴”一停滞，政客和利益集团就很快卷土重来了。赫伯特·克罗利把改革者叫作“职业民主分子”。他雄辩地指出，他们“把民

---

① Quoted in Austin F. Macdonald: *American City Government and Administration*, 3rd ed. (New York, 1941), p. 279. Cf. Walter Lippmann in 1914: “我刚刚读了一位大学教授写的书。该书把短期选举看作和废除奴隶制一样深刻的革命。有数不胜数的美国人相信，一部民主宪法将创造一个民主国家。” Drift and Mastery, p. 187. Cf. La Follette’s hopes for the direct primary, *Autobiography*, pp. 197–198.

② 当时对大众意志及其代表机构的整个问题所作的最好的讨论，见 A. Lawrence Lowell: *Public Opinion and Popular Government* (New York, 1913); 另请参阅赫伯特·克罗利（Herbert Croly）的批评性反思，Herbert Croly in *Progressive Democracy* (New York, 1914)。

主从本质上理解为一套公众参与的政治机制”，这是他们的致命弱点。他们的主要动机是要保护人民免受欺诈，这是一个消极的目标，而不是“给人民统治以积极的动力和指导”。他们首先要“保护人民免遭政府背叛，免遭不代表人心的政策和官员的压迫。但把避免背叛作为生活和制度建设的主要目标，那么最终只会导致制度僵化和瓦解”。他总结说，如果民众掌权的愿望没有和具体的社会改革方案结合在一起，那这个愿望本身就是没有意义的。①

进步派的改革历史证明了克罗利的观点。在进步主义运动的影响下，人民赢得了更好的公共设施、公园、学校和税收政策，但他们并没有改造偏狭的党派政府，打碎政治机器，或者对政府的事务得到直接的控制。除了一些例外情况，政治大佬们总有办法要么绕开那些旨在推翻他们的新改革，要么就利用那些改革。②例如，直接初选虽然在全国各地都被广泛采用，却没有明显地改变被提名的人的构成。这种初选不管是对政府还是对候选人都是代价昂贵的——因为它用两次竞选代替了一次。它也使得候选人更加依赖宣传和造势，于是在政治活动中被引进了另一种正在形成的力量，即金钱的力量。直接初选虽没有严重地损坏政治机器，却削弱了党的组织力和责任感。公民提案和公投制度也让人失望，并没有成为真正让民众当家作主的工具。像赫伯特·克罗利等批

① Croly: *Progressive Democracy*, pp. 213–214; see in general chapters x and xiii.

② 在地方风气和政治大佬气味相投的地方，要寻求阻止这种统治的政治机构是不可能的。新泽西就是一个典型的例子。1911 年的威尔士法允许将市政府改变成政府委员会体系。这一改革在一些地方产生了良好的效果，但在新泽西，弗兰克·黑格（Frank Hague）却利用他公安委员的职位——警察和火警部门——作为其可恶统治的垫脚石并以此臭名昭著。Dayton D. McKean: *The Boss: the Hague Machine in Action* (Boston. 1940), pp. 37–45.

评家指出的那样，这些制度反而很容易被少数人控制，因为许多复杂议题在公投中，往往只需注册选民中的一小部分人投票通过即可。[1] 面临一连串用法律语言表达出来的技术问题，选民们从新制度想要加在他们身上的责任面前退缩了。拥有大量资金和先进的宣传工具的高度组织化的小集团却能够利用这些方法，但这种结果并不是当初支持者们所寻求的；实行公投所要求的宣传带来了政治上的非理性化，这也不是改革者们所寻求的。那些热情的改革者期望，群众的意愿一旦被表达出来，对旧秩序的改造就能够迅速进行下去。但他们却惊讶地发现，选民们用最保守的方法行使他们的特权。例如，他们竟反对由市政府经营公共事业，单一税和城市雇员养老金等提案[2]。

当然，改革者感到，反对旧政治机器和政治大佬的有力行动是可能的、值得的，是完全正确的。改革历来就是政府体系的平衡器。现存的政治机器，在运作过程中不仅成本高得不必要，而且还伴随着严重的不公平。它们虽然有时会“关心”自己的支持者，但对待反对派时却极为粗暴，常常公然侵犯公民自由。如果没有“改

---

① Herbert Croly: *Progressive Democracy*, p. 306.

② 关于直接初选，精简选票制度，公民提案、公民表决权、罢免权，委员会政府、城市董事制以及那时的一些其他改革，有着大量的文献存在，见 William B. Munro: *The Government of American Cities*, 4th ed. (New York, 1933)。

有些政党对直接初选有清醒的评价，见 *Annals of the American Academy of Political and Social Sciences*, Vol. CVI (March 1933)。关于实际政治家对直接初选的评论，见 Ralph S. Boots: *The Direct Primary in New Jersey* (New York, 1917), pp. 262–276。

通常在小城市中实行的一种成功的改革是城市董事制。这一改革比那些旨在表现大众直接政府的计划更需要权力的集中和管理的专门化。然而，这一改革的价值也被选民削弱了，因为他们不愿意看到他们的城市董事（或者他们的行政人员和政治领导人）领取丰厚的工资。关于这一问题，见 Thomas H. Reed: *Municipal Governments in the United States* (New York, 1934), chapter xiv。

革理念”的制衡，“机器运作”的原则就会不断腐化，最终发展到一个地步，既破坏了良好政府的运作，也威胁到了自由派政治的根基。但那些对“大众政府”抱有狂热信念的改革者，最典型的错误是，认为把这两个原则合而为一是可能的，并且认为这种结合以及那些改革计划会废除政治机器，甚至会削弱政党的责任。他们似乎没人懂得，他们正在设法破坏的机器组织，不管表现得多么坏，还是起到一些真正的作用，任何取代现存政治机器的企图并不能为整个体系提供威廉·艾伦·怀特所说的“永久性的治疗”，而只能提供替代的部件。除了机器还是机器。放在改革者面前的真正选择，并不是选择直接由人民统治的政府，或是选择政党和政治机器，而是在破坏了现有组织后，能否创造出他们自己的、比他们破坏的组织更纯洁和更有效的组织，并使这种组织有足够的活力继续存在下去。我们必须承认：在这一方面，有些老练的进步党领导人在实践中，比他们的理论和宣传更成功。拉福莱特就是一个绝好的典型。虽然他对直接政府的改革表示了巨大的支持，但他之所以能长期执政、深远地影响威斯康星州政治，是因为他本身就是一个极有手腕的“政治机器操盘手”，知道政治大佬的各种伎俩，并利用他们建立了一个斗志昂扬、纪律严明的州立组织。①

---

① 政治机器类型和改革机器（姑且这样说）的特点是一个大题目，仍需被历史学家和政治学家不断研究，见 Robert S. Maxwell: “La Follette and the Progressive Machine in Wisconsin,” *Indiana Magazine of History*, Vol. XLVIII (March 1952), pp. 55–70。作者扼要地分析了拉福莱特机器，把它作为如下总命题的一个特殊的例子：“当那很少几个成功的改革组织成立起来时，他们所运用的政治技巧——狡猾、领导和纪律，和传统的政治机器并没有什么不同。”参阅乔治·莫里（George Mowry）对海勒姆·约翰逊（Hiram Johnson）的加利福尼亚机器的评论：*The California Progressives*, pp. 138–139, 292。纽约的菲奥雷洛·拉·瓜迪亚（Fiorello La Guardia）政府，是在大城市中运用机器方法进行改革运动的例子。

到了我们的时代，过去政治机器的重要性和力量出现了明显的衰弱。这种情况之所以发生，并不是因为政治机器屈服于正面的进攻，而是因为它们过去的一些功能现在已不存在，而另一些功能又被新的机构所取代。我们已经不再有大批的移民需要被资助并被引导进美国生活。联邦政府的权力，尤其是从“新政”以来的集中化趋势，逐步侵蚀了地方组织在社会福利等方面的角色；工会的成长在某些方面代替了政治机器。国家和地方政府中强有力的行政部门的发展，也剥夺了政治机器以前所拥有的影响和权力。曾经属于它们的大量的政治宣传教育工作已经由大众宣传工具——收音机、电视机和流行期刊——承担了下来，而了解公众情绪的任务，也在一定程度上被专门的民意测验所代替。这些成就显示，我们在某种程度上正逐步实现“直接政府”支持者所追求的“全民投票式的民主理想”。但这些改革者若看到这种结果，未必会感到高兴。因为大规模影响群众感情的方法需要大笔的资金，以及狡猾的操纵手段，而这些正是进步派当年想要从政治中排除的。这使我们又一次触及了现代民主人士所思考的一个中心问题，即要是不过度依赖那些拥有影响大众思想的手段的人们，在现代社会中寻找实现大众政府的理想的、令人满意的方法是否可能。我们不必对过去的政治机器过于宽容，也不能低估它们的种种弊病，我们仍然可以怀疑，今天取代它们的那些机制，真的比它们更适合治理国家吗？

第七章

从进步主义到新政

一、进步主义与战争

战争永远是美国自由主义传统的复仇女神。从我们作为一个民族的早期历史开始，民主政治和民族主义、沙文主义以及战争之间，就存在着一种自始至终的奇怪联系。政党斗争中受欢迎的一边推动战争，常常以战争作为这个政治剧本的最后一场戏。在杰斐逊和麦迪逊时代，杰斐逊共和党，特别是和内地及边疆的民主党相联系的那些共和党人，在1812年的战争中起了很大的作用，而正是战争最终清除和推翻了杰斐逊的政策。接下来最热闹的戏是杰克逊的民主政体。这一政体首先是建筑在民族主义英雄崇拜和领袖的军事声望之上的。杰克逊关于国内政策的思想是无人知晓的。他并没有和哪个欧洲国家进行过战争，但杰克逊民主政体的外交是好斗的。在国内初步改革完成后，杰克逊派的领导人把民族推向鲁莽的扩张主义，并冒险同英国进行战争，最后与墨西哥大打出手。在接踵而至的19世纪50年代“青年美国”运动中，民主政体和民族主义又一次手拉手共同前进。紧接南北战争而来的是长期的大陆迁居运动，这一时期美国专注于开发和治理北美大陆本土，整体上与外国保持了相对和平的关系。但到了1898年，爆发美西战争，保守力量第一次在战争时期掌握了权力——正像我在讨论平民党时所指出的那样，美国生活中的激进分子以及不满的大众，最强烈地感到要在古巴进行战争，而马克·汉纳派——华尔街上的共和党——首先对这一战争表示了最强烈的反对。就像杰斐逊和杰克逊民主政体那样，这场战争以及其后随之而来的繁荣，短期内又一次削弱了改革的动力和热情。

世纪交替时，平民主义—进步主义传统中的两种主要的感情倾向，已经可以分出泾渭：一种倾向于平民主义传统，对乡村和地方更有吸引力，它不是全国性的，在某种意义上是现代美国孤立主义的根源。但与其说这一平民主义倾向是和平主义和孤立主义的，还不如说它是民族主义的，是反欧洲、反英国的。虽然我们不能排除它有好战的可能性，但同时它却是反帝国主义、殖民主义和军国主义的。对正统的平民派来说，虽然帝国主义对民族自尊心富有吸引力，但帝国主义是一种双重的诅咒，因为它使资本家和华尔街的人有利可图，而对整个民族却毫无利益，同时它也被看作对英国模式的盲目模仿。如果这位平民党人是南方人，那么帝国主义就更值得怀疑，因为它把新的异族带入了美国民族的大家庭中。大量的美国人热情地支持美西战争，把它看作是解放古巴的被压迫者，打击腐败的欧洲贵族和天主教势力的一次圣战；然而一旦他们发觉某些资本家表示对菲律宾群岛的兴趣，想把它作为帝国的前哨，他们马上拼命反对帝国主义，简直像他们支持美西战争一样热烈。

综上所述，我们应该指出的是，伴随本土美国人这种民族主义的好战精神及其对战争的轻信而来的，是一种真正的基督教和平主义倾向。这种倾向断断续续，不能被当作主要的力量，但在处理国家事务时，却有着不可忽视的影响。布赖恩时时呼吁的正是这种和平主义，威尔逊“因为骄傲而不屑于战斗”的思想所主要依赖的也是这种和平主义。在处理和中国、墨西哥以及加勒比海国家的关系时，他们两人都采取了同一种道德理想主义，来进行阿瑟·S. 林克所说的“传教外交”[①]。

爱国主义和帝国主义感情的第二个来源，既不出于平民派也不出于极端保守分子，而出自全国各地的中产阶级美国人。这些充满爱国热情和民族主义情感，并被共和党的“叛逆派”深深吸引。在共和进步党中间确实有一些像简·亚当斯那样坚定的和平主义者，以及紧随老拉福莱特和乔治·W. 诺里斯等人的一小批孤立主义者。他们筑起最后一道防线，在美国是否参与第一次世界大战的问题上进行了勇敢的抵抗。但整体来看，这一“叛逆派”阵营的主流情绪是既不反战，也不反帝国主义的。就这一点而言，他们真正的精神领袖是罗斯福。他为反对利己主义和唯物的动机进行着军国主义的宣传，对无私的爱国主义作出真诚的呼吁。正

① 对传教外交优缺点的扼要评论，见 Arthur S. Link: *Woodrow Wilson and the Progressive Era* (New York, 1954). chapters iv, v。在后文的论述中，我得益于一份对外交政策的详细分析，见 Robert Endicott Osgood: *Ideals and Self-interest in America's Foreign Relations* (Chicago, 1953)。另见 George F. Kennan: *American Diplomacy, 1900-1950* (Chicago, 1951), chapter iv。

如威廉·勒茨伯格（William Leuchtenburg）所说，这一时期的大部分进步派人士只在一些微不足道的问题上有不同看法，在主要问题上，他们要不就公开支持帝国主义政策，要不就无声地默认这种政策。他们大部分人投票赞成增加海军经费。反倒是保守派站出来反对扩大海军的方案。进步派人士决不反对“金元外交”，当塔夫脱在尼加拉瓜进行海军登陆时，他们也没有反对他的政策。大多数人支持罗斯福在巴拿马和远东的干预以及对海军的扩建。他们投票竭力支持美国在加勒比海的霸权主义政策。罗斯福对塔夫脱充当仲裁的条约进行了轻蔑的批评（亦不是完全没有道理），他们对此也大加赞扬。他们反对威尔逊取消巴拿马运河通行费的过分大度的法案。进步党在很大程度上是因为关税问题而产生的，但到 1914 年，却转而赞成保护性高关税。1916 年，他们开始一心一意地保卫“民族荣誉”，热烈拥护威尔逊，赞成扩军备战和美国主义。“帝国主义和军国主义从此取代了过去自由主义的抗议形式，不到一年，进步党就消亡了。”①

参与第一次世界大战终结了进步主义运动。战争时期狂热的理想主义和牺牲精神，标志着对进步主义精神的彻底清扫，同时又是对这种精神的高度礼赞。我们必须明白，美国加入战争，不管从哪种意义上说，都不是进步派的责任，因为最后推动美国走向战争的是全国性运动，而主要政党中的大多数美国人都参加了

---

① William E. Leuchtenburg: “Progressivism and Imperialism: the Progressive Movement and American Foreign Policy, 1898–1916,” *Mississippi Valley Historical Review*, Vol. XXXIX (December 1952), p. 496. 作者指出，进步党人感到在国内政策中的理想主义和反唯物主义是不互相矛盾的，事实上被在外交政策中的好战精神及他们对美国使命的强烈信念所补充。

这场运动。但重要的是，在美国大众面前，战争是用进步主义的言论和术语来证明其正义的——也许不得不这样证明。那些在大众信息委员会，为乔治·克里尔（他本人曾是一位热衷改革的记者）工作的人，所做的事就是促进公众对战争的热情。他们中许多人曾为进步主义改革摇旗呐喊，为揭黑期刊舞文弄墨，并从中掌握了鼓吹的本领。到1912年，进步主义精神已经如此深入人心，任何政策——不管是由威尔逊证明的参与战争的合理性，还是由拉福莱特证明的回避战争的合理性——只要想方设法用进步主义的语言来表达就容易获得支持。最终，对这种倾向的不可避免的反动终于来临，进步主义语言从此失去了在人民中的威信。

在长期的中立政策的争论过程中，威尔逊是最关键的人物，这不仅因为他拥有中央领导权，同时因为在这个问题上，他体现了“典型的美国人”和“优秀的进步主义公民”的特征。在任何自相矛盾、优柔寡断和犹豫不决的时刻，他所表现出的都是当时美国主流民众的情感。进步派习惯于用道德术语来讲述国家政策，而威尔逊则成功地做到了这一点[①]。开始，他对是否参与战争和大

① 虽然罗斯福为自己的“现实主义”自豪，但我以为实际情况亦没有什么不同。他也是一个道德学家，只不过威尔逊乞求于和平主义的道德说教，而罗斯福却不断地大声疾呼强有力的达尔文美德，攻击“懦怯”“轻松温暖的生活”“物质财富的享乐”等，反对用“胆怯”的方式来对待国际关系。他说，这就像是一个人的妻子被侮辱了，而他却不敢决斗一样。他还运用了其他幼稚的比喻。他曾经写道：“正义的战争是为了保护崇高的理想而进行的战争。对于在世界上起着重要作用的民主国家的独立公民来说，唯一安全的箴言就是：服役——要是战争来到这片土地上，通过在后方的工作和贡献来服役，通过绝对不怕牺牲的崇高的英勇行为来服役。”奥斯古德：前引著作，第140页。奥斯古德总结说：“在美国进入战争前两年多，罗斯福对美国人民的呼吁所运用的词语是挽救文明和国家荣誉，而不是挽救美国本身。……他的影响在1914年以后，并不是由于他引起了人们对美国迫切需要自我保存的现实主义考虑而来的。”见 Osgood concludes, op. cit., p. 143。

众一样抱着犹豫不决的态度，但他避免“现实主义”的说法，他没有说整个战争和美国毫无关系，也没有说美国问题的实质是不惜一切代价回避战争。他主张美国中立，但用的是唱着高调的道德言辞。他说，这个国家回避战争是为了有所贡献，是为了提供一个没有被战争的紧张和仇恨所污染的清新环境。美国必须——言辞是如此富有美国特色——保持“绝对的自制”和与战争保持距离，以便日后能在战争结束时发挥“无私的影响力（disinterested influence）”来帮助调停或重建世界秩序。

在形势的压力下，美国参加战争已迫在眉睫。威尔逊再一次选择了用理想主义的语言来表达美国问题——问题不在于美国是否应该干预战争，而在于干预战争的确凿理由是什么。有一种观点认为，美国必须维护自己的民族利益，冷静思考美国的前途。这一观点在威尔逊政府和全国知识分子中是十分普遍的。他们认为，帝国主义德国的胜利在某种意义上意味着对美国长期利益的一种威胁。但协约国的胜利却不会产生这种威胁。人们预感到，得胜的德国将更富有侵略性，更难对付，更反美国。如果协约国战败，英国舰队缴械投降，美国未来将不得不面对德国的持续威胁，为此必须长期维持“军事戒备状态”。由此看来，从自身利益考虑，美国的责任就是保证协约国不被打败——尽可能不成为参战国行动，只在必要的时刻成为参战国。还有一种观点认为，参与战争用如此斤斤计较和自私自利的说法表达出来，是十分不恰当的。参与战争是出于道德和理想上的考虑——是为了保护国际法和海上航行自由，为了弱小国家的利益，为了和独裁统治及军国主义进行坚决斗争，为了“让世界对民主更安全”。[①]当然，从自我保存和民族利益出发的论点和从道德及理想出发的论点并不是互相矛盾的，两者在公开讨论的过程中相辅相成。但威尔逊所进行的宣传，也就是典型的进步主义宣传，把自利的论点降到了最低的程度，使其处于从属地位，把美国参与战争尽可能放在最崇高的位置上。实际上，他很早就按照这一行动方针行事了，将美国是否参战的问题，寄托在“德国潜艇战”和“航行自由权”这些国际法问题上。他的行动是用堂·吉诃德式的方式表现出来的，他竭力把美国是否参与战争的问题，同国际法问题联系起来，正符合进步主义者对“无法无天”的强烈不满。在威尔逊的批评者看来，这简直是虚伪的，因为根据纯粹形式上的法律条文看，英国违反海上法的行为和德国的违法行为几乎如出一辙。但美国从未对此提出强烈抗议——原因是：美国现在更关心协约国能否赢，绝对不能做出任何有损协约国胜算的事情。

第二次世界大战之后的经验告诉我们，从长远来看，无论威尔逊当时做什么，都无法阻止人们最终会对“第一次世界大战”和“第一次世界大战前的进步主义运动”产生反弹。但几乎可以

---

① 这并不是说，德国有入侵美国的想法，在参与战争之前对这一问题的讨论中没有起到任何作用。在新闻界，关于这种侵略的想象是普遍的（Osgood concludes, op. cit., pp. 132–133）。从1915年5月到1916年2月《麦克卢尔》期刊刊登了关于想象1921年德国对美国进行入侵的两篇连载文章，题目是“征服美国”和“拯救民族”。最后，在总统被暗杀后，西奥多·罗斯福、美籍德国人赫尔曼·里德（Herman Ridder）、威廉·詹宁斯·布赖恩和社会主义者查尔斯·E. 罗素（Charles E. Russell）互相携起手来，使美国人民经历了精神上的觉醒。这一时期对于扩军备战的许多讨论都带有罗斯福式的情绪。Cf. Porter Emerson Browne, “We’ll Dally round the Flag, Boys!” *McClure's*, Vol. XLIX (October 1916), p. 81：“看看我们，我们是世界上最富裕的民族，也是在身心两方面都最懒惰和肥胖的民族，我们沉迷于花天酒地之中，精神上已变得如此麻木懒散，以致我们几乎失去了行动的能力。”

肯定的是：威尔逊把美国在战争中扮演的角色提到了道德的水平上，提到了利他主义和自我牺牲的水平上。他把参战问题尽可能地和进步主义的价值体系以及进步主义语言联系起来，这些做法在无意之中反而使美国人民对进步主义和道德理想主义的反感与否定更加强烈了。因为事实上他在告诉美国人民，他们不是在保卫自己，而是作为世界公民为世界秩序和世界民主肩负起道义上的责任；过去扬基的责任精神曾同样要求他们为美国自己的制度，承担起同样的责任[①]。实行民主制度，进行改革运动在国内已经十分困难，现在又被推到了世界舞台上[②]。

对于能够用来作为参战理由的现实主义考虑，威尔逊不加理睬。他反复强调崇高壮丽的理想主义，不仅忽视而且有时故意抛弃了自利的原则。美国加入战争不久，他告诉美国人民："我认为，我们正在为之战斗的事业中不存在任何自私的因素。我们为我们的信仰而战，为我们所向往的人类正义而战，为将来的全球和平与安全而战。"[③]他说："我们并没有抱着任何特别的个人不满参与战争。我们已经再三重申，我们是'人类的朋友和仆人'。我们无

---

① 丹尼尔·J.布尔斯廷（Daniel J. Boorstin）指出，美国以前就不时希望在国外促进民主制度的成长，如1848年革命以后有一段时期就是这样；但直到威尔逊时代，这个国家才认真地期望能够做到这一点。美国人并不认为有什么责任保证其实现。流行的观点不如说是这样的：美国的制度是独特的，因此欧洲是不能够采用的。威尔逊是第一个敦促美国人成为世界公民的人，并坚持美国人的原则"不是一个地方或单个大陆的原则……而是已经被解放的人类的原则"。"*L'Europe vue par l'Amérique du Nord*," in Pierre Renouvin et al., eds.: *L'Europe du XIXe et du XXe siècles: problèmes et interprétations historiques* (Milan, 1955).

② 也是字面上说说而已。参阅布赖恩1923年说的话："我国将永远没有酒精，将带领世界进行伟大的运动，把醉人的酒精从地球上赶出去。""Prohibition," *Outlook*, Vol. CXXXIII (February 7, 1923), p. 265.

③ *The Public Papers of Woodrow Wilson* (New York, 1925–1927), Vol. V, p. 22.

意谋取任何利益，也不追求任何优势。”[①]在关于战后和平条约的辩论中，他甚至说出这样一句话（而且不幸的是相当符合事实）：“美国……是世界上唯一一个理想主义的国家。”[②]

威尔逊用实际行动证明了这一自豪的声明，并消除了其中的沙文主义因素。在巴黎和会上，他没有提出任何特殊的民族主义要求，或者任何对领土、赔款和战利品的要求。除了约束他的盟国，建立持久而公正的和平，并为风云叵测的将来组成一个联盟，以维持这种和平外，他没有任何自私自利的民族目的。这是外交史上一次令人惊异的行动，一次带有鲜明的进步主义色彩的插曲。威尔逊像是在重演美国国内改革的剧本，只是把舞台搬到了欧洲。他就像一个清白无辜的改革者，置身于欧洲那些老练如“政坛大佬”般的领导人（如劳合·乔治 Lloyd George 和克列孟梭 Clemenceau）之间；他代表着小人物、无声者和被忽略的大众，却将一个理想主义的世界改造方案直接投向了欧洲这个充满“算计外交、冷酷传统和无尽纷争”的老世界。更有甚者，威尔逊不仅对欧洲提出了无法实现的要求，而且把自己人民——甚至那些和他关系最密切的人的理想主义和决心，推到了无法忍受的极限。确实，他努力开发的理想主义矿藏就在眼前，但他却误认为这一矿藏是取之不尽的，他努力给美国理想主义以国际主义的形式，却没有顾及这一事实：他的国家即使在最广泛的意义上，也不是具有国际主义传统的国家。传统的美国思想并不是美国要去领导、拯救

---

① *The Public Papers of Woodrow Wilson*, Vol. V, p. 33.

② Ibid., Vol. VI, p. 52. 值得比较一下：富兰克林·D. 罗斯福提倡的“第二次世界大战应该被简单地叫作生存之战”。

和解放欧洲，而是把自己的人民带到和欧洲的过去完全不同的道路上。美国和欧洲是两回事，或者干脆是反欧洲的。[①]欧洲的制度是陈旧的、静态的、颓废的和贵族的，而美国的制度是现代的、进步的、道德的和民主的。在本土美国人中，这一感情潜流和进步主义高涨的激情一样强烈，比战时那短暂的道德激情要强烈得多。人们也许会认为西方协约国已经摆脱了美国人对它们的指责；但时隔不久，就像典型的平民党人头脑中的英国那样，它们又一次被认为是腐朽制度的化身[②]。

威尔逊的事业是建立在美国的世界责任这一观念之上的，但他居然成功地团结了这个国家的一大批人。这种成功即使是昙花一现，也还是杰出的。但他在1920年的竞选中会被美国人民彻底抛弃——美国任何一届政府都没有落到这么惨的下场，我们也不必对此感到惊讶。人民在为战争付出代价后不久，就感到他们被协约国和美国的煽动者欺骗了，战后的历史修正主义者迟迟没能懂得这一点。战争净化了人们内心的负罪感，驱逐了十多年来渗透在政治言论中的扬基的责任精神。战争使人民坚信：他们已经为自己所追求的现代享乐生活付出了代价，他们终于完全偿还了进步主义对牺牲、自制和利他主义的要求。在抛弃威尔逊、《凡尔赛和约》、联盟和战争本身的同时，他们也一起抛弃了进步主义的说教和精神——因为正是威尔逊及其鼓吹者竭力把这些东西捆

① Cf. Boorstin, op. cit., passim.

② 注意，威尔逊的民主美国不可能和普鲁士独裁友好相处的论点，遭到了拉福莱特的反对："总统打算和大不列颠联盟……那是一个世袭君主国家……有着公爵组成的上议院，世袭的土地制度和为某个阶级保留的有限的选举权。" *Congressional Record*, 65th Congress, 1st Sess., p. 228.

在了一起。威尔逊曾预料，进行战争将会使进步派对形势的控制权，落到他们一直在与之战斗的利益集团手中——但这只不过是他的想象。事实上，威尔逊所说的那些利益集团，除了在一些极有限的无关紧要的问题上，从来就没有放松过对形势的控制。实际变化是威尔逊始料未及的，美国的反动要强烈得多：它摧毁了自 1914 年前十多年间一直支撑进步主义政治的那股民众热情。普遍的冷漠取代了公民参政意识，无所谓取代了责任感，享乐主义取代了牺牲精神。随之而来的是一段时间的自我厌恶感。1920 年，出版商告诫作家不要送关于战争的书稿去——人民根本就不想再听到战争[①]。当美国人最终愿意再次思考战争时，他们把它认为是一个错误。他们乐意读的是揭示战争愚蠢的书。

二、幕间小品

进步主义建筑在一种特定的情绪之上，随着战后的反动，那种情绪烟消云散了。实际上，在威尔逊及其政党在 1920 年竞选中被公众抛弃前好几个月，这一反动就在他的统治之下开始了。正是威尔逊的总检察长使战后的共产主义吓坏了美国官方。威尔逊本人也拒绝赦免尤金·德布斯的反战争罪（这一赦免最终由哈定做到了）。他所表达的是一种政治绝对主义的思想方式。以前，这种绝对主义的信徒，一直计划清扫所有的政治腐败现象，并最终结束酒精买卖；现在，他们又打算清扫同情布尔什维克的任何迹

① *Literary Digest*, Vol. LXVI (August 21, 1920), p. 35.

象。情绪是无形的，而美国的变化在很大程度上依赖于情绪的变化。人们常说，20 世纪 20 年代保守主义重新出现，其主要原因就是繁荣的恢复。其实这样说是不对的。当然，如果不是这轮繁荣持续到 1929 年，这段保守主义时期将会更短。不少人认为，美国的反动充其量不过是战争刚刚结束，以及战后短短的萧条时期所产生的紧张情绪。但至关重要的是，我们必须记住，1900 年到 1914 年的整个进步主义情绪并不是对萧条，而是对经济繁荣昌盛的反应。

当然，进步主义情绪在 1912 年左右完全占有统治地位，10 年以后就消失得无影无踪是不可能的。因此，值得我们注意的是进步主义消失或转变的程度。1924 年的拉福莱特独立竞选运动经常被引用来证明：进步主义实际上在 20 年代还没有死亡。拉福莱特的政策宣言大胆提出了一些明显属于进步主义的建议——水力的公有制，最终的铁路公有制，承认工人集体谈判的权利，要求政府对农场主大力帮助，制定童工法，以及进行几次旨在扩大大众民主的改革。所有这些建议似乎比战前典型的进步主义走得更远了。拉福莱特在自己的州外面没有任何可靠的资金，也没有实力强大的政治机器的支持，但他在普选中却成功地获得了全国 16.6% 的选票。12 年以前，当罗斯福从拉福莱特手中夺取共和党运动的旗帜时，进步主义运动在美国已经十分普遍。当时，竞选中唯一的保守分子塔夫脱，即使有几个州的政治机器的支持和丰富的资金，也只拼凑起了四分之一的总选票。1912 年这种进步主义共识，在拉福莱特竞选时已经消失了，这是有着重要意义的。虽然拉·福莱特在 1924 年的得票率常被看作是衡量全国进步主义情绪的“最低基准”，但这个数据未必完全代表真正意义上的进步主义认同：他的支持者中相当一部分是基于族群背景投票的人（ethnic vote），这些选民看重他反对参与第一次世界大战的立场，还有一些选票来自不满的农场主。这些农场主因为享受不到全国的繁荣而愤愤不平。不过，他们尽管投了票，却不会支持拉福莱特在政策宣言中所保证的社会民主改革的巨大方案[①]。4 年以后，大多数拉福莱特的支持者都为胡佛投了票。

---

① 对拉福莱特选票的分析显示了两个最重要的事实。首先是它突出的地方性质，其次是投这些票的人们并非始终都是进步派。

拉福莱特仅仅在自己的威斯康星州被当选。他在一些工业县得到了可观的选票，但只在南伊利诺伊州密西西比河东边的一个县当选。他在 11 个州中仅次于柯立芝（Coolidge）。这些州几乎都在中北部和西北部，是主要的春小麦、牧业、矿业和木材业基地区：它们是明尼苏达、艾奥瓦、北达科他、南达科他、蒙大拿、怀俄明、爱达荷、华盛顿、俄勒冈和加利福尼亚。1896 年，布赖恩曾在其中的 6 个州当选。

拉福莱特在大多数州中位居第二，他似乎主要赢得了共和党的支持，但在西海岸他也得到了持不同政见的民主党人的许多支持。这些民主党人希望有一个思想开明的被提名人，因而对戴维思感到十分失望，见 Kenneth C. MacKay: *The Progressive Movement of 1924* (New York, 1947), p. 223。劳·皮尔和托马斯·唐纳利（Roy Peel and Thomas Donnelly）指出：1928 年，大多数原来支持拉福莱特的县转而支持胡佛，史密斯只在原来支持拉福莱特的 409 个县的 43 个中当选。1924 年的进步党只不过是伪装过的共和党。*The 1928 Campaign: an Analysis* (New York, 1931), p. 122.

就阶级而论，拉福莱特似乎主要地吸引了因农业萧条而受苦的农场主和铁路工人。这些工人在 1922 年的大罢工中，成了哈定的总检察长哈里·多尔蒂（Harry Daugherty）所颁布的极端禁令的牺牲品。MacKay, op. cit., pp. 27–33.

拉福莱特所得选票有一大部分是反战争、反英国和亲德国的选票。这些选票主要来自德国人，但也有一部分来自美籍爱尔兰人。麦基（op. cit., pp. 216–217）认为这类选票有着重要意义，但为什么支持拉福莱特的原因却似乎不很明确。塞缪尔·卢贝尔（Samuel Lubell）在对投票模式作了认真研究后指出，在外交关系成为一个重要问题后，拉福莱特的力量主要在于 1912 年不赞成进步党人的孤立主义的美籍德国人的县中，以及 1940 年激烈反对富兰克林·D. 罗斯福的县中。他最后说：“拉福莱特在 1924 年所得到的 480 万张选票经常被随意认为是美国自由主义力量不能再降的最小程度。其实，许多选票是因为赞成拉福莱特反对和德国进行战争而来的，和自由主义毫无关系。”*The Future of American Politics* (New York, 1952), p. 140.

整个 20 年代，参议院中一直存在着一种骚动不安的状态，主要是因为农业萧条和共和党总统们拒绝采取救济农业的强有力的措施而引起的。人们在国会中不时能听到过去的平民党言论，这些言论主要来自西部领导人；他们在总统竞选中以支持本党的领袖而赢得了信赖，正像海勒姆·约翰逊（Hiram Johnson）在谈到参议员威廉·E. 博拉（William E. Borah）时所说的那样，他们是"没有枪尖的领导"，是不会有任何激进行为的。那些从农业州来的国会议员，竭力夸张农业的"困境"，组成了议会农业集团以促进农业利益。但 20 世纪 20 年代国会中的进步党议员，除了像乔治·W. 诺里斯（George W. Norris）这样少见的灵魂人物和对茶壶岩丑闻的揭露以外，总的来说都是冒牌货。许多同代人把他们看得一钱不值。[①]

由于人民对政治的冷淡态度，或者不如说在很大程度上由于人民的欢迎，一种老式的，这个国家自从 1900 年以来几乎已忘却的保守领导没有遭到任何重大抵抗就掌握了权力。进步主义改革在一些地方仍然有气无力进行着，特别是在纽约，阿尔弗雷德·E. 史密斯（Alfred E. Smith）市政府继续加强社会立法。但就全国来说，进步党的政策被颠覆已是简单的事实。20 世纪 20 年代的共和党政府把关税提高到闻所未闻的高度，制定了有利于财阀和大

① 见一位华盛顿记者的谴责文章："The Progressives of the Senate," *American Mercury*, Vol. XVI (April 1929), pp. 385–393。在这篇文章中，除了乔治·W. 诺里斯（George W. Norris）和托马斯·沃尔什（Thomas Walsh）以外，进步党人因缺乏战斗力和能力以及基本的党派纪律性而受到谴责。被认为属于进步党阵营的参议员彼得·诺贝克（Peter Norbeck）在写给朋友的一封信中说："《美国信使》的文章还在这里引起一场轰动。它所说的基本上是真实的。" Reinhard Luthin: "Smith Wildman Brookhart of Iowa: Insurgent Agrarian Politician," *Agricultural History*, Vol. XXV (October 1951), p. 194.

公司的税收政策，鼓励和支持企业兼并的不断发展，甚至动用本来用来抑制兼并的威尔逊联邦贸易委员会来进一步加快兼并的进程。20 世纪 20 年代的共和党总统们稳稳当当地操纵着国家政策，甚至敢于踢开农场主，否决提高国内农产品价格的方案。从 20 世纪 20 年代第一位总统起，腐败——在州市政治中一直或多或少地存在——蔓延到了华盛顿。勇敢的反抗者揭露那些腐败关系，但人们似乎毫不在意。共和党人以压倒一切的优势重新掌握了权力[①]。这一切清楚地说明：整个国家对于那些旧日进步主义的号召已经不再有任何回应。

进步主义的政治文化主要依赖于知识分子的活动。现在，知识分子自己也从政治和公众事业中纷纷退出，走进了个人研究领域。那些持有强烈的不同政见的人也用放纵主义代替了激进主义。在年轻一代的作者中，约翰·多斯·帕索斯（John Dos Passos）几乎孤军奋战，关心着所谓的“社会问题”。至于揭黑的一代，已变成了老的一代；一个在西奥多·罗斯福突然就任总统的那一年 30 岁的人，到拉福莱特轰轰烈烈进行竞选的那一年已是 53 岁了。即使他仍然保持本色，他也像瓦尔特·韦尔（Walter Weyl）的随笔中所说的那样，十有八九是“疲倦的激进者”了。我们必须指出，这一代进步主义者并没有多少悔意。1926 年，弗雷德里克·C. 豪（Frederic C. Howe）在自传《一个改革者的自白》里提出了一个

① 事实上，最令人吃惊的反动来自可敬的新闻界。它首先认为揭露丑闻的人是无耻的。《纽约时报》把他们叫作“人格的谋杀者”，《纽约论坛》把他们称为“蒙大拿的丑闻小贩”，其他人骂他们患有“纯粹的恶意和令人发颤的歇斯底里”。Frederick Lewis Allen: *Only Yesterday* (New York, 1931), pp. 154–155. 但在进步主义时期，人们以揭露重要性远不如“茶壶岩油田事件”那样的罪恶行为而成名。

问题：激进者现在何方？一家自由派杂志就这一题目举行了一次讨论会。这次讨论会使我们得知了当时的进步派采取的典型态度是什么。[①] 几乎没有一个老改革者认为有必要沉溺于自责和辩解；有一些人充满自信地说，正是改革者的成功使他们的使命没必要再继续下去了；还有几个人相信，改革的精神将复活并在必要的时候和新的事业联合起来，也许会比过去的改革更加激进。但他们感情的主调是：至少目前，繁荣已经使所有的改革运动失去了基础。似乎所有人都忘记了进步主义时代本身也是繁荣时期。[②] 不过这种错觉却暗含着一个正确的预言：这一阶段的新的冷漠将一直延续下去，直到这场新的繁荣结束。

但“冷漠”这个词用得太强烈，至少太绝对了。当美国政治的进程和对形势的控制，落入了粗野愚昧的企业家手中并且被大众所接受时，知识分子与美国的斗争仍在两条战线上进行。这是一个“反叛乡村”的时代，是反击农民意识的时代，是对古老的宗教虔诚进行猛烈清除的时代。这一切，我们在 H. L. 门肯（H. L. Mencken）对美国农场主的有名的责难中，以及他对威尔逊、布赖恩及罗斯福等人尖刻而嘲讽的刻画中都能找到。人们把美国资

---

① For the symposium, see “Where Are the Pre–War Radicals?” *The Survey*, Vol. LV (February 1, 1926), pp. 536–566.

② 人们普遍忘记国家在繁荣时也能够产生许多不同意见，在经历了大萧条和新政之后，更加速了这种遗忘。也许改革者们感到，20 年代的繁荣比进步党时期的繁荣在社会各阶层中间分配得更均匀。不过，表面上的证据和这一观点是矛盾的。这两个时期的繁荣确实有两点突出的不同：20 年代的繁荣以高度的价格稳定为特色，因此，在城市人口中没有任何阶层手忙脚乱地和我在第 4 章提到的通货膨胀做斗争；其次，20 年代的繁荣以新型消费品在大众中的普及为标志，这些消费品——汽车、收音机、电话、电影、厨房电器设备——使生活大大轻松并更有乐趣。

本主义，当作一个没法改变的事实接受了下来，但他们并没有把它当作理想来接受。进步时代的作家攻击商人，是因为其在经济和政治上的角色，20 世纪 20 年代的知识分子仍然猛烈抨击商人，但理由变成了他们在个人品味与文化上的无能。过去，商人曾被描绘为投机者、剥削者、道德败坏的暴君，而现在变成了愚蠢的庸人、墨守成规的伪君子。他们和大多数国家的制度一起，被知识分子轻蔑地否定了。远离政治实践并不等于对现实心满意足。要是美国的智慧能够用斯科普斯审判案来衡量，美国的司法能用萨柯—万泽蒂案来验定，美国的“宽容”能用三 K 党来证明，美国的政治道德能用禁酒闹剧和茶壶岩丑闻来体现，那么一个人还不如坐上一班去欧洲的快船，或者回到图书馆去翻翻《美国水星》杂志（*American Mercury*），这要比殚精竭虑地提出改革美国生活的方案简单得多。

自由主义者和知识分子现在对乡村农民意识的普遍攻击完全是进步主义破裂的表现，因为对进步主义来说，保持乡村和城市的反抗者的和谐是至关重要的。平民主义—进步主义在全国范围内的成就——不管是对铁路的法规，还是反托拉斯法令，或者是金融改革——一直是依赖于西部和南部的农村改革侧翼的支持。而现在，正是在西部和南部，在布赖恩思想统治已久的乡村，公众情绪强烈地背叛了最具进步主义特色的必要改革。诚然，20 世纪 20 年代的繁荣在农业地区分配最为不均，昔日平民主义者的不满在那里并没有被全部忘记。但城市中老于世故的进步派领导人现在所鄙视的，正是那些懂得并热爱布赖恩的乡村小镇人最热爱的运动：保护宗教激进主义免受现代科学的侵犯（其最高潮是斯科普斯审判案），不惜一切代价保护第 18 条修正案不受任何批评，三 K 党集团大肆迫害天主教徒、黑人和犹太人。布赖恩本人曾经是无数真正改革呼声的领头羊，他战后的悲惨处境成了乡村理想主义瓦解和传道思想没落的极好缩影。试想，布赖恩不正是靠宣传旧时代的宗教，攻击思想自由及提倡禁酒而闻名于世的吗？他以前的追随者不是异口同声地把他赞扬为“我们时代最伟大的三 K 党人”吗？

改革的热情已经消退，这个国家从扬基—新教徒的道德思潮和战争时期的紧张状态中所得到的主要遗产就是禁酒运动。对于擅长跟踪重大经济问题发展、探寻阶级政治主流的历史学家来说，禁酒运动就像是一段历史的岔路，是一件从外部强加到历史主干之上的毫无意义的枝节旁出。但实际上，禁酒运动成为 20 年代的主要问题，是因为它**确实就是**主要问题。对于那些研究美国乡村—城市冲突和美国政治中种族紧张的人来说，禁酒运动是最能说明问题的事件之一。它也是使我们懂得对进步主义精神反弹的主要线索之一。20 世纪 20 年代的禁酒运动是件令人扫兴的事，是许多人都希望忘却的可怕的道德狂热的象征，是对改革冲动和扬基—新教观点的可笑讽刺，因为扬基—新教观点认为，通过大众行动来使个人生活道德化既是可能的也是值得去做的。

许多人认为，让进步派对禁酒运动负责是不公平的。温和理性、受过良好教育、倾向于理性思考的人，不管在政治上是保守分子还是进步派，总的来说对战前的禁酒宣传都很反对，至少也抱着怀疑态度。反过来，许多拥护禁酒的人和其他的社会改革没有任何联系。但是，我们不能忽视禁酒主义所具有的诊断性意义。

禁酒是一种假改革，是对改革的偷梁换柱；它对某些具有改革斗士式思维方式的人有着广泛的吸引力[①]。禁酒不仅是对酗酒及与之俱来的罪恶的反感，而且与移民群体中的酗酒习惯、城市生活的舒适享乐以及对富有阶级和受教育阶层的敌意相关联。乡村新教的病毒带着禁酒精神传遍了美国：当农业人口紧缩迫使乡村新教徒到城里谋生时，他们常常也将这种理念一并带入了城市。研究禁酒运动的学者发现许多人相信：在禁酒修正案通过的时候及在此之前的几年中，美国大多数人是赞成禁酒的，许多酒徒也因为受到道德说教的灌输，变得心悦诚服起来，承认禁酒毕竟是件好事[②]。因此，如果渴望禁酒是少数人的感情，那也是一大批少数人的感情。这种感情的程度和持久性使这批人得到了和他们的数量不相称的力量。不管怎么说，政治家迎合了他们的要求，他们中有些人自己就是禁酒分子——比如国务卿布赖恩，他因举办不供应葡萄酒的正式晚宴而饱受讥讽；约瑟夫斯·丹尼尔斯（Josephus Daniels），他荒唐地坚持海军军官不能饮酒——他们毫无疑问相信，对万恶的朗姆酒的征服是政治生活中最重要的任务之一。

禁酒并不是战争的偶然产物。禁酒的要求在美国政治中一直是不陌生的，在进步主义时代，尤其是在1908年，这种要求是十分强烈的；禁酒修正案的最终胜利是反酒馆联盟5年来拼命鼓动的结果。在推动禁酒的过程中，改革采取了典型的平民主义—进

---

① 值得注意的是：1913年的韦伯—凯尼恩法令（Webb–Kenyon law）这样一个对禁酒的早期检查，主要是被参议员中的进步党人支持的。大多数反对法令的人是保守派。

② Peter Odegard: *Pressure Politics* (New York, 1928), p. 176; cf. Charles Merz: *The Dry Decade* (Garden City, 1931), chapters i, ii.

步主义的话语方式：酒是利益集团（“威士忌酒集团”）用人民的血汗填肥自己腰包的方法之一。喝酒是那些阶层——财阀、腐败的政客及愚昧的移民——最主要的恶习。改革者对喝酒是最厌恶和惧怕的。酒馆既是罪恶生活之源又是美国城市政治腐化的关键所在，因此遭到了特别的排斥。喝酒像其他罪恶一样，也受到了揭黑者的攻击，而读者们则以读此类文章为快，如《酒精：进步的天敌》《一位纽约酒馆老板的经历和观察》《一个酒精奴隶的自述》，甚至还有故意耸人听闻、苍白无力的文章，如《一位普通酒徒的忏悔》等[①]。

乔治·基伯·特纳（George Kibbe Turner）是 S. S. 麦克卢尔（S. S. McClure）手下的揭黑主将，专门揭露卖淫问题。他写过一篇攻击城市酒馆的文章，可以说是触及了禁酒情绪的核心。他指出，美国城市人口每年所占的比例越来越大，因此在城市改革运动中要做的首要事情是“扫除来势凶猛而又毫无约束的商业力量。在美国，这种力量正竭尽全力把城市人口浸泡于酒精的迷魂汤之中”[②]。在战争期间，出于节约物资的需要（酿酒需要消耗大量粮食），以及主要酿酒商所带有的日耳曼姓氏（让人们更容易将“酒精产业”与敌对国家德国联系起来），禁酒派的宣传得到了进一步助力。但给禁酒派以最大支持的是公众的自我谴责情绪。这是

① See *McClure's*, Vol. XXXII (December 1908), pp. 154–161; ibid. (January 1909), pp. 301–312; Vol. XXXIII (August 1909), pp. 426–430; Vol. XXXIV (February 1910), pp. 448–451.

② George Kibbe Turner: "Beer and the City Liquor Problem," *McClure's*, Vol. XXXIII (September 1909), p. 543. 关于酒店的重要性及其作为城市政治的中心场所，见 Peter Odegard, op. cit., chapter ii。此书也极好地阐述了禁酒者对酒店的定义。可惜的是没有人写过作为一种体制的老酒店的全部历史，只有一些关于这一题目的乔治·艾德（George Ade）和布朗德·惠特洛克（Brand Whitlock）的回忆录。

一种强烈的感情潜流，是对肉体的沉醉以及物质成功的强烈反动；这种感情潜流曾经为进步派反对财阀的热烈宣传奠定了基础，并产生了强大的呼吁力。林肯·斯蒂芬斯曾号召大家“赤裸裸地站出来”。战争又大大加强了这种自责的感觉：别人在进行战斗并英勇牺牲，因此，每一个人都应该同样作出某种牺牲。禁酒宣传要求自我克制，因此日益击中了这种广泛存在的情感[1]。我曾提到，美国人抱着一种想象，要把美国从德国的侵略中解放出来。有个揭黑者在描写这种想象时，竭力赞扬了以“妇女民族战争经济联盟”为名，聚在一起的妇女俱乐部所表现出的英雄主义。这一联盟的成员有许多誓言，其中有一条是：“不买任何珠宝和无用的装饰品”，只买少量的衣服并禁绝娱乐，“戒除鸡尾酒、姜汁威士忌和其他昂贵的酒类，同时要戒除香烟，以此来影响父老兄弟、丈夫、儿子及男朋友，让他们共同行动起来，为妇女民族战争基金会贡献节省下来的资金”。[2]这种激进的节制风气当然是不会持久的，但当这股道德热潮达到顶峰时，禁酒说客刚好趁热打铁；而当他们大功告成时，禁酒的狂热已经在宪法中被固定了下来。它在那里一待就是15年，成了前一时代道德过度紧绷的象征，成了被取笑的把柄，成了人们常年不断愤怒的来源，成了要求绝对道德的奇特的讨伐力量的纪念品，这种力量加剧了改革者旨在毁灭

① “我坚决相信，几乎在任何情况下，禁酒问题都是道德教育的基本问题；父母应该清楚地懂得这一点，并在培养孩子的过程中，竭力真正地把自制和克己建树成行动的指导原则。只有这样，我们才能向不幸的酒精牺牲者伸出援助之手。” H. Addington Bruce: “Why Do Men Drink?” *McClure's*, Vol. XLII (April 1914), p. 132，着重号为引者所加。从这里我们可以看到，伍德罗·威尔逊劝诫美国人民的那种“绝对自我控制”，在另一领域内付诸实践了。

② Cleveland Moffett: “Saving the Nation,” *McClure's*, Vol XLVI (December 1915), pp. 20 ff.

的那些罪恶。

但禁酒并不仅仅是一种象征——它更是一种机制，把本该用于改革的热情转化成了单纯的愤怒和小心眼。在沃尔斯丹德法通过前的很长时期，特别是反酒馆联盟的出现以前，禁酒运动大谈特谈社会改革和人道主义改革，禁酒领导人常常就是改革领导人[①]。而在美国新教内部，最坚定支持社会福音运动的教派，也是最强烈地支持禁酒事业的教派。禁酒终于胜利了，酒徒由恶习的受害者变成了违法分子，屡被违反的禁酒法令必须受到保护。这一切把许多过去的改革者推进了保守分子的阵营，美国的政治形势又使他们在 1924 年和 1928 年开始了反天主教和反城市的运动。禁酒最终成了对昔日社会福音运动热情的一种低级代替品[②]。

20 世纪 20 年代另一种乡村新教的狂热运动是三 K 党。这也是对战前老一代的改革力量的嘲弄。三 K 党活动的重要中心在美国各地的小城镇中，只有东北部是个例外。尽管三 K 党在小城镇活动，我认为它仍然是乡村性的。那些通常是受雇的三 K 党组织人员，为了组织极端分散的农场主，必须不辞劳苦东奔西跑，这实在得不偿失。在小城那些容易轻信受骗的本土人中，组织足够人数聚在一起却是值得的。乡村新教的精神在这些小城镇中仍然根深蒂固，而正是在那里，火十字正熊熊燃烧。三 K 党吸引了贫

---

① 例如，弗朗西斯·E. 威拉德（Frances E. Willard）和厄普顿·辛克莱（Upton Sinclair）在 1931 年还写了一本禁酒的书《反禁酒游行》（*The Wet Parade*, Pasadena, 1931）。布赖恩这样的政治领袖把保护禁酒和保护人民统治联系了起来，见“Prohibition,” *Outlook*, Vol, CXXXIII (February 7, 1923), p. 263。

② 保尔·卡特（Paul Carter）分析和证明了这一过程，见 Paul Carter: *The Decline and Revival of the Social Gospel... 1920-1940*, unpublished doctoral dissertation, Columbia University, 1954, chapter iii, “Prohibition, Left and Right”。

穷而没有文化的本土白人新教徒。[1]这些人心中有着一种朦胧的但经常是十分真诚的理想主义。总的来说，他们住在和天主教徒及犹太人几乎没有分布的地区，却激烈地反对这两个群体的存在。在南方，三K党人成了白人至上主义的主要传播者。

三K党运动并不是由于直接的个人关系或面对面的竞争引起的，而是因为三K党人日益强烈地感觉到：盎格鲁-撒克逊美国人所奉行的那一套价值规范，正在罪恶的城市中遭到忽视甚至鄙弃，特别是被“外来者”所践踏，古老的宗教和道德正在受到知识分子的嘲弄。城市人口最终超过了乡村人口，城市成了美国生活想象的中心。大约有一个世纪之久，涌进城市的乡村过剩人口，多少给城市生活带来了一些乡土情怀和乡村理想。而今天，是城市正在为美国人民提供美好生活的样板。城市享受着新的繁荣，而农村却落在了后面。更要紧的是，城市是酒类和私酒买卖人的家园，是爵士乐和星期日高尔夫球的乐园，是疯狂的舞会和离婚的中心。报纸期刊、电影、收音机把这些享乐的消息散布到农村，引诱美国绅士家庭的孩子们抛弃了古老的乡村生活方式。因为这一切，三K党的谴责落到了移民、天主教徒和犹太人的头上——当然并没有真正落到无害的邻居们身上，而是落到了纽约和芝加哥等遥远的纸醉金迷的大都市中的人们身上。盎格鲁-撒克逊美国人现在比以前任何时候都更感到自己代表了一种受到威胁的纯洁的种族和理想，一种受到威胁的新教信仰，甚至一种受到威胁的

① 印地安纳城的一位观察家问道：“你以为有影响的人在这里吗？那么，请看看他们游行时穿的鞋子，传单并没有遮住破鞋子。” Frederick Lewis Allen: *Only Yesterday* (New York, 1931), p. 67.

对国家的真正忠诚——因为战争及其后果使他们猛然懂得：这个国家居然充满了已加入美籍的移民，但他们的心却为欧洲政治而跳动，他们的忠诚是对自己故国的忠诚。[①]

三K党帝国奇才和皇帝[②]海勒姆·韦斯利·埃文斯（Hiram Wesley Evans），曾经就三K党的目的写过一篇坦率、在某些地方甚至颇具煽动性的三K党纲领声明。十分清楚地说明了三K党运动和美国乡村新教文化的衰落之间的关系[③]："上一代的北欧美国人日益感到不安，最后陷入了深深的痛苦之中。他们第一次出现了思想与观念上的混乱，对国家形势和个人生活感到茫然不知所措，这和我们早期岁月里明确的生活目的形成了尖锐的对照。宗教也显得软弱无能，在许多方面甚至令人痛心。……最终的结果是道德的崩溃。这种崩溃已经持续了20年。我们的传统道德准则被完全忽视了，不再有任何约束力。我们神圣的安息日、我们神圣的家庭、我们神圣的贞操，最后甚至连在自己学校里教自己孩子以基本事实和真理的神圣权力，都被剥夺一空。那些维持传统道德准则的人不断受到嘲弄。

"随之而来的是经济上的穷困。孩子们的将来没有保障。我们伟大的城市和对大多数工商业的控制权都落到了陌生人的手里。他们飞黄腾达使我们的处境极为不妙。他们不久就开始统治我们的政府。如今大家都熟知的集团政治，正是他们运作权力的手

---

① John M. Mecklin: *The Ku Klux Klan* (New York, 1924)，此书有助于读者了解三K党。

② 此为三K党人对最高领袖的称呼。——译注

③ Hiram Wesley Evans: "The Klan's Fight for Americanism," *North American Review*, Vol. CCXIII (March–April–May 1926), pp. 33–63.

段。……

“因此，今天的北欧美国人在父辈们留给他们的锦绣大地上成了陌生人。……下降的出生率正是所有这一切的结果，是我们苦难的证据。我们感到，如果我们不能够从一开始就肯定，孩子们会拥有资本、受过良好教育，或两者兼得，使他们再也不需要去和拥挤在成功阶梯下层的那些人竞争，我们就会于心不安，我们就没有公平地对待我们带进这个世界的孩子们。在我们现在所生活的条件下，我们决不敢冒险让我们年轻的一代去‘闯出他们自己的道路’。……

“我们的运动是普通人的运动。我们的文化很浅，得到的知识界的帮助很少，也没有什么老练的领导。我们所要求的……是把权力还给老派的美国普通公民，这些公民是平常人，文化程度不高，没有过强的理解力，但是却没有被惯坏和异化。我们的成员和领导都来自这一阶层——我们自发地反对掌握了领导权、背叛了美国精神的知识分子和自由主义者……

“这毫无疑问是一个弱点。它使我们暴露在外，被指责为‘乡下佬’、‘土包子’和‘开二手福特车的人’。我们承认这些。……每一次群众性运动正是由于这些障碍而吃尽了苦头。然而，正是这些运动推动了进步的车轮，并且必须战胜他们同代的‘优秀人物’。”

三 K 党人感到自己正在抵御着侵蚀人心的罪恶——但这些罪恶同时也是诱惑。他们对待所反对之物的态度，带有典型的审查者特质：对所审查之物反而极度着迷。（由于这个原因，当他们最受推崇的人物之一，强有力的印地安纳州三 K 党头目因强奸谋杀罪被判刑时，他们受到了特别沉重的打击。）在许多地方他们把自己扮演成大众道德的守望者，或者实施禁酒令的非正式代理人。他们某些行为背后，或许潜藏着对城市中放纵生活的暗自向往；而他们对天主教的仇恨之中，则可能夹杂着对异域风情与浪漫仪式的公开拒斥、却暗中被吸引的心理。天主教徒成了他们泄愤的主要目标，只有美国南部是个例外。但令人惊讶的是，三 K 党的特点之一却是那使人联想起天主教活动的一整套狂热仪式。三 K 党苦心孤诣建立了一整套等级制度，他们对这些仪式感到十分骄傲。（那位帝国奇才说，其他组织的成员也承认这种仪式是美丽的、特别高贵的。）每一个普通成员都可身穿洁白的袍服，这一点也与神职仪式形成了某种呼应。①

对三 K 党力量的某些估计表明，三 K 党顶峰时期拥有将近 400 万成员②，这一数字如果只算登记在册的成员也许太高了，但如果算上那些虽未正式入会、但情感上支持三 K 党、只是因地域限制而未被组织起来的人们，这个数字就不会过高了。不管怎么说，三 K 党的影响被人用来为政治上的反动服务。布赖恩在某些地区受到三 K 党人的热烈欢迎，说明三 K 党的追随者包括大量曾经支持过乡村改革事业的人。

关于禁酒和三 K 党问题，民主党人比共和党人有更尖锐的分歧。在民主党内部，美国生活中的种族紧张状态被戏剧性地表现

---

① 有四种“Kloranic 等级”，其中两种是最高贵的，一是“大森林骑士（美国骑士等级）”，另一种是“午夜神秘骑士（精神哲学和骑士优越等级）”。Stanley Frost: *The Challenge of the Klan* (Indianapolis, 1924), pp. 298–299.

② Stanley Frost, op. cit., pp. 7–8.

出来。此外，战后民主党的瓦解十分严重，以致实际上导致了两党制的崩溃和反对党的消失。自从南北战争以来，民主党传统上一直处于少数党地位，但在进步主义时代，两党之间的势力对比仍足够接近，这迫使共和党阵营内的机会主义政治家以某种形式采纳了许多十分有吸引力的民主党的建议，以躲避大众的批评。1912 年，共和党内部分裂，这才使威尔逊得到了机会，让连续统治了 16 年的共和党告一段落。1916 年，威尔逊由于成功将美国置身于战争之外，才勉强再次中选。他的政治资本主要来自："他让我们远离了战争。" 到 1920 年美国最终参战之后当然已经彻底消耗殆尽。那一年，全国对民主党的投票只占了总票数的 34.5%，这是自南北战争以来两大政党中选票数最可怜的一次记录[①]。这是一次灾难，加上随后的 1924 年民主党全国代表大会上尖锐的争吵和无穷无尽的投票，几乎完全摧毁了民主党作为严肃反对党的地位。[②]正是两党间的鸿沟使共和党顽固派十分容易地击退了农场主，经受住了对政府黑幕的揭露，并敢于忽视 1924 年拉福莱特的对抗，因为只有当两大政党的竞争十分激烈时，第三党的反叛才具有真正的冲击力。

我们在民主党中，而不是在拉福莱特运动中发现了进步主义最有趣的结局，民主党更清楚地提出了将来的政治改革问题。正是在民主党内部，扬基乡村新教徒和城市政治机器间的冲突达到

---

① 在全国普选中（虽然不是在总统选举团中），考克斯（Cox）被哈定一举打败了，这比 1936 年罗斯福打败兰登要更惨，因为兰登毕竟还得到了总票数的 36.5%。

② 1924年，民主党候选人约翰·W.戴维斯只得到了总票数的28.8%，柯立芝（Coolidge）54.1%，拉福莱特 16.6%。

了最激烈的程度。20 世纪 20 年代，在城市天主教美国移民中第一次出现了一位民族英雄，他就是艾尔·史密斯（Al Smith）。他是一位自相矛盾的人物，既是坦慕尼协会成员又是进步派。他是城市政治机器的产物，他的名字和道德败坏是同义词，但他又是一位政治领导人，他的统治充分证明：他对人民的福利有着深切关注与实质成就。他是反禁酒的天主教徒，是城市街头成长、没有受过大学教育的人，又是一位政绩赫然的十分机敏的政治家。他成了美国城市各种可能性的象征。他嗓门嘶哑，发音和句法含混不清，成为美国中产阶级文化中的“势利眼”攻击的完美对象。正是同样原因，他对于那些被美国中产阶级的体面生活拒之门外的人，特别是对于移民团体，显得格外亲切。虽然大规模移民的大门已经关闭，但移民在政治中的积极力量才刚刚露头。第一代移民相对来说是消极被动而谦卑的，但 19 世纪末那巨大的移民浪潮所产生的第二代甚至第三代人已进入成年。他们的自尊心和自我意识也在不断成长。他们对政治的兴趣曾是对美国生活最勉强的适应手段，而现在他们内心更多的东西被唤醒了。许多人第一次对和欧洲战争相联系的政治表现出兴趣，这场战争唤醒了他们对故国的忠诚；还有许多人由于威尔逊的政策，对交战国的一方或另一方第一次产生了疯狂的热情，因为这些政策几乎和每一个欧洲国家的命运紧密相关。他们的自尊心，往往还有他们的家庭计划，都受到了 1921 年移民大门关闭的影响。他们的悠闲和娱乐受到了禁酒分子愚蠢可笑的戒律的破坏，甚至他们在美国的安全感也被三 K 党的古怪行为所威胁。对这些如梦初醒的移民来说，史密斯自然成了一位非常可敬的领袖，因为本土美国绅士中的势利小人是看不起他们的。反禁酒的斗争加剧了种族冲突。在一个繁荣的时代，这种冲突比任何其他经济问题都更为尖锐。

种族斗争分为两个阶段。1924 年，民主党内部首先展开一场论战。乡村代表，包括布赖恩的老选民和史密斯的追随者在曼迪生广场花园围绕各自的观点连续较量了 17 天。史密斯和威廉·吉布斯·麦卡杜（William Gibbs McAdoo）为了 103 张选票使民主党代表大会陷入僵局。争吵的激烈，因双方力量旗鼓相当而加剧。名曰“最后点名”的控告三 K 党的提案仅以 5433/20 比 5427/20 一票之差而被否决。最后，代表们提名了一位既不明显卷入任何一派，又对双方都没有很大吸引力的人，然后草草收场。而这位候选人在大选中的得票表现“可怜至极”。4 年以后，史密斯派取得了胜利，他再次得到了提名。至此，种族斗争不是在一党内部而是在两大党派之间展开了。虽然史密斯比胡佛代表了更开明的观念并受到开明的知识界的支持，但两党都对大企业竭尽公开谄媚之能事，因此没有任何经济路线分歧能够决定生死存亡[①]，选举斗争泾渭分明地在禁酒—新教—乡村派和天主教—城市—移民派之间进行[②]。

史密斯在 1928 年的选举中彻底失败（他几乎像 4 年后胡佛被罗斯福打败得一样惨），这一失败转移了人们对美国政治生活中，

---

① Peel and Donnelly: *The 1928 Campaign*, p. 79. 当然，史密斯努力地吸引那些因不能分享普遍的繁荣而不满的集团，胡佛则强调共和党对繁荣作出的贡献。

② 比较李普曼的话：“即使完全不算禁酒分子的严厉反对，人们对坦慕尼的反对和对纽约的部分反对——对史密斯还存在着另一种反对。以我看，这种反对和对他的支持一样强大和尖锐。这种反对是由如下感觉引起的：喧嚣的城市生活不应该被当作美国的理想。”见 Walter Lippmann: *Men of Destiny* (New York, 1927), p. 8。

一些主要潜在情绪的注意。这次选举严重伤害了美国天主教徒，伤害了他们的公民意识。以致从来没有从这一创伤中完全恢复过来，其后果至今还困扰着美国。虽然作为繁荣时期执政党候选人和共和党多数派的继承人，胡佛在任何情况下都会被选中，但他最终胜利的压倒性程度，却在很大程度上归因于对史密斯个人的社会鄙视与宗教偏见。选举突出了这一事实：一位天主教徒在美国不可能当选总统。此外，地下宣传活动还对天主教徒的"美国身份"提出质疑，这严重打击了天主教徒争取融入主流社会、实现完整美国身份认同的努力。

有着同样重要意义的是城市政治中心的出现和在大工业中心共和党优势地位的缩减。塞缪尔·卢贝尔（Samuel Lubell）指出，这一过程几乎未被察觉，因为它被共和党的胜选掩盖了。即使在进步党高举胜利旗帜的岁月里，共和党在 12 个大城市里超过民主党的票数也由 1920 年的 163.8 万张选票下降到了 1924 年的 125.2 万张，并在 1928 年被民主党反超了 3.8 万张票而以失败告终。如卢贝尔所言，共和党对城市的掌握不是被罗斯福而是被史密斯所打破的。"在罗斯福革命以前就有了艾尔·史密斯革命。"[①] 随着城市移民群体美国化程度的提高和政治意识的日益觉醒，使一种潜在的情绪开始起作用。因为在大多数大城市中，工人阶级往往是移民背景、信仰天主教、反对禁酒令，并且在社会观念上更倾向于"民主"（即强调社会平等），他们比起进入柯立芝和胡佛领导下的共和党，更容易走向民主党。

---

① Lubell, op. cit., pp. 34–35. 卢贝尔对美国政治中种族—宗教的分析入木三分。

在 1924 年民主党的内部分裂和 1928 年史密斯的失败之后，有一点变得日益清晰：如果民主党想要在未来向共和党发起真正的挑战，那么这一挑战必须由一位能跨越党内严重裂痕的候选人来承担。虽然在 1928 年，人们尚无法预料这场挑战即将到来，也看不出那样有利的历史契机已然酝酿，但谁能够肩负起这场挑战已经越来越清楚了。他就是富兰克林·D. 罗斯福。富兰克林·D. 罗斯福一直是史密斯的支持者，在 1924 年的代表大会上帮助史密斯得到提名。但在大众的眼光中，他和坦慕尼协会完全是两码事。他是一位新教徒，一位老牌美国人，一位纽约北部地区，甚至颇具绅士农场主的气质。他做过威尔逊手下的海军部副部长，也在 1920 年民主党总统候选人考克斯（James Cox）竞选时担任副总统候选人，这些经历让他深深植根于进步主义传统，并在全国范围内建立了广泛的人脉关系，没有让 20 世纪 20 年代的党内斗争摧毁这些纽带。总而言之，他是一位十分老练的职业政治家，能在政党倾轧中左右逢源，能在两大阵营中发展关系。他超越了城市政治机器精神和美国本土新教政治精神的二重性（这种二重性曾使进步派感到十分棘手），成为美国改革史上第一个主要领袖，这无疑彰显了他的卓越才智。

三、新的开端

大萧条像战后反动毁灭进步主义热情一样，突然终结了 20 世纪 20 年代的社会氛围，同时让战后政治生活中许多带有对抗性质的情绪失去了现实意义。对改革的呼声又一次变得不可抗拒。全国各地提出了拯救美国的混乱而矛盾的方案，新政终于从这些方案中形成了。从1933—1938年，新政支持了一系列的立法改革，相比之下，进步主义时代的立法显得缩手缩脚。进步党时期的那些改革并没有把美国的政治和政府从1880年的状态中带出去多远，而新政的全部改革却使美国政治和政府的面貌焕然一新。

也许是因为我们希望在历史中发现对称性和连续性，我们在新政中看到进步主义所追求的东西又出现了，西奥多·罗斯福和伍德罗·威尔逊统治时代就开始的改革工作现在被富兰克林·D.罗斯福接了过来；在第一次世界大战前五六年就提出的改革现在终于圆满完成了。这种连续性是很吸引人的，导致这种历史连续性的原因有很多，其中最重要的是，新政推行者和进步派一样，有着一种伟大的愿望，这种愿望是以前的美国历史中从来没有出现过的，那就是利用政府机构来满足人民的需要并弥补市场机制的失效。在新政的实践中，有许多改革者似乎是脚踏实地立足于赫伯特·克罗利等进步派所宣传的新国家主义传统之上，特别是在要求从中央集权出发，推动组织化、行政管理与资源调配等政策上。由于任何社会都不可能在面对新问题时每次都创造一套全新的语言体系，新政的话语体系中，自然也大量借用了进步主义的修辞与表达方式。像进步派一样，新政推行者们也高举“更广泛民主”的旗帜；如果说进步主义者所谴责的是“财阀”，那么新政则把矛头指向了“经济上的王公贵族”。富兰克林·D.罗斯福在第一次就职演说中宣称：“金钱掮客已经从我们文明之塔的顶部逃之夭夭，我们现在要根据古老的真理恢复这一宝塔。”这听起来和过去任何一位为《麦克卢尔》写作的有才华的作家所说的话一样[①]。尤其是在一些特殊的问题上，像控股公司、垄断和公共电力等，新政好像处理着人们久已熟悉的事情——1933 年的紧要关头，从西部来的支持通货膨胀的强大参议员集团也让人联想起昔日的平民主义运动。

历史从来没有绝对地中断过，但纵观新政历史，我们不能不承认，新政之所以如此杰出正是因为它标志了美国改革历史上一次剧烈的全新转向[②]。新政和美国以前所发生的任何改革运动都十分不同：其核心问题和进步主义时期不同，思想、精神和手段也自有特色。许多经历过进步主义年代的人，一度曾认为它的典型改革方案和美国传统的主流是相承的，甚至可以说是对那些传统的补充。但他们发现，新政和他们所知道的任何东西都大相径庭，因此只能把它解释为一次颠覆或某种强加于身的“外来影响”的结果。他们对新政的反对是歇斯底里的，但同时他们感到某种新的东西已经进入了美国的政治和经济生活。他们的感觉是十分正确的。

首先，让我们考虑一下新政推行者们所面临的基本问题，并和进步派曾经面临的问题作一比较。1901 年西奥多·罗斯福就职时，美国已从一场严重的经济萧条中走出三年有余，全国正处于健康的经济发展时期。农民的生活水平是四十年来最为富裕的时期，工人阶级找到了工作，生活水平得到了提高，甚至中产阶级

---

① 自然，在人事方面也有连续性。富兰克林·罗斯福本人战前曾经是年轻的进步派，有很多的美国领导人也都和他一样。他们在 30 年代又成了新政改革的支持者。但我们同样也可以列出一大批名单——主要是布尔·莫斯时期共和党的反叛人物，也有许多民主党人——他们曾支持过进步主义的措施，而现在变成了新政的激烈批评者。

② 在这里我同意塞缪尔·卢贝尔所表达的观点（op. cit., p. 3）：“从富兰克林·罗斯福开始，由杜鲁门继承的政治革命的最明显的特点，并不在于它和安德鲁·杰克逊或托马斯·杰斐逊的政治战争相似，而在于它和过去的连续性突然发生了断裂。”

也不再为家计担忧，而更热衷于反思成功的道德代价。当富兰克林·罗斯福宣誓就职时，美国经济生活的整个运行机机制几乎已经全面崩溃。习惯于安排社会秩序的领袖们自己也陷入了一种惊慌失措的状态中。成千上万的人失去了工作，农村和城市中的牢骚与不满达到了危险边缘。

新政领导人所接管的，是一个面临全面经济瘫痪的政权，这在改革运动历史中还是第一次。新政是史无前例的。毋庸讳言，整个19世纪美国政治的改革传统，经受了周期性经济危机的影响，但那些政治领导人从来没有担负起挽救经济的责任。1801年的杰斐逊，1829年的杰克逊，以及后来的西奥多·罗斯福和威尔逊——都是在经济状况良好的时候执政的。当然他们每个人都经历了经济上的倒退——1807年，杰斐逊由于禁运政策所带来的后果吃了亏；1834年和1837年，杰克逊集团也尝了一下经济萧条的味道；西奥多·罗斯福在1907年的“银行恐慌”时期也吃了些苦头；威尔逊在战争炮声降临前夕迎来的是经济上的暂时倒退——但他们的思想，以及他们所代表的运动的思想，都专注于如何在现有繁荣之中重新分配利益，而不是集中于恢复失去的繁荣或防止循环的经济崩溃上面。

早期传统的美国政治运动一直是对小企业阶层或者那些接近小企业主地位的人——农场主，小商人，专职人员，间或还有手工业者或工人阶级的上层人物——的需要的一种反应。这些阶层的目标，总的来说是为新型企业和新型人物开辟道路，打破特权经营，打破大型企业和垄断统治，使小人物们更容易得到贷款。这种进步主义的传统思想，不仅建筑在对竞争秩序的认可上，而且也建筑在对这一秩序的赞美上。杰斐逊派、杰克逊派和以后的大多数进步派都信赖市场经济，他们所提出的唯一重要修正，是认识到这个市场需要被政府管理并绳之以道德。这一政府必须能对经济开拓者和小企业家的需要作出反应。对于联邦政府的一些积极职能的运用，他们却极少触及。他们更愿意让政府的积极职能保持在最低限度，如果这些职能是必要的，那么就让它们保持在州一级而远非全国性的范围内。他们对联邦政府的概念首先是消极的，其次是预防性的。在杰斐逊和杰克逊时代，政府应避免过度的支出和过度征税，并对特权阶层进行限制；在后来的企业兼并时代，政府则应防止铁路公司和垄断资本家对权力的滥用，并谴责不道德的行为。确实，平民主义和进步主义运动中的一些更“进步”的思想家曾尝试更积极地构想政府职能，如为农业贷款设立国库分库的方案以及建立各种公有制等，但当这些方案被试图在全国范围内实施的时候，却激起了十分强烈的反对。

因此，整个改革传统所表现出的心理建立在一个从本质上讲是健康的社会存在上。它所主要关心的不是如何管理经济以对付崩溃问题，而是如何使一个运转良好的经济体更加民主化。相较之下，恢复繁荣的经济治理本质上是一个组织与统筹的问题；而如我们之前所见，在一个组织有序的经济体系中推行民主化改革，在多个重要层面上，更像是一种为小人物寻找破局之道的努力[①]。

① 和新政最初的改革最接近的并不是进步主义时期的经济立法，而是威尔逊政府为了第一次世界大战对经济的组织。全国工业总署的休·约翰逊（Hugh Johnson）和农业整顿署的乔治·皮克（George Peek）在许多方面重新运用了他们在伯纳德·巴鲁克手下的战时工业委员会中所得到的经验。

这种改革主义心态，比起保守主义思维，更能为1929年的灾难性危机作准备。赫伯特·胡佛是一位老进步党人，比以前萧条时期的任何总统都更乐意领导这个国家，但却对萧条毫无准备。他对既定原则抱着近乎教条主义的忠诚，这使他在萧条面前束手无策。富兰克林·罗斯福是十分典型的进步主义产物，1910年他第一次进入了政府。从他的经济思想看，他也没有对大萧条做好准备，这一点是任何研究过他20世纪20年代政治生涯的人都不会否认的[①]。但他却是个机会主义者，有着足够的灵活性来成功地对付这一萧条。

胡佛是出身于艾奥瓦州的一位工程师，代表了本土新教政治的伦理传统。他在政治上是一个外行，在1928年被选为总统以前从来没有参加过竞选。对政客那种擅于妥协的作风缺乏耐心。他依旧顽固地坚持那些在其行政生涯中一贯奏效的私营与志愿主义方式，直至情势不再允许[②]。而富兰克林·罗斯福则是一位练达的职业政治家，在20年代可怕的政党斗争中，他骑墙观望，学会了自己的治国本领。他在政治机器的现实中如鱼得水，对如何适应环境的统治技巧了如指掌。和胡佛不同的是，他对经济原则没有一成不变的观点，他深知进行经济实验和灵活运用政策的必要性。他在1932年说："常识的做法是采用一种方法去试试，要是失败了，就坦然承认，再试另一种方法。但无论如何，一定要做点什么。"

---

① See Frank Freidel: *Franklin D. Roosevelt: the Ordeal* (Boston, 1954), and his forthcoming volume on F. D. R.'s governorship.

② 富有特征的是，胡佛接受了对大萧条的本土观念，这一观念来自国外，不是美国经济的自身缺陷的产物，而是欧洲不健康的制度影响太多的结果。

如果把随之而来的大量立法说成是经济计划，就会把计划和干涉主义混为一谈。计划对于新政并不是一个很妥帖的词语：新政常被认为是一场经济运动，而实际上那是一次实验的大杂烩。像雷克斯福特·盖伊·塔克威尔（Rexford Guy Tugwell）这样真正的计划派人士，发现自己挣扎于新政的各种逆流之中，最后以幻灭而告终。但如果从经济角度看，新政完全缺乏计划概念所应有的理性和连贯性，那么从政治立场看，它却展现出一种高超的利益平衡技艺。一些共和党人对新政的方法不寒而栗，这没有什么稀奇的。在西奥多·罗斯福的时代，人们相信国家是中立的，因为其领导人声称他们不给任何人以特别好处。但在富兰克林·罗斯福的统治下，如果国家也能被称为中立的，那只能说是因为它给了每一个人好处。

在富兰克林·罗斯福就职之前，舆论界就已发生了无声的革命。新政推行者为了恢复经济，提出从今以后联邦政府将负责管理劳工市场，并把它作为整体产业问题的一部分来考虑。当他们提出这种观点时，在全国几乎没有遇到什么对抗，从这里我们可以看出那时候舆论的本质特征。这并非源于什么激进的革命意图，而仅仅出于政治现实的需要：联邦政府不得不承担起对失业群体的救济职责。同样从政治角度出发，既然工业资本家被赋予起草并执行“公平行业规范”的权力，那么劳工方面至少也必须在形式上获得其集体谈判权的承认。当然，在新政的第一、二年，没有人会预料到，通过联邦失业救济把购买力无限制地输入经济这一方法，会在以后的 7 年中作为经济的一个组成部分延续那么久并充满了活力。也没有任何人能预料到，由于新政的精神和诺言，由于最初几年经济的恢复，工会运动的规模和力量将会越来越大。到 1937 年底，人们已经清楚地看到，美国改革主义的社会基础已然发生了改变。声势浩大的工会运动，以及随之而来的失业工人的利益问题，给新政涂上了一层社会民主主义的色彩，这是以前的美国改革运动中从没出现过的情况。此前的美国改革运动主要关心的是企业类型的改革，仅仅偶然地涉及社会立法，而此后，它注定要在很大程度上为社会保障、失业保险、工资和工时，以及住房等问题承担责任[①]。

联邦政府扮演了新的财政角色，这给人以深刻的印象。这一角色并没有经过预先设计。新政在开始时大规模的开支和不平衡的预算，这是对迫在眉睫的经济需要的一种反应。在恢复经济的其他方案远水救不了近火之时，政府开支使经济能够继续运行下去。1937 年，富兰克林·罗斯福想要缩减支出，但这时候他才意识到自己已沦为开支政策的囚徒，于是他转变了立场，把原本出于无奈的举措美化为一种道德上的正确选择。他的开支政策在大战以前的任何时候，都绝不代表对凯恩斯经济学的全心赞同。只有战争本身才能够完成新政所开始的财政革命。1940 年，凯恩斯勋爵在美国发表了一篇文章，有点忧郁地回顾了前十年美国赤字支出的经历。他总结说："要证明我的主张，就必须进行巨大的实

① 正像国家制造商协会的法律顾问所说的那样："监管已经从仅仅防止非法和不正当行为的消极阶段，转变为指导企业活动并控制其形式的积极阶段。过去人民认为，政府的职能是通过优势权力来阻止剥削。现在，新概念已经取代了旧概念，人们认为，政府的职责是提供安全以对抗生活中主要的危险——失业、事故、疾病、老年和死亡等。" Thomas P. Jenkin: *Reactions of Major Groups to Positive Government in the United States* (Berkeley, 1945), pp. 300–301.

验，而一个资本主义民主国家要在这种规模上组织支出，在政治上就是不可能的——除非在战争条件下才具备这种可能性。”然后，他又补充说，备战和军火生产将使美国人大大懂得他们的经济潜力，这种认识将成为“无论新政成败都无法给予你们的刺激”，从而实现“更高的个人消费与更高的生活水平”[①]。我们现在能够懂得，这是何等奇妙的预言了，在和平条件下，富兰克林·罗斯福的预算使人们怨声载道——他的预算最高时达到 70 亿美元。现在我们已经对超过 800 亿美元的预算有点熟视无睹，无所顾虑了，因为我们知道这一支出的大部分将被用于国防，而不是用于在政治上引起纠纷的事情。但最重要的是，我们已经理解了我们的经济潜力。这种潜力在 1933 年是做梦也想不到的，更不用说 1903 年了。人们仍然对联邦政府的财政和税收政策愤愤不平，但几乎又没有人会怀疑，在可以预料的将来，正是政府扮演的财政角色主要地决定了经济发展的进程。

那么那些旧日进步派所关切的老问题又怎么样了呢？它们被回避了，绕过了，超越了——就是没有被解决。要知道这一点，我们只需要看看新政处理进步派最深恶痛绝的两大对象——政治机器和托拉斯时的方法就足够了。

如我们所见，进步派花费了大量的精力打击政治大佬和政治机器，力图改革国家政治机制，以实现直接的人民民主和“把政府归还给人民”的宗旨。新政对这一类的改革几乎完全不加理睬。对于那些虽然支持罗斯福改革、却恪守旧式自由主义原则的老派

① J. M. Keynes: “The United States and the Keynes Plan,” *New Republic*, Vol. CIII (July 29, 1940), p. 158.

自由派人士来说，罗斯福没有作出任何努力来结束政治大佬体质和政府的腐败，这一态度令他们颇感不安。罗斯福甚至完全忽视了这个问题。为了更重要的国家利益和更紧迫的经济需要，罗斯福只要有可能就和政治大佬们联合起来共同工作，他毫不犹豫地拉拢了全国最最糟糕的政治机器——新泽西州独裁主义的黑格领导集团。至于恢复民主，他似乎已经很满足于一种感觉：至少国家正在满足最普遍的公众需要，并且政府与人民之间保持良好的“互动关系”，那就足够了[①]。

在政治改革领域有一个明显的例外——扩大联邦最高法院的规模。这看起来不像是罗斯福惯常采取的那种机会主义与管理型手法，似乎是一个特殊的政治改革举动，但仔细分析之后就会发现，它其实并不例外，依然延续了他以务实和应急为核心的政治风格。罗斯福毕竟不是为了实行某种重要的“民主”原则或出于改革宪法结构本身的愿望，才开始和最高法院进行斗争的，而是因为法院的决定使燃眉之急的社会管理再组织成了泡影。他首先关心的不是法院的审查是不是“不民主”，而是联邦政府被剥夺了有效处理经济问题的权力。这场斗争并不是以真正的进步主义精神来进行的。早期的进步派确实也曾与司法系统产生严重分歧，他们对此作出的反应是提出有着典型原则性的但实践起来却相当困难的提案，也就是说他们要求得到对法院判决的否决权。总之，像任何坚持原则的人那样，他们要求重新考虑整个法院的审查问题。但罗斯福是绝不会

① 当然，要是从纯粹的国内关系来谈论民主，那就贬低了新政在世界上的重要性。在一个民主处处倒退的时代，新政为世界树立了自由国家的榜样，用一种民主的人道的方式处理着各种经济问题。

选择这种方法的。[①]罗斯福感到，在一个典型的民主政体下，重新提出法院对国会法令进行重审的传统问题，确实是应对他所感知的“宪政僵局”的一种高尚方式，而最终的结果也许比他所运用的手腕更加不堪设想。罗斯福回避了这一繁复且可能引发宪法修正的正面挑战，而另外设计出一个“巧计”达到了他的目的——他借口年迈的法官已难以应付工作日程，要求凡年满七十岁却未退休的在任法官，每人可以增补一名新大法官，最多新增六人。

研究法院和总统之战的学者都喜欢说罗斯福打赢了，因为在论战的过程中，最高法院的裁决方向开始转变，而且大法官凡·德温特（Van Devanter）的退休使总统能够委任一位自由派大法官，从而实质性地改变了最高法院的组成结构[②]。然而，必须指出的是，即使罗斯福这种实用主义出发的 gauge 尝试，也为改变这个伟大而神圣不可侵犯的机构付出了沉重代价。这场法院之战疏远了许多坚持原则的自由主义者，使许多反对罗斯福的保守分子得以把他描绘成一个渴望个人独裁和旨在颠覆共和国的人。

---

① 在号召再组织的咨文中，罗斯福明确指出：他的提案将使对法院的权力和宪法的任何基础改变都不再必要，使“那些含有十分深远的后果，以至引起我们历史进程中智慧之动摇的改革”都不再必要。参议院反对这一提案的人物——参议员布顿·K. 维勒（Senatcr Burton K. Wheeler）仍然拥护对宪法的修正案，允许国会推翻法院对国会的否决。Charles A. and Mary R. Beard: *America in Mid-passage* (New York, 1939), Vol. I, p. 355.

② 即使最高法院之战正在进行，国会和最高法院也仍然出现了新的和谐。人们常常争论的是这种和谐是否能归功于罗斯福的最高法院改革法案。默罗·普西（Merlo Pusey）认为，法院决定的改变并不是对立法斗争的政治反应，见 Merlo Pusey: *Charles Evans Hughes*, Vol. II, pp. 766 ff。他指出，总而言之，在最高法院就国家工业复兴总署及农业整顿总署作出决定以前，新政立法起草得更为完善。然而，凡·德温特（Van Devanter）的辞职无疑是由法院之战促成的。Ibid., Vol. II, p. 761. 事实上，双方的拥护者能够继续争论谁赢了这一战，正是这一问题被圆满解决的最好证明。这一战斗唤起了十分复杂的感情，以至任何一方取得明确的胜利都将是不幸的。

要是我们看一下进步主义的第二大敌人——大企业或垄断组织，我们就会发现，到实施新政之时，人民的感情已经起了根本的变化。的确，大萧条的降临和对20年代一些企业不近人情的揭露，造成了一种舆论气氛，以至于企业领导，特别是大企业的领导遭到了深深的怀疑和强烈的怨恨。由于这些原因，企业的地位比25年前要薄弱得多。然而到了1933年，美国人民和大公司共同生活了那么长时间，以至于它们被视为已然"驯化"的存在。人们更关心的是企业能够为他们提供工作，而不是去破坏大型公司。新政从来没有就企业合并定出明确的或一贯的方针，新政推行者内部在这一问题上的分歧常常使人联想起进步主义时代破坏托拉斯派和约束托拉斯派之间的斗争。但应该指出的是，在新政时期，大企业与垄断议题被置于一种更为务实、焦灼的复苏探索之下，罗斯福政府所追求的首要目标是带动经济复苏，而非与大企业开战。新政伊始并未高举"打破托拉斯"的旗帜，反而以《国家工业复兴法案》(NRA)为起点，试图通过政府担保的大规模行业规范体系，来解决商业秩序问题——事实上，这种做法在某种意义上是对社会"托拉斯化"的默许。新政政治上的倒退首先正是由这一点引起的——因为它把形成公平贸易准则的权力完全交到了大企业利益集团的手中，这引发了中小企业和工会的强烈不满。从新政开始之日算起仅有5年，在工业复兴总署打算稳定恢复经济的计划归于失败并被最高法院宣布为违宪之后，政府才掉头而行，转向调查企业并购与商业权力问题，从而带来了国家经济临时委员会令人难忘的调查运动①。虽然当时许多观察

① 同时也存在着对控股公司的攻击，体现在1935年的所谓"死刑"中。

家认为新政将重演过去进步派反托拉斯的故技，但它却没有付诸行动，对商业秩序进行威尔逊在 1912 年所设想的彻底“结构”，也没有采取西奥多·罗斯福的“示范性起诉”策略以达到安抚人心的目的。新政并不想重建竞争秩序。这是威尔逊曾抱着怀旧的伤感想要实行而西奥多·罗斯福则坚决认为已经不可能的那种秩序，新政对待企业的方法是严格局限于管理上的，明显地从属于那些能够促进购买力以实现经济复兴的考虑。总而言之，这是一次约束企业定价行为的齐心努力，其目标并不是关注企业规模问题，也不是出于对小竞争者的保护意图，而是为了消除垄断赋予企业的“私人征税权”，将关键的购买力留在消费者手中。

历史是不可能完全重复自身，因为任何历史经历第二次来临时，参加者都会想起第一次经历所得到的结果。新政最后几年的反托拉斯思想家们很清楚地意识到，以前实施《谢尔曼反托拉斯法》的努力与其说是对大型企业的真正攻击，还不如说是仪式上的示威。受命负责反托拉斯方案的瑟曼·阿诺德十分清楚地知道，早期对谢尔曼法的解读实际上起到了掩护和助长企业兼并的作用。在谈到新政时期反托拉斯的作用时，阿诺德强调了消费者的利益，并明确否定了以往的法律应用方式。“如果不强调消费者的利益，这些现存的实施法令的努力只不过旨在对越轨行为进行惩罚，而不是为了达到我们的经济目标。事实上，没有几次反托拉斯的行动就某种特别产品的分配问题限定或讨论过切实可行的经济目标。就这样，对道德方面越轨行为的关注，和对公司捉摸不定的意图的猜测，竟变得比经济成果更为重要了。实施反托拉斯法的行动，由于没有和消费者的利益统一起来，其本质沦为一种‘追捕罪犯’

的行动，而非检验组织化经济权力是否有助于或阻碍商品流通的机制。结果是虽然我们寻求自由竞争市场的经济理想仍然存在着，但却没有提供足够的执行人员来把这一理想变为现实。大略讲来，这就是 1890 年到大萧条这一时期谢尔曼法的执行状况[①]。

如果说瑟曼·阿诺德对反托拉斯的看法已经不同于传统进步主义者的那一套——这一点我认为是成立的——那么，有一些人的观点则比他走得更远。这些人是在新政时代成长起来的，他们不仅不再把“反托拉斯”等同于“反对大企业”，甚至可以说，在很大程度上接受了大企业的存在，认为大企业并非一定是坏事。几年以前，约翰·肯尼斯·加尔布雷思（John Kenneth Galbraith）曾以《美国资本主义》（*American Capitalism*）一书轰动一时。他的中心论点是企业合并的发展过程本身，创造了一种“对抗性权力”——就是说，它不仅带来了强大的卖方组织，而且带来了有力的买方组织。这两大组织通过巨大的经济对抗阵线，各自贡献了自己的能力来挽救经济[②]。加尔布雷思的书以及最近出版的保护大型企业的文献都认为，要把大企业的弊端减到最低程度，所应该做的不是去解散组织，而是在劳工、农业、政府和企业内部形成组织的力量。不久以前，一位在新政政府服务过的人、戴维·利连塞尔（David Lilienthal）步了加尔布雷思的后尘，为大型企业写了一篇强有力的辩护词，强调了大规模的工业在技术上具有进步

① Thurman Arnold: *The Bottlenecks of Business* (New York, 1940), p. 263.

② 这不过是对加尔布雷思（Galbraith）《美国资本主义》（*American Capitalism*, Boston, 1952）一书中做得比较简单的陈述。研究反托拉斯意识形态的学者对加尔布雷思对“THE”的报告（*TNEC Report*, pp. 59–60）的谴责一定会特别感兴趣。

性。他所运用的语言会把布兰代斯和威尔逊吓一跳[①]。我不清楚加尔布雷思和利连塞尔等人的态度是不是代表了今天主要的自由主义情感，但我们可以恰当地说，他们的书并没有引起其他自由主义者的强烈抗议。自由主义者以各种方式为工业中的“大而集中”辩护，这种情况说明，作为进步主义思想核心的长期反垄断情感，今天已不再是中心的主题了。威尔逊和布兰代斯所呼吁的一代人，把经济生活看作表现个性的领域；现代的自由主义者们则仅仅把它认为是一种可期望某些成果的领域。最值得我们讨论的也许正是这一道德立场的改变。一二代人以前，普通美国人都抱着一种期望，认为从商在某种意义上是对个人性格和勇气的试验和证明，正因为着眼于这种关系，自由竞争秩序才如此具有吸引力。[②]即便是批评资本主义秩序者，也常常用相似的道德诉求来展开论述：经济秩序并没有唤起或奖励那些被渴望的性格和品德，也没有奖励美德而惩罚罪恶，它变成了不平等的发源地。然而，在随后的15年到20年间，正如加尔布雷思所说的那样：“美国激进分子不再谈论资本主义下的不平等或剥削了，甚至不再谈论其内在矛盾

① 加尔布雷思说：“对自由竞争模式的充分强调几乎完全消灭了技术的发展”，事实上，“要是一种工业想要进步，就必须有某种程度的垄断”。Galbraith, op. cit., pp. 91, 93, and chapter vii, passim. Cf. David Lilienthal: *Big Business: a New Era* (New York, 1953), chapter vi. 另一个对大企业抱有好感的前新政人物是阿道夫·A. 伯利（Adolph A. Berle），见 Adolph A. Berle: *The Twentieth Century Capitalist Revolution* (New York, 1954)。

② 例如，让我们读一读那封被利连塞尔（David Lilienthal）引用的一位20年代的大学毕业生所写的动人的信：“面对平庸的抱负和被分割的生活这一前景，我们丧失了勇气。在大企业就职的前程是可以预料的，并且一旦进入便难以退出，如人事处所说，这一前程也是安全的。毕业以后拿工资的吸引力增加了，退休后能拿到退休金成了一个很大的诱惑。但在我的高中时代，人们所要求的是野心，谈论得最多的是成功和独立。”

了，他现在强调的是资本主义在实际运行上的不可靠性。”①

四、新机会主义

新政及新政所孕育的思想，体现的是经济紧急状态与基本民生需求对传统观念与既有约束的全面胜利，是以罗斯福所说的“大胆的不屈不挠的实验”精神来设想和实施的，那些吹毛求疵的人认为新政事业是彻底的机会主义。在讨论进步主义时，我强调了它对绝对道德观念的倾向，那种充满理想主义色彩的道德基调。相类似的东西在新政中不是完全没有，但新政运动显示出一种强烈而坦率的意识：正在发生的是经济实验运动，道德改革不应该喧宾夺主。对反对新政的保守派来说，这一实验运动中的许多行为既危险又不道德。

新政批评家对新政怀着强烈的道德义愤，说明了该时期的另一特点——改革者和保守分子在意识形态领域所扮演的角色已经相互转化。很自然，不管意识形态是激进还是保守，人们都有着对最高的道德原则和对实际制度生活的双重要求。从传统看来，保守派力量把对意识形态的要求更多地建立在制度的连续性、严酷的现实和有限的可能性上，而改革派的力量则常常在于唤起人们的道德情感，谴责不仁不义，并运用社会公愤来反对难以容忍的社会弊端，进步主义时代，这两者的分野还是清晰的。然而，在新政时期，却是改革派对紧迫的实际需要大声疾呼，这给了人

① Galbraith, op. cit., p. 70.

们至深的印象——他们吸引了没有销路的农场主、没有面包和希望的失业工人，还有对银行和投资市场深感忧虑的人们等。相反，保守派变成了义愤填膺的一方，重新动用了美国生活中慷慨激昂的道德言论；这不仅因为保守派现在是反对派，而且因为新政所进行的事情是如此新异万分，在实践和道德两方面同时违背了祖宗的所有法规。因此，要是我们希望在 20 世纪 30 年代寻找乌托邦主义，寻找对无形的道德和品德的信仰，寻找那种曾经是改革者的主要特征的道德义愤，我们只要读读保守派主流报纸上的社论就行了，这些东西随处可见。要是我们希望寻找 20 世纪 30 年代的乔治·凯南，那种曾在旧金山告诫市民“要是他们得到了一座富裕的城市而失去了灵魂，对他们是没有任何益处的”道德警示者，你会发现在新政时代，他们反而更常出现在反对联邦政府对失业工人进行救济的人中。他们反对救济是因为救济将毁坏人们的品格。我们也可以在对美元贬值感到震惊的人中找到这样的人。他们震惊并不是因为他们对贬值的后果有清楚的认识，而是因为他们从中嗅到了卑鄙和欺骗的味道。过去，保守派控制了全国的局势，建设了工业与交通体系，组成了美国引以为荣的神话般的生产和分配体系，而改革派却指出其中人性的代价、所作出的道德原则的牺牲，并规划蓝图。现在却是改革派给没有工作的人以食物，帮他们找到工作，挽救了银行，建造了房子、学校和公共大楼，挽救农场主免于破产，使工业更有人情味，并重新点燃了人们的希望。保守派在一瞬间就被剥夺了对形势的传统控制权，不能再扮演他们的活动角色。于是，他们开始呼吁健康的道德原则，担心宪法能否得到实施，为区区小事而大惊小怪，主张更高尚的道德行为，并警告人们要小心暴政。

可惜的是，新政时期的大多数保守思想都是空洞的陈词滥调。新政最引人注目的是，它对改革进行了不厌其烦的宣传，但却没有产生多少政治批评文献。进步主义时代的改革产生了许多十分重要的政治小册子和对社会进行富有远见的分析的书籍——如克罗利、李普曼、韦尔、亚当斯、布兰代斯、揭黑作家们，以及社会主义批评家 W. J. 根特和威廉·英格里希·华林（William English Walling）等人的著作。这些文字不仅在当时具有极强的时代批判性，也在其后成为重要的历史文献。但新政时期却没有产生任何比报纸标题更富有生命力的政治著作，能与上述作品相匹敌。造成这一“失语”现象，部分原因在于时间的紧迫：进步主义时代持续了十几年，它所产生的大部分重要著作都是在最后阶段，特别是在 1910 年以后出版的；而新政充满活力的阶段则集中在 1933—1938 年沸腾的 6 年中。也许重要的是如下事实：新政带来了十分迅速的官僚政治的扩张和十分复杂的一大堆问题，因此为法律、新闻、政治和专职阶层等各界富有改革头脑的美国人提供了广阔的用武之地，原来忙于分析各类事件的意义的人们现在被不断膨胀的巨大官僚体系所吸引，忙于起草法令送达各级法庭，游说态度蛮横的国会议员，或重新安置分成制的佃农。

有一件值得注意的事不在以上概括之内。瑟曼·阿诺德写了两本光辉灿烂、闪耀着天才光辉的书——《政府的象征》（*The Symbols of Government*）和《资本主义的神话》。这两本书具有恒久的现实意义——我相信比任何进步主义时代的政治批评著作都要伟大[1]。我们在这两本代表新政阵营最进步方面的书里，发现了什么呢？是对意识形态、理性原则和政治道德主义的尖锐而持久的批判。一句话，我们发现了富兰克林·罗斯福在实际政治中所运用的机会主义熟练技巧的理论说明——这是一种攻击理论的理论。阿诺德的思想毫无疑问主要是针对20世纪30年代保守派的僵化思想而发，但也击中了我们曾在进步主义思想中发现的顽固的道德主义。

阿诺德主要关心的是，为什么社会实际运行方式和主流律师、经济学家，以及道德学家所赖以理解社会的神话，如此大相径庭。他的书在于说明大多数表面合理的原则，在付诸实践时所显露的既僵化又不合理的特征，而社会正是依赖这些原则而生存的。在他著书的年代，人们迫切需要在实际工作中对付经济崩溃，迫使人们直面一个令人震惊的现实：许多被奉为圭臬的政治、经济与法律话语，在实际操作中竟然毫无用处。正因如此，语言本身变得不再可靠，"词语的暴政"成为公众焦虑的来源，因此，一大批关于语义学的流行书籍，以及一些旨在打破"词语的暴政"的著作出现了。在这些著作中，阿诺德的书迄今为止可以说是最重要的。阿诺德的主要使命是考察并讽刺当时的正统保守思想，但这并不是我想要说的。我最感兴趣的是：阿诺德的思想在多个层面上明显偏离甚至批判了早期进步主义的理念体系。从阿诺德运用的术语中我们就能清楚地看出，阿诺德的价值体系和美国进步主义的传统价值体系大相径庭。在讨论进步主义造成的舆论气氛时，

---

① Thurman Arnold: *The Symbols of Government* (New Haven, 1935), *The Folklore of Capitalism* (New Haven, 1937). 到1941年，第一本书已重印了5次，第二本书则重印了14次。

我曾指出，在描写思想纯洁、行为无私的优秀公民时，存在着有关公民道德的大量流行词。进步主义的关键词语是如下术语：爱国主义、公民、民主、法律、品德、良知、灵魂、道德、奉献、责任、羞耻心、耻辱、罪行和自私等——这些词语浸润着盎格鲁-撒克逊新教徒传统的道德观和进步主义运动的思想基石。让我们再来寻找一下阿诺德书中的关键词：需求、组织、人道主义、结果、技术、机构、现实主义、纪律、信心、专业技能、专家、习惯、实用和领导力等——这些词语表示了一种完全不同的价值体系。这是在紧迫的经济需要和官僚体制的条令中诞生的。

虽然阿诺德最关心的是当时的保守派，但也经常涉及过去的改革者，使我们能清楚看到新政者眼中的进步主义图景。他看到，过去的改革者们专注于口头上的道德斗争，却让社会运转的庞大组织体制基本未受触动。只要改革者的主张获得实现——无论是实现公民直接选举、反托拉斯法，还是其他他们所寄予希望的制度——一旦真正付诸实践，那些世俗性组织总能灵活应对，随之调整。老一代的改革者（如林肯·斯蒂芬斯）陷入幻灭，而新的一代则重新举起改革的旗帜①。阿诺德认为，拥护人道主义价值的正人君子犯了一个致命的错误，他们忽视了这一事实："不是逻辑而是组织统治着一个已被组织起来的社会。"由于这种忽视，他们选择了逻辑原则而不是组织作为自己献身的目标。大多数的自由主义改革运动都试图让社会制度按其说教行事，一旦这种说教得到实施，社会制度便失去了正常的作用②。简言之，进步主义者困

① *The Symbols of Government*, p. 124.

② *The Folklore of Capitalism*, pp. 375, 384.

扰于制度如何发展与完善，而阿诺德的理论，在很多时候却近乎是对制度与组织本身的赞美与神化。

阿诺德几乎对进步主义思潮的所有“基本母题”都提出过尖锐批评。《资本主义的神话》一开篇便以讽刺的笔调描绘了“思考的人”（the thinking man）这一形象。而这一形象恰恰是理性政治话语的目标读者，也正是多数进步主义论述中好公民的脸谱化形象，进步派政治家花费大量的时间宣传反对他们的所谓“无法无天”。但阿诺德的中心论题之一，却是对法律和法律思想的分析。这一分析显示：法律和道德这两个概念被死死限制住，以致社会大量的真正必要的功能只能超越法律框架来实行[①]。同样，他反对进步党也体现在他对反托拉斯法令的攻击上。（这件事有点让人发笑，因为后来他受命负责这些法令的实施工作。）但阿诺德并不否认，这些法令在经过了改革者解释之后，也有着某种用处。它们的主要作用就在于：它们在为被工业组织进程弄得极其不幸的人提供安慰的同时，允许了这一进程的继续发展。因此，它们有着实际的重要意义，但和进步派所希望赋予它们的意义大相径庭。进步派实际上从未真正提出过一套有力的战略来对抗大企业集团：“为什么这些〔反对工业组织的〕攻击往往以赎罪的仪式结束，而没有什么实际的结果呢？其原因在于这一事实：没有任何新的组织成长起来，去代替被攻击的组织功能。反对派决没有能力建立起自己的日用物资供销处和物资供给服务网络。它有足够的雄辩

① Cf. *The Symbols of Government*, p. 34：“‘法律’的作用之一是承认代表着既定行为绝对反面的理想……法律的作用不是指导社会，而是安慰社会。对法律基本原则的信仰并不必然导致有秩序的社会。这种信仰经常是由于社会动乱而来的。”

家和经济学家，却缺少实际的组织者。在美国进行一次大型合作运动也许会改变工业帝国的权力；但靠说教来反对它只能以反说教而告终。”[①] 理由是：改革者本人也陷入那些正支撑着旧体制的信念当中。。他们被对社会的道德态度所迷惑，梦想着乌托邦。他们只对制度设计感兴趣。对他们来说，哲学比机会主义更重要，因此他们最终获得的是哲学而不是机会。

阿诺德对缔造美国工业体系的大亨们，比对进步主义改革者怀有更多的敬意。进步派对这些大亨们愤愤不平。阿诺德却带着几分沉醉议论着洛克菲勒、福特和卡耐基，他把这些人和工会领袖约翰·L. 刘易斯（John L. Lewis）作比较，把他们当作避开一切道德顾虑的熟练组织者的榜样。他写道："对人类社会的实际观察……表明，许多伟大的组织，都是由违背了我们所珍惜的大多数原则的不择手段的人所创造的。”[②] 工业组织的领导人对法律、人道主义和经济原则不屑一顾。“他们在自已的错误上站立起来，他们的行动是机会主义的，他们用人类这块材料做实验而置社会正义于不顾。然而，他们将生产力提高到了其父辈做梦也想不到的水平。”[③]

毫不奇怪，阿诺德对政客们也有几分肯定之词。尽管他们缺少社会价值感，目标和眼界也有所不足，但他们却是唯一懂得政治技巧的人。“人们当然喜欢把政府交给无私的人，但这些人过分献身于并满足于原则的完善与纯洁，却未能发展出真正的治理技巧，因而无法构成一个“称职的治理阶层”。因此，社会经常面临

---

① *The Folklore of Capitalism*, p. 220.

② *The Symbols of Government*, p. 5.

③ Ibid., p. 125.

两难选择：不是被煽动者和精神错乱者掌权，便是依靠“那些虽无学识但富有人类同情心的爱尔兰人（却凭天性懂得人们需要什么）”。[①]阿诺德专在《资本主义的神话》中专门用了几页为政治机器辩护，赞扬它们以常识来处理治理事务，并以一种人道主义精神开展工作[②]。

阿诺德的书中充满了对怀有所谓理性公民的怀疑，否定了僵硬的道德原则和政治中无私的合理性。宣扬实用主义精神、崇拜成功，高度赞美组织和体制的纪律，保护政治机器。因此，他的书也许夸大了新政和战前进步主义之间的差异，却同时敏锐地指出了这种差异的本质。[③]

---

① *The Symbols of Government*, pp. 21–22.

② *The Folklore of Capitalism*, pp. 367–372; cf. pp. 43, 114–115; cf. *The Symbols of Government*, pp. 239–240.

③ 在许多观点上，阿诺德对这种需要让步到了几乎无情的程度，并在一些严肃的问题上（和富兰克林·罗斯福本人十分相似）变得相当轻率。尽管这些错误作为症状有着许多重要性，但我并不希望把他的作品描绘成对政治道德本身的攻击；他并不是要努力破坏政治道德，而是讽刺他认为是畏缩的起妨碍作用的那种特别的道德原则，并用新的原则来代替它，但这一新准则的具体轮廓却十分模糊。据我判断，阿诺德甚至没有成功地提出，更不用说回答他的书中所提出的那些重要问题。这些问题是道德与政治，或理性与政治的关系。关于这些问题的深刻批评，见 Sidney Hook: *Reason, Social Myths, and Democracy* (New York, 1950), pp. 41–51, and the ensuing exchange between Hook and Arnold, pp. 51–61。依我看，这一交流不过强调了阿诺德哲学上的困难。阿诺德等人的伟大价值并不在于它们关于政治伦理学所说的那么一点点话，而在于它们接近他那个时代的政治思想所采用的描述、讽刺和分析的方法，在于他们对大量新政者的工作情绪的论述。

也许我应该再说一句，我对这一领域的评论除了进行描述以外并不打算增加更多的东西，因为我也并不试图回答政治伦理学中的大问题。在把新政的实用主义的、机会主义的精神和进步党人不屈不挠的道德主义作比较时，我的目的并不是在任何一点上作袒护新政的讨厌的比较。我的目的也不是暗示新政者们的政治道德低于他们的反对者。我主要的兴趣在于这一事实：经济的紧迫需要产生了新政，也引起了对价值的重新评价。我把它与进步党人中起支配作用的思想模式等同起来的那种道德主义，并没有被新政中的继承人继承下来（他们是打算抛弃这些道德的），而是被新政的反对者继承了下来。

我强调新政的实用主义和“硬”的一面，但并没有忘记它“软”的一面。并不是所有新政的代言人都像阿诺德一样，需要摆出一副无情的姿态[①]。新政如果没有自己的理想和意识形态，甚至如果没有那种感性与情怀，这种大范围的强有力的运动是不可能存在的。新政有自己充满激情和义愤的宣传，有自己的理想主义狂热，有自己的英雄和败类。我希望辨别的是，和进步派的义愤相比，新政的义愤矛头更多地指向冷漠和浪费，而对道德腐败或垄断却不那么卖力；新政的热情在相当大的程度上是由工程、行政管理和经济所点燃的，而道德和高尚原则并没有起多大作用；新政不仅令人振奋地重新发现了这个国家富有人性的本质，而且恢复了美国人对“实干”精神的兴趣——对与物质世界打交道、以实际行动改变世界的热情。这种理想曾经激励过镀金时的大亨们和工业建设者，却在后来被敏感之士当作市侩小人和贪财谋利之人才有的理想而抛弃了。

因此，新政的核心不是一种哲学（富兰克林·罗斯福本人从哲学上讲只能把自己叫作基督教徒和民主主义者），而是一种态

① 有人曾向我提到戴维·利连塞尔的《TVA：民主在前进》（*TVA: Democracy on the March*, New York, 1944），把它作为新政的理想主义和鼓动力的具体解说，并且比瑟曼·阿诺德的著作更代表了新政的精神。确实，利连塞尔的书更有人道主义，更能激动人心，更多地关心面临技术和行政改革的民主，更多地谈论人民的理想化。但同时像阿诺德一样，他也赞美着我们在阿的书中能够找到的某些价值，这些价值对大多数的进步党人是没有什么重要意义的。利连塞尔为组织、操纵、管理运动及伴随而来的态度辩护，反对他所谓的传统意识形态之“雾”。他醉心于行政管理的经验、技术、科学和专门知识，发现管理的有效手段，“给予人类精神以生命”，并肯定“没有任何东西，不管如何的千奇百怪，是今天的一批工程师、科学家、管理人员不能做的（只要交给有能力的组织）”。（Pocket Book ed., New York, 1945, pp. ix, x, 3, 4, 8, 9, 79, 115.）根据这一哲学，我们很容易看出，利连塞尔最近为大企业的辩护并不代表一次向新哲学的转变，而只不过是一种在私人组织中发现许多美德的努力。他在 TVA 做行政官员时，在公共事业中也发现了同样的美德。

度。这种态度适用于投身现实的政治家、行政管理人员和技术人员，却和进步党人以及新政的反对者共同拥有的那种道德主义背道而驰。离新政核心稍远一点，但对新政获得公众支持却必不可少的是另一类感情，如有些地方出现了平民主义感情的复活，富兰克林·罗斯福和哈罗德·依克斯（Harold Ickes）在竞选年里常会迎合此类情绪。亨利·杜鲁门后来在引诱华尔街时也利用了这种感情。新政的另一现象随之而来，就是对下层人物一种普遍的同情态度。这些下层人物包括流浪佣农、分成制佃农、约翰·斯坦贝克小说中的人物、联邦农业安全局（FSA）摄影师镜头中的穷人。他们被叫作“小人物”，直到后来人们讨厌了这种称呼。紧随这一切而来的还有一种怀乡病般的民族主义，由于联邦政府对文学艺术的支持，这种民族主义的发展毫无疑问加快了。它从根本上说是被一种希望的真正复活激发起来的，这种希望就是对美国及其人民和制度的希望。经过了集中营、纽伦堡法案、格尔尼卡轰炸以及莫斯科审讯（虽然不是所有人都清楚这一点），美国的任何东西看起来都是清新的、充满希望的。大街小巷的一切看起来都是无邪的，随着时间的推移，巴比特几乎变得可爱了。进步主义利用了美国生活成功的表面之下日益强烈的丑恶感，而新政之所以成功，靠的是不平等和大萧条后的贫穷的表面之下，依然存在着人类的温暖和技术上的潜力。在新政的边缘也有一小批真正的思想家，他们不仅为国内的改革斗争所吸引，而且对世界法西斯主义的出现感到担忧。他们中许多人是共产主义者或“同行者”，但要是我们过分强调了这些力量对新政核心或对全体美国人所起的影响，那么我们就会陷入误解新政本质的极大危险之中。现在夸大极左派对20世纪30年代美国思想的冲击已变得又时髦又方便了。不可否认，马克思主义在当时对许多知识分子有着尽管短暂但却很强烈的冲击；但这一时期这种对马克思主义的爱好对于新政领导核心或美国广大群众的思想行动只有无足轻重的作用[①]。对于全体人民——尤其是对于那些最需要新政的人来说——新政的力量首先在于它带来的切实成果。

新政一开始就是在极权主义（无论是左翼还是右翼）的阴影下发展起来的。富兰克林·罗斯福和希特勒是在几个月内先后执政的，从那时起一直到新政改革的最后几个阶段，每一年的来临都带着某种极端恐怖的预兆。在罗斯福执政的早期岁月里，许多批评家受海外极权灾难样本的影响，认为新政显现出法西斯主义或共产主义的端倪。例如，左翼批评家认为，国家工业复兴总署是墨索里尼的公司制国家的十分明显的翻版。右翼批评家开始时认为他们看到了法西斯倾向，因为新政“违背”了基本的自由权利。他们经常用这一点来谴责新政的创始人（现在这些谴责差不多被忘记了）。只是到了后来他们才发现，责备新政助长共产主义要更加切合实际一些。

---

① Granville Hicks: *Where We Came Out* (New York, 1954), chapter iv, 该书作者冷静地指出，即使在有着共产党特别势力的地方，共产党的影响也是十分有限的。现在人们对共产党的影响进行了夸张的陈述，其主要错误是夸大了它和新政的关系。当然共产党人对劳工组织的形成起了积极作用，直到得到了教训的劳工领导人把他们开除为止；随着时间的推移，共产党人也成功地渗入了美国官僚政体，所带来的令人震惊的后果是众所周知的。大萧条使美国共产主义有了立足之地，而新政则竭力消灭了它。作为一贯的理论家，共产党人一直轻视新政。开始，他们从中看到了法西斯主义；在人民阵线时期，他们放弃了这种批判方针，但仍然轻视新政坦率的实验主义、新政缺乏方向和毫无系统的特点，当然也轻视新政的各种妥协。

然而，冷静来看，所有这一切今天听起来都显得荒谬。现在我们更容易看清：罗斯福和他的支持者们当时正试图在美国独特的政治框架内，处理美国的经济问题——某种意义上，他们试图继续拒斥欧洲世界的意识形态。在伦敦经济会议和罗斯福 1937 年的“检疫和隔离”演讲之间，新政政府虽然签订了许多降低关税的协议，但其本质仍是孤立主义的。然而它无法逃避一个现实：即便是一些共和党领袖后来也开始承认的那个“一个世界”格局。1939 年之后，这一现实成为美国生活的主导力量。战争的爆发意味着美国人无可选择地最终被从习惯的安全中拉了出来——此前他们的国内生活只是偶尔被外部世界的危机打搅，而如今却被抛入这样一种境地：国内生活在很大程度上由外交政策和国防需求所决定。随着这一转变，美国最终卷入了所有它曾试图逃避的现实，因为此时它不仅实现了机械化、城市化和官僚化，还走向了国际化。许多美国人仍然渴望——甚至期盼重现——昔日的个人主义与孤立主义。当他们发现保守派领袖亦无力复现旧日图景时，便陷入了焦虑。诚然，我们十分同情平民党人与那些和他们有着同样需求的人：他们坚信美国历史上某个时期存在着黄金时代，且当时的生活远比现在美好。但真正生活在那个世界，真正享受它所珍视的愿景和它想象中的无邪，已经不再是我们能力所及的了。

致　谢

我首次尝试阐述对本书主题的看法，是在查尔斯·R. 沃尔格林基金会（Charles R. Walgreen Foundation）的邀请下。我非常感谢沃尔格林讲座的负责人杰罗姆·柯文教授以及他在芝加哥大学的同事们，感谢他们让最初的讲座进行得非常愉快。本书的前六章是这些讲座的修订和扩充版本。此外，1955 年 1 月和 2 月我在伦敦大学学院举行的联邦基金讲座中发表过一个略有不同的版本。

对于本书和其他正在进行的工作，福特基金会行为科学部（Behavioral Sciences Division of the Ford）为我提供了一笔慷慨的资助，使我能够研究平民主义和进步主义历史的更多方面，也使得我能比原本预计得更快完成这项工作。

我首先要感谢我的妻子比阿特丽斯·凯维特·霍夫斯塔特（Beatrice Kevitt Hofstadter），她将编辑和文本评论的技能，发展成了提出正确问题的重要天赋。她的建议不可或缺。彼得·盖伊（Peter Gay）花费了大量的时间对初稿进行了深入的批评，并与我探讨了书中的论点；他花费时间的慷慨仅次于他对我的疏漏之处所持的既友好又严肃的态度。弗里茨·斯特恩（Fritz Stern）不仅阅读完手稿，还仔细地检查了校样，也让我受益匪浅。

许多朋友提出了修改建议，对此我深表感激。威廉·洛伊希腾堡（William Leuchtenburg）、西摩·M. 利普塞特（Seymour M. Lipset）、沃尔特·P. 梅茨格（Walter P. Metzger）、C. 赖特·米尔斯（C. Wright Mills）、戴维·里斯曼（David Riesman）和肯尼思·M. 斯坦普（Kenneth M. Stampp）审阅了手稿，并逐章逐节地提出了大量细致入微的批评和建议，促使我作出了许多认真的修改，消除了一些错误和夸大陈述；他们的一些观察比我原先的说法更能够深刻地表达观点的意涵，我将这些观察也加入了书中。目前我手头还有一些未使用的评论和问题，深入研究下去可能能够成另一本书了。同样，丹尼尔·艾伦（Daniel Aaron）、斯坦利·埃尔金斯（Stanley Elkins）、弗兰克·弗莱德尔（Frank Freidel）、亨利·格拉夫（Henry Graff）、阿尔弗雷德·A. 克诺夫（Alfred A. Knopf）、亨利·F. 梅（Henry F. May）、威廉·米勒（William Miller）、亨利·纳什·史密斯（Henry Nash Smith）、哈罗德·斯特劳斯（Harold Strauss）、哈罗德·赛瑞特（Harold Syrett）、戴维·B. 杜鲁门（David B. Truman）和 C. 范·伍德沃德（C. Vann Woodward）都以细致入微的方式阅读了手稿全文或大部分内容，并提出了许多有价值的评论，让我做了一些重要的修改。李·本森（Lee Benson）和埃里克·兰帕德（Eric Lampard）在平民主义和美国农业史方面给予了我非常需要的建议，并让我有理由希望，这一领域的一些专家会对我对经济史烦琐细节所做的非常粗浅的概括更宽容。保尔·卡特（Paul Carter）、古尔斯顿·戈尔丁（Gurston Goldin）、埃里克·麦基特里克（Eric McKitrick）和詹姆斯·申顿（James Shenton）等研究助理先后为这项研究提供了服务，他们富有见地、富有想象力和深情的态度超越了他们的职责要求。我尤其要感谢麦基特里克先生和申顿先生与我进行对谈，他们分别为我提供了第五章和第六章的一些想法。